Anti-Moralia

Anti-Moralia sind die Stücke von Volkmar Sigusch in mehrfacher Hinsicht. Zum einen handeln sie von Tatsachen und Tendenzen, die unmoralisch oder antimoralisch genannt werden könnten. Zum anderen sind sie Anti-Moralia, indem sie der herrschenden Pseudo-Moral widersprechen. Und schließlich sind sie im ideen- wie realgeschichtlichen Rückblick antimoralisch, weil sie Moral nur noch als jenen kategorischen Imperativ anzunehmen wagen, den die Geschichte der Menschen materialistisch denen aufgenötigt hat, die alles tun wollen: daß sich das unbeschreibliche Leiden der Individuen nicht wiederhole. Der Riß, objektiv wie subjektiv, ist unüberbrückbar: Eine allgemein verbindliche Moral, die ein ebenso aufgeklärtes wie warmes wie solidarisches Gesamtinteresse von Gesellschaftssubjekten ausdrückte, wird nicht gesehen, gleichwohl setzen Anti-Moralia stillschweigend Moralia voraus, die nicht beliebig sind.

Volkmar Sigusch, Professor Dr. med., leitet die Abteilung für Sexualwissenschaft des Klinikums der Universität Frankfurt am Main. Im Campus Verlag veröffentlichte er die Bücher »Vom Trieb und von der Liebe«, »Die Mystifikation des Sexuellen« sowie »Kritik der disziplinierten Sexualität«.

Volkmar Sigusch

Anti-Moralia

Sexualpolitische Kommentare

Campus Verlag
Frankfurt/New York

CIP-Titelaufnahme der Deutschen Bibliothek

Sigusch, Volkmar:
Anti-Moralia : sexualpolitische Kommentare / Volkmar
Sigusch. — Frankfurt/Main ; New York : Campus Verlag, 1990
ISBN 3-593-34303-7

Umschlaggestaltung: Atelier Warminski, Büdingen
Umschlagabbildung: Motiv aus *Der Garten der Lüste* von Hieronymus Bosch
Satz: Norbert Czermak, Geisenhausen
Druck und Bindung: Druckhaus Beltz, Hemsbach
Printed in Germany

Inhalt

Vorwort

Ein Sexualforscher, der nicht im Elfenbeinturm scheinbar wertfreier Wissenschaft sitzen, der das alltägliche und leibhafte sexuelle Elend nicht hinwegabstrahieren will, spricht konkret über das, was in dieser Gesellschaft sexuell der Fall ist, greift immer wieder öffentlich ein, gefragt und ungefragt. Thematisch ist der Bogen weit gespannt: von der Pädophilie bis hin zum Verhältnis der Geschlechter, von der Ratschlägerei in Illustrierten bis hin zur Prostitution, von den sogenannten Sexualstraftätern bis hin zu Aids, von der chirurgischen Geschlechtsumwandlung bis hin zu Bi-, Homo- und Heterosexualität, vom Patriarchat bis hin zur Perversion.

Die akuten Anlässe, Farbe zu bekennen, sind recht unterschiedlich: ein politischer Skandal, ein Gesinnungsurteil, der Geburtstag einer verehrten Kollegin, das Erscheinen eines Buches, ein historisches Datum, eine wissenschaftliche Fehlentwicklung, die Eröffnung eines Kongresses, der Einbruch einer Krankheit usw. Entsprechend different sind die Formen der Zwischenrufe: Leitartikel, Kolumnen, Reden, Aufsätze, Rezensionen, Interviews.

Auf den chronischen Anlaß, die widersprüchliche Lage der Triebliebe in unserer Kultur und die Abwesenheit einer allgemein verbindlichen Moral, die gesellschaftliche Mystifikation des Sexuellen und die allgemeine Tendenz zur Verstofflichung des Lebendigen, bin ich in meinen Büchern theoretisch ausführlicher eingegangen, die in den letzten Jahren im Campus Verlag erschienen sind.

In die vorliegende Sammlung zumeist kleiner Stücke habe ich nur solche Texte aufgenommen, die mir leider Gottes nach wie vor aktuell zu sein scheinen. Bemerkungen zu Aids habe ich besonders datiert, weil es nicht zuletzt wegen des jeweiligen Wissensstandes wichtig ist, wann sie gemacht — um nicht zu sagen: gewagt — worden sind.

Viele anregende und ermutigende Gespräche mit Martin Dannekker und Agnes Katzenbach waren mir eine außerordentliche Hilfe. Klaus Gabbert, auch diesmal der Lektor, hat die Sammlung angeregt. Annemarie Diefenbach und Bärbel Kischlat-Schwalm schrieben die Manuskripte. Die »Hamburger Stiftung zur Förderung von Wissenschaft und Kultur Jan Philipp Reemtsma« stellte auf angenehme Weise Sachmittel bereit, die meinen Studien zur Geschichte der Sexualforschung zugute kamen. Allen, die mir zur Seite standen, sei herzlich gedankt.

Frankfurt am Main, im Oktober 1989   Volkmar Sigusch

Ruchlose Sorge

Unter uns lebt ein Mann, der buchstäblich zu Tode geschunden wird — im Namen des Rechts, in Wahrheit aus Gefühlsquark, Heuchelei, Gesinnung. Ich weiß das seit einem Jahr, hoffte zunächst auf das Bundesverfassungsgericht, dann auf den Ministerpräsidenten des Landes NRW, den man »Bruder Johannes« nennt. Das ließ mich glauben, er wisse um die Gnade. Inzwischen ist der Instanzenweg durchlaufen, und Johannes Rau hat noch immer Dringlicheres zu erledigen.

Ein Berg toten Papiers liegt vor mir, Eingaben, Beschlüsse, Erklärungen, Berichte, in denen das Leben des Mannes verhandelt wird. Alexander Ebbinghaus, Justizvollzugsanstalt Münster, im Dezember 81 Jahre alt, wahrscheinlich der älteste Mensch unter deutscher Gefängnisverwaltung, »ein Pflegefall«, wie sein Anwalt Klaus Böwer sagt: »Seine Tage sind gezählt.«

Was hat dieser Mann Abscheuliches getan? Vier Jahre lang hielten ihn die Nazis in Zuchthaus und KZ. Dann kam unsere Republik. Sie hat ihm (bisher) für weitere 20 Jahre die Freiheit entzogen. Seit einigen Jahren wenden unsere Rechtsverweser die sogenannte Sicherungsverwahrung an, die sie von den Nazis übernommen haben. Ja, Sie lesen richtig: Alexander Ebbinghaus ist bisher mit 24 Jahren Schinderei und Gefängnis bestraft worden.

Sein Verbrechen? Er liebte minderjährige Jungen und wurde von ihnen geliebt, aktenmäßig zuletzt 1973. Aber noch grauenhafter: Er bekannte sich dazu. Das hat offenbar die gemeinsten, zuunterst liegenden Regungen der Juristen in Wallung versetzt. Sie haben ihre Richtschnur »Straftat« zerschnitten und nur noch das Bekenntnis, die Gesinnung abgeurteilt, sozusagen *die Pädophilie an sich*. Im Beschluß eines Oberlandesgerichts vom Juni 1983, bei dem es um die »Aussetzung der Vollstreckung der Sicherungsverwahrung« geht, liest sich das so: »Eine kriminelle Energie hält die Anstaltsärztin bei diesem Krankheitsbild (es wurden vorher drei Erkrankungen und eine Operation erwähnt) für ausgeschlossen... der Aktionsradius des Verurteilten (ist) durch seinen alters- und krankheitsbedingten Abbau eingeengt... eine physisch-sexuelle Aktivität (kann) bei ihm nicht mehr angenommen werden«.

Doch das Gericht läßt den unendlich Geschundenen nicht »zur Bewährung« aus seinen Klauen. Denn, so »argumentiert« es im selben Beschluß, er habe »insoweit« kein Unrechts*gefühl*, an seiner »perversen *Einstellung* hat sich im Laufe der Strafvollstreckung und der Sicherungsverwahrung nichts Grundlegendes geändert«; der Verurteilte sei »*psychisch* eingleisig und irreversibel auf die Päderastie fixiert«. Seine Freunde, es sind zehn, die ihn, wie das Gericht es vordem wünschte, rund um die Uhr außerhalb der Anstalt »kontrollieren« und betreuen wollten, könnten »insoweit« außer Betracht bleiben, weil sie »eine andere *innere Einstellung*... im Hinblick auf die Gefährlichkeit, die von der *Veranlagung*« ausgehe, haben müßten. Verfolgt wird also nicht wegen einer zu befürchtenden sexuellen Tat, sondern einzig wegen der »perversen Einstellung«: Gesinnungsjustiz.

In ihrer ruchlosen Sorge haben die Richter auch den allgemeinen Skandal formuliert, den die Pädophilie nach wie vor darstellt. Der Verurteilte könne ferner nicht in Freiheit sterben, weil in seiner »Nachbarschaft eine von jungen Familien bewohnte Siedlung mit Einfamilienhäusern entstanden ist«. Einfamilienhäusersiedlungen und eingleisige Pädophilie ohne körperlich-sexuelle Aktivität und ohne das Lippenbekenntnis des Gebannten: Ja, ich bin ein perverses Schwein — das ist in der Tat unvereinbar. Unter Verschluß bleibt nicht der reale Knabenschänder, sondern der abstrakte Skandal Pädophilie, der sich in Siedlungshäusern junger doppelverdienend abzahlender Einfamilien mit Schlüsselkindern so sehr zum Konkreten verdichtet, daß er durch Schimpf und Acht und Bann und Schande seinen wahren Inhalt aus sich herausläßt: Liebe zu Kindern. Peter Schult, den unsere Justiz zuletzt auf ihr Gewissen geladen hat, und Alexander Ebbinghaus klebten auf ihre Fetische kein »Herz für

Kinder«, nachdem sie es ihnen herausgerissen hatten. Und die Eltern ahnen im Streß: daß die Liebhaber ihrer Kinder sie so ernst nehmen, wie es das neue Farbfernsehgerät plus Videosystem nicht fertigbringt.

Alle Gerichte bescheinigten Alexander Ebbinghaus, keine Gewalt angewandt und die Jungen seelisch nicht geschädigt zu haben. So ist das bei der echten Pädophilie. Eines seiner »Opfer« erteilte uns allen öffentlich eine Lektion: »Ich hatte zum ersten Mal das Gefühl, daß ein Mensch auf mich als Persönlichkeit einging . . . Er akzeptierte mich als Mensch und behandelte mich nicht als kleines, dummes Kind . . . Bei ihm fand ich die vermißte Liebe . . . Die sexuellen Kontakte zwischen uns ergaben sich irgendwie – auf beiderseitigen Wunsch. Es war keineswegs so, daß meine Schwäche und Wehrlosigkeit ausgenutzt wurde, denn ich wollte die Befriedigung meiner Sexualität . . . Alexander wurde zu einer Gefängnisstrafe von sechs Jahren verurteilt. Damals (wie heute) konnte ich den Sinn dieses Urteils nicht begreifen, da ich die Beziehung als äußerst positiv und wertvoll für mich erlebt hatte. Soweit empfand ich den erzwungenen Abbruch der Beziehung als Gewalt; sowohl gegen Alexander als auch gegen mich selbst.«

Ein Greis bleibt als Gefahr für die Allgemeinheit hinter Schloß und Riegel, weil er Kinder zwar nicht mehr körperlich-sexuell lieben würde, aber, offenbar noch provokanter, schlechthin, und ein NS-Schlächter, an dessen Verbrechen niemand ernsthaft zweifelt, wird nach endlosen Vorermittlungen wegen einer ärztlich attestierten Herzrhythmusstörung (die neben vielen weiteren Erkrankungen Alexander Ebbinghaus tatsächlich hat) als verhandlungsunfähig deklariert. Pädophilie wird mit jahrzehntelangem Freiheitsentzug bis zum Tod geahndet, und ein Geistlicher segnet die Atombombe, die die USA über Hiroshima zünden. Sie nannten die Atombombe »Little Boy«. Was ist das für eine Welt?

Könnte ich doch statt der Siedlungsfamilien meine Söhne zu dem Kinderliebhaber schicken. Aber auch diese innere Einstellung wäre den Richtern suspekt. Sie ließen sie »insoweit« außer Betracht.[1]* Offenbar muß man in dieser Welt Menschen töten, um verständnisvoll oder gar nicht belangt zu werden.

---

* Hochgestellte Ziffern verweisen auf Anmerkungen am Schluß des Buches; siehe S. 203 ff.

Großer Zapfenstreich

26. März 1984, Nachrichten im Fernsehen. Angekündigt sind Bilder vom Großen Zapfenstreich für den Generalfeldmarschall Günter Kießling. Doch der Motorradfahrer mit dem Film ist noch nicht angekommen. Voller Vorfreude lehne ich mich zurück und denke, hoffentlich klingelt jetzt nicht das Telefon. Endlich kommen die Bilder: Junge Männer in Wichs und Reih und Glied, lauter Pfeifen, Kolben, Zapfen, Fahnen flattern dir voran, plötzlich ein kehliger Schrei und dann dieses Tschingderassa-bum-bum. Als wäre dieser Akt eigens für diesen Anlaß entworfen worden.

Werden sie jetzt, wie immer beim Großen Zapfenstreich, samt Rogers in den Choral des Russen Bortnianski einstimmen? (Am nächsten Tag schlage ich mein Gesangbuch auf: »Ich bete an die Macht der Liebe. . . Ich geb mich hin dem freien Triebe, wodurch ich Wurm geliebet ward. . . Wie bist du mir so zart gewogen. . . Durch Liebe sanft und tief gezogen. . . Dich muß ich haben. . . Hier ist Vergnügen. . . Wie beugen sie sich ohne Ende, wie falten sie die frohen Hände. . .«) Doch der Motorradfahrer muß eine Filmrolle unterwegs verloren haben. Oder der clevere Marschall hat sich ein anderes Lied der Liebe ausbedungen, abweichend von der Militärgeschichte: »Ich hab mich ergeben mit Herz und mit Hand. . .«

Statt dessen höre ich den Minister sagen: Obgleich wir beide, General, vereinbart haben, diese Dinge heute und hier nicht anzusprechen (ich lache wie bei Chaplin), gestatten Sie mir dieses persönliche Wort. Mein Lachen erstickt in den ausgestanzten Hülsen, die ich schon kommen höre: Sie haben schwere Kränkungen hinnehmen müssen. Ich bedaure dies zutiefst. Möge sich zwischen uns wieder das menschliche Einvernehmen herstellen, das...

Richtig: zutiefst ging es zu und einvernommen wurde. Aber: immer noch krank, gekränkt und menschlich? Da geht der Oberbefehlshaber mit der getretenen Stimme im Frieden unsäglichen Blicks auf den Großen Zapfenstreicher zu. Sein rechter Arm ist voll erigiert, ganz nach unten gerichtet. Ich halte den Atem an: Jetzt faßt er ihm vor den laufenden Kameras ans Geschlecht... Denn natürlich haben Generale auch ein Genitale, und die Dinge, die sie nicht aussprechen können, heißen wir Triebe.

Genug der szenischen Einstimmung, genug des Amüsements und der Besorgnis. Was lehrt uns der Skandal?

1

Das Triebhafte widerspricht der Verdinglichung, kommt ihm in die Quere. Selbst aus der Erklärung der Kommandierenden Generale vom 24. Januar 1984, einem Lehrstück für verdinglichte Sprache, schaute der Trieb heraus: »Auf Grund der vorliegenden Unterlagen« konnte der Bundesminister der Verteidigung nicht anders und mußte... Angeregt ließ sich die *Frankfurter Rundschau* die volkstümliche Zeile unterlaufen: »Kohl hält Wörner weiterhin die Stange«. Und ein »Zeuge« aus Köln sagte dem Fernsehen ebenso individuell triebhaft wie allgemein verdinglicht: »Bevor ich mich von der Kriminalpolizei protokollieren lasse...«

2

Damit ist also nichts gerettet. Auch die Armee, eine Männergemeinschaft, wird nicht zuletzt durch Triebhaftes zusammengehalten. Deshalb muß sie immer wieder offen Homosexuelles ersticken. Denn eine Armee der Liebenden bleibt ein Widerspruch in sich. Das sollten jene Homosexuellen endlich begreifen, die um »ihre Rechte« in der Bundeswehr streiten, Rechte, die es nicht geben kann. Armeen laufen auf Vernichtung hinaus, nicht auf Geschlechtsverkehr.

3

Der General im vollen Wichs ist pornografisch. Doch wir empfinden es oft ganz anders. Obgleich Vertrauen auf das Ganze nicht angelegt werden kann, verlieren Lohnarbeiter es erst, wenn die Pensionsbezüge eines Nato-Höchstbesoldeten nicht gerecht festgesetzt werden. Obgleich alles ausgeliefert ist, vermag uns ein Minister durch Lächerlichkeit preiszugeben. Und wie ist es möglich, daß ein Atomfeldmarschall seine Ehre dadurch verliert, daß er junge Männer begehrt? Wie ist es möglich, daß ihm *Bild* seine Ehre wieder herstellt? Was geht in Kopf und Bauch des Sozialdemokraten Vogel vor, wenn er erklärt, die »unappetitliche Kampagne« schade der Bundeswehr »moralisch«? Solche Verdrehungen und Mystifikationen sind der Kern des Skandals. Sie verdecken den objektiven Gang, sie maskieren, was ist und wie es wirklich ist. Für den Zustand der hiesigen Gesellschaft sind sie charakteristisch.

4

Hermann L. Gremliza sprach beiläufig, aber wiederholt von der »Tuntifizierung der Republik«. Ich dachte: schön, aber falsch. Wieder einmal werden »Tunten«, also besonders fremdartige Homosexuelle, diffamiert. Wieder einmal wird Gesellschaftliches psychologisiert und klinifiziert. Das meine ich, wenn ich von Verdrehungen und Mystifikationen spreche. (Man denke dabei an Marxens Quidproquo und Fetischcharakter.) Es wäre ja zu schön, um wahr zu sein, regierten in Bonn nichts als Tunten, Tucken, Trinen, Tanten. Tatsächlich aber sind Anstand und Recht um so bedrohter, desto gemütlicher es scheint. Günter Amendt hatte das begriffen, als er sagte, Kohl, obgleich vielleicht kein Schwulenfreund wie Wörner, habe wie ein guter Familienvater dagestanden: Günter! Manfred! Wieder vertragen! So wird Rechtsstaatliches zur Makulatur, Ehre an- und abgestellt. In die Politik zieht Menschlichkeit ein, und die Menschen sind zu Dingen, zu Ballastexistenzen geworden. Je provinzieller es in Bonn zugeht, desto globaler ist es. Alles rast in eine Richtung, und wir haben eine Wende. In der Welt grassiert der Tod, weil wir leben, wie wir leben, und wir regen uns über perverse Säue auf, über den Kanzler als Büttenredner oder die schamlose Servilität irgendeines Kabinettswürstchens.

5

Das Private wird ausgerottet. Preisgabe und Selbstpreisgabe kommen voran. *Bild* machte es wieder einmal in Serie und rundum: »Kießling Oberst bestätigt: Sex mit Mädchen« (16.1.1984). Augstein heizte am selben Tag verworfener an: Wörner hat »den fixen starken Mann herausgekehrt. . . Er selber mag uns später einmal erklären, warum« (*Spiegel*, Nr. 3/1984). Der *Pflasterstrand* zog sofort nach und präsentierte Wörner mit sadomasochistischen Utensilien nackt auf der Titelseite (Nr. 176/1984). Vorher hatte schon *Quick* (Nr. 3/1984) die Preisgabe des Marschalls vollendet. Der gab ihr nicht nur sein Ehrenwort und erklärte, niemals in seinem Leben »auch nur annähernd homosexuelle Beziehungen« gehabt zu haben, er antwortete auch auf das Nachsetzen der Journaille: »Auch nicht in der Jugend?«

6

Homosexuelles wird verfemt, verachtet, verfolgt. Wer das immer noch nicht glauben mag, sollte den Skandal studieren. Alle Staatsparteien bezeichneten Homosexuelles als dreckig, ungeheuerlich, mies. Der, der in diesen »Verdacht« geriet, war für sie nicht nur ein Sicherheitsrisiko, sondern gekränkt, erniedrigt, gedemütigt. Vorneweg wühlten SPD-Bonzen in ihren kleinmütigen Seelen. Mit Wehmut werden sie an ihren Helmut Schmidt gedacht haben, denn unter dem hätte der Marschall nicht mehr pieps gemacht, und seine Ehre hätte er auch vergessen können. Schließlich haben Schmidt und Vogel sich darum verdient gemacht, daß der Skandal voll erblühen konnte. Bei ihrer letzten Regierungsbildung lehnten sie Genschers Wunsch, die Homosexualität endlich strafrechtlich zu entkriminalisieren, abrupt und angeekelt ab. Heute schweigt Genscher.

7

Daran wie an dem ganzen Vorgang könnte erkannt werden, was Liberalität heißt und daß sich die ganze sogenannte gesamtgesellschaftliche sexuelle Liberalisierung der letzten fünfzehn Jahre nur an Oberflächen abgespielt hat. Aber immerhin, wir wollen nicht undankbar sein: Mein *Deutsches Ärzteblatt* wagte in seinem 81. Jahrgang (für die Sammler: Heft 4 vom 27.1.1984, Ausgabe C, Seite 161) einige kesse Sätze. Es empörte sich, »wie verlogen öffentlich über Homosexualität geredet wird«. Die Moral, »die schon seit Jahrtausenden herrscht«, stand in Gänsefüßen, ja die Herren nahmen sogar das Wort Schwule in den Mund, ohne Entenfuß. Offenbar wußten sie nicht, daß das manchem Medizinordinarius reicht, eine Doktorarbeit abzulehnen. Heute sind sie wieder vollkommen im Bild, denn sie bekamen wutschnaubende Leserbriefe und hatten es im nächsten Heft gar nicht mehr so gemeint.

8

Wie der weiterbestehende Paragraph 175 den Verhältnissen adäquat ist, so wird das Homosexuelle als Verfolgtes weiterhin beides sein: konform und subversiv. Konform ist es dann, wenn es mitspioniert, den Machthabern die Stiefel leckt, sich in der Armee wohl fühlt. Subversiv kann es sein, weil es nicht geheuer ist, weil es mit der Maschinerie des Bestehenden nie ganz und gar übereinstimmen wird. Wer das verleugnet, indem er aus Perversen Saubermänner macht, beraubt das Homosexuelle seiner Kostbarkeiten: anders zu sein und widerständig.

Politik des Transsexualismus

Niemand kann eine Abhandlung über sogenannte transsexuelle Menschen mit entspannter Seele lesen, nicht einmal der, der sie selber verfaßt hat. Der Wunsch nach Geschlechtswechsel zerrt an den Existenzialien der Gattung Mensch und an der eigenen Geschlechtsidentität, die inwendig immer brüchiger ist, als das oft glatte Rollenspiel zu erkennen gibt. Folglich geht es zwieschlächtig und ambivalent zu. Im Berufsleben aber ist jeder, der sich überhaupt auf diese Menschengruppe einläßt, gezwungen, sich mit Ja oder Nein zu äußern.

Der Gynäkologe Wolf Eicher (1984) hat ja gesagt: *ja* zu operativen Maßnahmen, überhaupt zur Zuständigkeit der Ärzte. Er verfügt über Erfahrungen, die sich im internationalen Vergleich sehen lassen können. Seit 1971 hat er 58 Mann-zu-Frau-Transsexuelle operiert. Ein Drittel seines Buches ist der Operationstechnik gewidmet, zu der sich der Rezensent nicht sachverständig äußern kann. Angesichts der klinischen Erfahrungen des Verfassers sollte aber gerade dieser Teil seiner Niederschrift besonders aufmerksam studiert werden. Die anderen Teile der Monographie lassen in Kenntnis der Weltliteratur keinen Aspekt des vielschichtigen Problems aus — bis auf den ethischen. Das ist zu bedauern.

Vor einigen Jahren hatte Eicher zusammen mit Kollegen die These vertreten, der Transsexualismus sei möglicherweise durch eine sogenannte HY-Antigen-Diskordanz verursacht (vgl. insbesondere Eicher et al. 1980). Einer von zahllosen körperlichen Zellbestandteilen hätte also einen seelisch-sozialen Komplex wie die Geschlechtsidentität aus sich heraus begründet. Diese damals von den einen fasziniert, von den anderen gar nicht aufgenommene Vermutung hat Eicher in seinem Buch widerrufen. Spätere Untersuchungen konnten die Anfangsbefunde nicht hinreichend bestätigen. Da es in der Medizin leider nicht üblich ist, voreilige Schlüsse öffentlich zurückzunehmen, müssen wir Eicher für diese Berichtigung dankbar sein.

Vielleicht wird sich in den nächsten Jahrzehnten die prinzipielle Frage stellen, ob es sich bei den sogenannten Transsexuellen wirklich um Kranke handelt. Bestehen die Geschlechter, quasi naturgesetzlich, auf der einen Ebene der Wahrheit aus Männern und Frauen und sonst gar nichts, stimmt das auf einer anderen Ebene überhaupt nicht. Ähnlich ergeht es uns, wenn wir die Kriterien Gesundheit und Krankheit anlegen. Die Geschichte der Sexual- und Geschlechtsstörungen belegt das. Homosexualität zum Beispiel, die es als Abgegrenztes gibt und wiederum auch nicht, hat die Medizin seit ihrer Entdeckung als Sexual- und Geschlechtsstörung betrachtet und auszuschneiden versucht. Heute wehren sich die Diskriminierten ebenso dagegen wie viele andere.

Könnte es dazu nicht auch bei jenen »Sonderlingen« kommen, die wir seit kurzem Transsexuelle heißen und als unsere Patienten betrachten, obwohl sie von uns oft nicht mehr und nicht weniger haben wollen als Hormone, Atteste, Operationen und Gerichtsgutachten? Jedenfalls organisieren sich einige Transsexuelle schon, gehen auf die Straße, publizieren, machen Politik. So hatte es bei den sogenannten Homosexuellen auch begonnen, als sie sich als verfolgte, mißverstandene Minderheit begriffen. Vielleicht erwartet der Rezensent aber von den sogenannten Transsexuellen nur, daß sie auf diesem Weg vorankommen, weil es ihm immer wieder an jener Klarheit mangelt, die dem OP-Geist nun einmal eigen ist. Und außerdem kann man eher nein sagen, wenn verantwortungsbewußte Kollegen ja gesagt haben. Man ist dann persönlich entlastet. Ja, so ist es mir beim Lesen dieser Abhandlung ergangen: Das Eichersche Ja zum Transsexualismus als Krankheit, zu unserer fachlichen Zuständigkeit einschließlich operativer Eingriffe ohne ein grundsätzliches Wenn und Aber, hat mich zugleich beruhigt und irritiert. Wie gesagt, es geht zwieschlächtig zu.

Von der Liebe

Wir wollen alle lieben und geliebt werden — auf daß unsere kleine Welt voller erregter Harmonie sei und die große in Ordnung. Wir sehnen uns nach kindlichen Paradiesen, die unsere Begriffe nicht zu erreichen vermögen. Offenbar ist nichts wonniger, als der Mutter nah zu sein.

Doch alles ist riskant. Zu große Nähe erstickt, und die Ferne macht Angst. Unsere Fähigkeit zu lieben ist eine Anpassungsleistung; sie geht auf Prozesse des Verbindens und Gewährens, des Trennens und Versagens zurück. Liebe und Sinnlichkeit gründen auf Einsamkeit und Gewalt ebenso wie auf kolossaler Wunscherfüllung und dem Eintauchen ins psychosomatische All. Sie sind real und irreal, pragmatisch und irrational. Das, was wir Liebe nennen, enthält einander entgegengesetzte Strebungen. Repräsentiert die eine den Himmel, steht die andere für die Hölle des ersten Verhältnisses zu einem Menschen. Folglich singen wir lebenslänglich ein hohes und ein niederes Lied.

Das hohe Lied der Liebe klingt bekanntlich so: Mein Geliebter ist leuchtend rot, auserkoren unter Tausenden. Sein Haupt ist das feinste Gold, seine Locken sind rabenschwarze Dattelrispen, seine Augen sind wie die Augen der Tauben an den Wasserbächen, mit Milch gewaschen und in Fülle stehend, seine Lippen sind Blumen, die von fließender Myrrhe triefen, sein Leib ist reines Elfenbein, mit Saphiren geschmückt, seine Schenkel sind Alabastersäulen, gegründet auf goldenen Sockeln, sein Gaumen ist lauter Süße. Alles an ihm ist Lust. Er ist ganz lieblich. Wenn er mich doch küßte mit den Küssen seines Mundes!

Auch an der Geliebten ist kein Flecken. Ihre Brüste sind wie zwei junge Rehe, die unter Rosen weiden. Doch als er sie küssen will mit den Küssen seiner Rosen, sind sie alle im Garten der Lust versiegelt: Milch und Honig, Granatapfel und Aloe, Narde, Safran, Zimt und Kalmus, all die edlen Früchte des Weihrauchs, die ihm das Herz genommen haben. Die Geliebte ist eine verschlossene Quelle, ein versiegelter Born lebendiger Wasser. Steht auf ihr Winde, muß er rufen, weht durch den Garten, daß seine Würzen triefen! So begann das niedere Lied der Liebe bereits vor Jahrtausenden, seine Verse zu suchen.

Heute können wir sie alle im Schlaf hersingen, weil die Liebenden im salomonischen Lied der Lieder keine Pioniere mehr sind. Seit es unser Individuum gibt, jedenfalls auf dem Papier, sollen wir alle wie Daphnis sein oder wie Cloë. Auf den Schlachtbänken, die zwischen uns und den antiken Bürgern liegen, wurde ein neuer sittlicher Maßstab errichtet: Liebe als freie Übereinkunft autonomer Subjekte, als ein Menschenrecht beider, des Mannes *und* der Frau, ebenso erregend wie gewissenhaft. Diese Idee von der freien, gleichen, individuellen Geschlechtsliebe, die die Bourgeoisie zur allgemeinen erhoben hat, setzt den Menschen *als Menschen* und sein Verhältnis zur Welt *als ein menschliches* voraus.

Dazu aber ist es bisher im Leben nicht gekommen. Jenseits der Romane und Traktate geht es der Liebe weiterhin an den Kragen. Von klein auf geängstigt, entwertet und maskiert, tagein, tagaus, wenn es hoch kommt, ein Rädchen in der Maschinerie des Bestehenden, eingestanzt ins Verhältnis von Herr und Knecht, sollen wir im Liebesleben das Gegenteil all dessen sein – plötzlich wir selber, lebendig und unverstellt, die Seele ganz gelöst. Und wie ist das möglich: gleichzeitig erregend und gewissenhaft? Jeder ahnt es: Im schlechten Allgemeinen kann das Verhältnis von Mensch zu Mensch nicht einfach gut sein. Paarbildung, in welcher Form auch immer, garantiert keinen sicheren Unterschlupf. Um so verbissener wird es versucht.

Wie vergeblich unser Bemühen ist, verdeckt die gesellschaftliche Mystifikation der Liebe. Als fetischisierte schöpft die Liebe ihren Wert aus ihrem Wesen selber, setzt sich in ihr eigenes Recht. Jetzt sind Naturgesetze am Ruder. Das volle, persönliche, intime Leben ist errichtet, die Verdinglichung überwunden. Das Verhältnis zum Menschen scheint als eines der Unmittelbarkeit dem Diktat des Tauschs entzogen zu sein. Aber dieser Schein ist es gerade, der der Liebe den allgemeinen Stempel aufdrückt, sie zu einer gesellschaftlichen Form macht. Denn es gilt weiterhin: keine Zärtlichkeit ohne Hintergedanken, keine Freundschaft ohne Verbrauchen, kein sich Schönmachen ohne Reklame, keine Hingabe ohne Besitzenwollen, kein Glücklichsein, ohne es hinauszuschreien. Umzingelt von den eingepflanzten Etappen und Handgriffen, läuft das alles nach Schema F ab, ganz individuell. Pseudoaktiv suchen sich die geronnenen Liebesformen durch eine gewisse Buntscheckigkeit und allerlei Schauspiel zu verlebendigen. Doch die Mysterien von Spontaneität und Rausch sind von außen eingespritzt, und den Kern der Liebe durchherrscht die Ambiguität des Fetischs: bewegte Starre, Genußfeindschaft im Genuß, beziehungsvolle Beziehungslosigkeit, Treulosigkeit in der Treue, Menschenverachtung in Liebe. Um so romantischer geht es zu.

Ein Trost kann es nicht sein, aber es ist wahr: Auch als Fetisch ist unsere Liebe lebenserhaltend. Sie ist ein Erfordernis in der gesellschaftlichen Kälte, Distanz und Abstraktion. Wo denn sonst könnten wir uns verstanden, geborgen und nahe fühlen, wenn nicht in unseren Liebesbeziehungen? Ist der Liebe wie dem Sexuellen seelisch und sozial die Funktion zugewiesen, gesellschaftliche Leere zu überbrücken, Lücken aufzufüllen, Sinn vorzutäuschen, Lebendigkeit einzublasen, die Menschen überhaupt noch etwas Menschliches spüren zu lassen, so tun beide eben dies alles.

Deshalb wird an der Idee festgehalten wie am Fetisch. Deshalb gibt es im Triebleben keinen seelischen Stillstand. Deshalb wird wieder einmal jahrzehntelang über »Beziehungen«, »Verkehrsformen«, »Sexualitäten« und dergleichen geredet und geschrieben, jüngst in Medizin und Psychologie über »das Paar« und seine »Behandlung«. So menschenfreundlich das sicher alles ist: Ich fürchte bei jedem neuen Schrei, unsere Liebe könnte eines Tages — trotz ihrer Hochschätzung in der Kultur — als Krankheit im Sinne der Reichsversicherungsordnung liquidiert werden. Schließlich versucht sie immer wieder mit den Mitteln des Rauschs, der Sucht, des Wahnsinns, das Erstarrte zum Tanzen zu bringen. Das aber ist ein Wagnis, weil wir auf

Abwehr, das Niederhalten der Affekte und das Einpassen in die erstarrte Realität ebenso angewiesen sind.

Da es so widersprüchlich, ambivalent und egoistisch zugeht, werden wir nicht nur auf die Kurzlebigkeit und das Versagen der mystifizierten Liebe gefaßt sein müssen, sondern auch auf ihre Substitution. Abgeklärt ist man schon lange in intellektuellen Unterschichten und solchen, die am Rande liegen. Dort werden die Liebesexistenzialien nicht als äquivalenzlose Eingebungen des Heiligen Anton genommen, vielmehr als von dieser Welt. Dort ist man auf einiges gefaßt und hat manches erprobt: Gemeinschaftspraxis, Bisexualität, lockere Onanie, Beißen und phantastisch Vergewaltigen, Jimmy, Crusing und Peeping, Alleinsein und Von-Verliebtheit-zu-Verliebtheit-Taumeln.

Eine Alternative zur massenhaften Liebespraxis, die diesen Namen verdiente, kann es jedoch nicht geben, weil Individuum und Gesellschaft eine Einheit sind und zugleich prinzipiell entzweit. Die »Alternativen«, die uns beschäftigten, waren Aufschrei und Aufruhr, Abklatsch oder modisches Zeug, obszön, reaktionär oder nur von Privilegierten scheibchenweise einzulösen. Das gilt für die »freie Liebe« und die »Ehe auf Zeit« ebenso wie für »Großfamilie« und »Kommune«. Partnertausch und Gruppensexualität sind an kleinbürgerlicher Stupidität kaum zu überbieten; sie sind weiß Gott zeitgemäße Sumpfblüten spezifisch zerstörter Sinnlichkeit. Und der kleine Angestellte, der das Grau-in-Grau seines Alltags etwas auffrischen möchte, indem er aufgeschnappte Sexualtechniken an seiner Frau exekutiert, ahnt nicht: daß das nur ein Reflex auf die allgemeine Verdinglichung des Mitmenschlichen ist.

Denen, die auf der Höhe der Unmoral handelten: aufreißen, auslutschen, eintauschen, wegschmeißen, und denen, die einander emanzipiert »alles gestatteten«, sind geblieben: der rumorende Stau der Gefühle, die falbe Kürze der Lust, die stille Sehnsucht nach dem Glück und als roter Faden all dessen: die Beziehungskiste. Beziehung und Kiste, das klingt nicht nach autochthonem Sprudeln ganz persönlicher Regungen, nach metaphysischer Erleuchtung, das klingt nach vergegenständlichten Verhältnissen, benutzt ein Ding dazu, um etwas Lebendiges zu benennen. Die Lage ist also getroffen. Eine Kiste, die im Weg ist, kann man zerschlagen, wegwerfen, verbrennen. Beziehungen aber, wie liberalisiert, verdinglicht und mystifiziert auch immer, sind noch als Substitute phantastisch und leibhaft, sie liegen in Bauch und Herz und Kopf.

Deshalb wird der Kampf weitergehen. Wir werden unser Lied der Liebe singen, mal am Rand, mal in der Mittel, mal hoch, mal nieder – doch immer das allgemeine.

Sanierte Unzucht

Wer hätte das gedacht? Nach *Bekessy's Panoptikum*, einer Zeitschrift gegen Dummheit und Lüge, nach dem *Pfennigmagazin* der Gesellschaft zur Verbreitung gemeinnütziger Kenntnisse, nach den *Monatsheften für deutsche Innerlichkeit*, nach *Orka* und *Ezku* begrüßen wir Sammler jetzt *HWG, Zeitung für leichte und schwere Mädchen*, herausgegeben vom »Verein zur Förderung der Information und Kommunikation zwischen weiblichen Prostituierten« mit Sitz in Frankfurt am Main und, Gott sei Dank, unregelmäßiger Erscheinungsweise.

Die Nr. 1, genannt »Die Erste«, kam im November 1984 heraus. Inhalt: ein Tagesablauf einer Heldin (»Ich jedenfalls habe gleich vier volle Berufe: ich mache eine Ausbildung, bin Hausfrau, Mutter und gehe anschaffen. Und das jeden Tag«), eine Glosse über sittige Bürger und ihre Sperrgebietsverordnungen, ein Bericht über die Inkompetenz des Gesundheitsamtes, eine Information über Aids. So weit, so gut, nichts ist notwendiger.

Wo aber bleibt das Laster? Hand aufs Geschlecht: Möchten Sie Ihre Neigungen möglichst erregend mit denen eines Mädchens zusammenfallen lassen? Oder möchten Sie bei einer Hure erst die letzte Ausgabe der von ihr redigierten Fachzeitschrift studieren? Möchten Sie über die Berliner Hydra, die Frankfurter Hybris, die Hamburger Hydranta diskutieren? Oder möchten Sie sich in einem gut geführten Bordell, meinetwegen selbstverwaltet, uninformiert Lava in die Adern gießen?

Doch das Laster ist, wie Proust zu Krafft-Ebing notierte, längst mit unserer Hilfe eine exakte Wissenschaft geworden. Auf dem Weg von de Sade über Kaan bis zum allgemeinen Umgang mit Aids wurden die bei uns immer kümmerlichen Wurzeln einer *ars erotica* herausgerissen. Darüber lohnte es sich nachzudenken, gäbe es noch Huren, gäbe es noch Gelehrte, denen wie Kant das Denken »ein Nahrungsmittel« ist, ohne das sie, »wach und allein«, nicht leben können.

Heute heißen die Parolen Kommunikation und Selbsthilfegruppe, weil wir noch wach sind und immer noch allein. Sie haben die Wissenschaftler und Therapeuten erfaßt und jetzt auch die Prostituierten. Bei ihnen hat das aber im Zeitalter der Isolation und der Datenübertragung etwas rührend Menschliches, Anachronistisches. Im Labor der *Hughes Aircraft* wurden bereits vor Jahren vier Milliarden bit pro Sekunde übertragen, das sind 15 000 Schreibmaschinenseiten, und die Prostituierten beginnen, einander zu informieren. Die gute alte Prostitution schließt sich an den Weltmarkt an und verabschiedet, im Februar 1985, eine »Weltcharta für die Rechte der Prostituierten«. Margo St. James von der US-amerikanischen Prostituiertenhilfsorganisation *Coyote* sagte auf einer Pressekonferenz, dieses Gewerbe müsse angesehen werden wie alle anderen auch, diesen Frauen stünden die Menschenrechte und bürgerlichen Freiheiten zu wie allen anderen, nicht zuletzt eine Arbeitslosen- und Krankenversicherung. Recht hat sie, konsequent ist es.

Eines Tages, man muß schon in Jahrzehnten denken, wird dann das Gewerbe so viel Sicherheit ausstrahlen, so erregend und verrucht sein wie die Gewerkschaft Nahrungsmittel, Verkehr & Genuß. Die letzten Dirnen wird der Öffentliche Dienst als Sozialarbeiterinnen für Kommunikation, natürlich nach einem Hochschulabschluß, integriert haben. Und die öffentlichen Kommunikationsgänger, einst Freier genannt, werden sich mit Sozialabgaben, Rechtsverordnungen, Tarifabschlüssen, überhaupt der Sozialpartnerschaft herumschlagen. Man wird sagen: Wäre das doch alles geblieben, wo der Pfeffer wächst. Eberhard Schorsch hat diesen Trend schon 1985 an der gegenwärtigen Praxis unserer Prostitution abgelesen: »sanierte Unzucht«.

Der Therapismus und die Not des Lebens

Das erste Buch heißt *Leibhaftes Leben,* wurde von dem Bioenergetik-Therapeuten Stanley Keleman geschrieben (»einer der effektivsten«, wie es wohl in der Sprache der Verdinglichung heißt), trägt den Untertitel »Wie wir uns über den Körper wahrnehmen und gestalten können« und wirft damit die Frage auf: Ist es schon so weit, daß Geist und Seele perdu sind? Zuletzt brachte Kösel von Keleman ein Buch mit dem Titel *Dein Körper formt Dein Selbst* heraus. Untertitel: »Der bioenergetische Weg zu emotionaler und sexueller Befriedigung«. Bio und Energie — das ist ganz schön modern und ganz schön fatal, weil von Sexualität und Herrschaft keine Rede mehr ist. Weit herunterparzelliert müssen die Menschen sein, wenn diese Parole stimmen soll. Sind wir nur noch Stoff, können wir uns auch gleich zu den Dosen werfen.

Das zweite Buch, von dem Schauspieler und Psychologen Jacques Dropsy geschrieben, liegt auf der Linie des ersten. Seine Devise: *Lebe in Deinem Körper.* Dropsy, der »reiche Erfahrung in Gruppentherapie und Erziehung durch Bewegung und Ausdruck« habe (das ist wohl die Sprache der Verlagsprospektschreiber), will »Kreativität und menschliche Beziehungen durch ›expression corporelle‹« erreichen. Durch diese Technik sollen unsere Körper neu gestimmt und wieder ausdrucksfähig werden. Die »expression corporelle« wird als ganzheitliche Bewegungserziehung verstanden und zur allgemeinen Persönlichkeitsbildung empfohlen. Sie soll Erfahrungen aus Tanz, Schauspielkunst und der so gern mit den Lippen bekannten Psychoanalyse aufgenommen sowie Elemente westlicher und östlicher Verfahren eingearbeitet haben, von Feldenkrais und Alexander-Technik über Bioenergetik bis zu T'ai chi und Aikido. Körperlich geht es also überkulturell zu.

Das dritte Buch »stellt ein neuentwickeltes Konzept für die Behandlung von Kontaktstörungen vor: die Dramatherapie«. Begründung: »Die Zahl der Menschen, die unter Kontaktstörungen leidet, ist unverhältnismäßig groß und nimmt immer weiter zu. Diese Menschen sind unfähig, Beziehungen zu anderen herzustellen, sind ängstlich und fühlen sich isoliert und einsam — unabhängig davon, ob sie allein, in einer Partnerschaft oder inmitten vielfältiger sozialer Beziehungen leben.« Klappenmäßig bleibt uns hier wie bei den anderen Büchern vorerst ein kleiner Trost: Die Heilerpersönlichkeiten lächeln, grinsen oder schmunzeln; ihnen wenigstens ist nicht zum Heulen. Untertitel des von Peter AW Figge verfaßten Werkes: »Spielräume erlebensbezogener« (Donnerwetter, ist das wahr?) »Verhaltenstherapie«. Figge wie die anderen Autoren bestätigen meinen Eindruck: Der neue Therapismus zerlegt die Menschen in Einzelteile und Einzelfunktionen, um sie dann solcherart massieren zu können. Bei Keleman geht es um Leib-Konkretisierung, bei Dropsy um Bewegung, bei Figge um Kontakt. Die Menschen werden als Dinge betrachtet, die sich nach den Schemata der Psychologen in Szene zu setzen und in Berührung zu halten haben. Sonst kommen sie in Schubkästen, die diese Körper-Psychologie (ebenso wie die schlechte Medizin) bereithält: der Zaghafte, der Stromlose, der Dulder, der Leiblose, der Flüchter, der Ausdrucksgehemmte, der Klammerer.

Das vierte Buch schließlich[1], von Jürgen Howe herausgegeben, hat sich der Kombination verschrieben. Es will dem Abgreif-Trend gerecht werden, »sich in der psycho-therapeutischen Praxis aus den verschiedenen Therapieangeboten das herauszusuchen, was einem angemessen erscheint«. Im vorliegenden Fall geht es um einen Cocktail aus Gesprächspsychotherapie, Verhaltenstherapie und Psychoanalyse. Guten Appetit!

Die Lawine stürzt also weiterhin zu Tal. Seit Jahrzehnten gibt es mindestens 50 durchformulierte psychotherapeutische Systeme mit einer Unzahl therapeutischer Techniken. Doch das psychosozial genannte Elend nimmt nicht ab. Liegen bei den medizinisch-körperlichen Experimenten am Menschen die Karten auf dem Tisch, sind Psycho- und Psychotherapie-Boom schwer zu durchschauen mit ihren vielen Seiten. Einerseits geht es darum, vom Gang des Ganzen nach der herrschenden Manier des Fetischisierens abzulenken. Was gesellschaftlich ist, erscheint als individuell, was gesund ist, als krank, was seelisch als bioenergetisch, was Widerstand als Preisgabe. Andererseits handelt es sich um Aufschrei und Opposition und die blinde Suche nach dem Anderen, nach Sinn und Glück, überhaupt nach dem Sich-Spüren, nach dem Eigenen in einer total verwalteten, auf die Katastrophe zurasenden Welt. Das ist ein Notruf der Menschen in historisch bestimmter Gestalt.

In der heutigen Allerweltspsychotherapie als Pipifax und Massage, als Show und leichtes Volksnahrungsmittel reflektiert sich die Fatalität des Ganzen. Viele Psychotherapeuten reden unablässig vom Menschen (der ja wohl mehr ist als einzelne Funktionsteile) und seiner Freiheit (die ja wohl in mehr bestehen sollte als sich bewegen und kontaktieren zu können) und bandagieren doch nur, wenn's gut geht. Sie sind also höchstens so heilsam und wahrhaftig wie Fangopackung, Dampfbad, Fußzonenreflextherapie. Viele Therapeuten vermuten die Herkunft und den Werdegang der Erkrankungen des Menschen und den Umgang mit ihnen zu einseitig und glatt. Sie tun so, als würden die Menschen jetzt auf einmal als Subjekte genommen, obgleich sie doch ein und dasselbe Objekt sind. Mit der Not der Menschen gehen sie auf eine doppelt perfide Weise um: Sie sagen, sie nähmen sie ernst, und tun es doch nicht. Objektives und Reales wird in ein Schattenreich von Verhaltens-, Kommunikations- und Funktionsimmanenz gerissen, weil das Ziel die Person ist, die wie geölt funktioniert, letztlich jener Typus, der weder ein Ich hat noch unbewußt handelt, vielmehr reflexartig reagiert, dem objektiven Zug entlang. So werden Menschen harmonisch verachtet und zu nützlichen Mitgliedern des zerstörerischen Ganzen trainiert, nachdem sie ermutigt bis genötigt worden sind, Seelisches (und neuerdings Körperliches) aus sich herauszulassen.

Kann das Ziel nicht mit jener Behendigkeit erreicht werden, derer man bedarf, müssen neue Therapien her. Stellt sich der irgendwie geknetete Gegenstand als zu komplex und widerborstig dar, werden weitere Techniken erfunden. Ist eine tiefer reichende Ausbildung angesichts der eigenen Verwerfungen zu strapaziös oder zu riskant, wird halt gesessen und gelegen, gerollt und geschrien, getanzt und geströmt.

Die vorbürgerliche Welt kannte Psychologie noch nicht, in der total vergesellschafteten wird es sie wohl nicht mehr geben. Kant und Hegel hatten die psychologische gegenüber der transzendentalen Sphäre, der objektiven des Geistes als zufällig und irrelevant herabgesetzt. Die akademische Psychologie entstand, als die klassische idealistische Philosophie am Ende war. Deshalb war es der Schulpsychologie möglich, die Leiche Philosophie zu fleddern. Ein Beispiel: Wer heute eine Lehre vom richtigen Leben sucht, kommt an der Psychologie nicht vorbei. Heute ist Psychologisches in aller Munde — wie wenn seelisch etwas zu bestellen wäre. Stimmte das, was die Heiler versprechen, wäre in einem Jahr die seelische Not wie Unkraut aus der Welt geschafft. Das wäre unmenschlich, es wäre das Ende der noch nicht begonnenen menschlichen Geschichte. Doch so sehr das Lüge und Illusion ist, es weist auf eine Tendenz hin, die diese Therapeutiker nicht zu sehen vermögen: daß die Menschen mit raffinierteren oder brutaleren, jedenfalls »effektiveren« Methoden eines Tages massenhaft ruhiggestellt werden. Die Programme haben US-Forscher natürlich schon vorgelegt. Bei ihnen laufen die »Klienten« (auch das Leiden, auf welches das Wort »Patient« immer noch verweist, soll wegrationalisiert werden) mit einer Elektrosonde im Gehirn herum, über die die »Therapeuten« sie zu steuern suchen.

Gewiß ist in jedem der vier Bücher (Kösel bringt selbstverständlich im Herbst noch weitere Werke dieser Art heraus) ein richtiger Gedanke enthalten, namentlich in jenen, die sich des Körpers angenommen haben. Schließlich sind unsere Körper so verrottet und verwelkt wie unsere Seelen. Aber die Not des Lebens, von der Freud, wenngleich verschwommen, gesprochen hat, meint mehr und ist mehr. Wenn es so weiter geht, daß jeder schreiblustige und gelegentlich auch ideenreiche Psychologe, jeder begabte Tänzer, jeder angesehene Schauspieler, der vom Furor sanandi, von der Heilungswut erfaßt worden ist, eine Therapieform ausspuckt wie der gräßlichste Ami seinen Kaugummi, nur nicht so gut durchgearbeitet, läuft alles auf ein Plädoyer für die große Psychoanalyse hinaus. Da ist der Patient noch etwas wert, er hat seinen Therapeuten Hunderte von Stunden lang, es herrscht Luxus und wird nicht verramscht, es wird keine Befriedigung verheißen, die unerreichbar ist, und der Körper reagiert ohnehin. Nur die mehrjährige tiefenpsychologische Behandlung läßt die Not des Lebens seelisch (und körperlich) zutage treten. Nur durch sie ist es heute überhaupt möglich, etwas Verläßliches über das Seelenleben einiger Menschen in der hiesigen Kultur zu erfahren. Doch die selbsternannten Psychokneter werden wohl nicht in ein ordentliches Warenhaus gehen, als Verkäufer. Das wäre schließlich unwissenschaftlich, bloß mitten im Leben. Der Gewinn allerdings wäre groß: Endlich bekäme man bei Metro und Massa auf eine bescheidene Frage auch einmal eine Auskunft. Doch die Psychoanalyse wird sich weiterhin anpassen, ihrerseits allerlei Verkürzungen feilbieten, um aus der Rundumversorgung nicht herausgeworfen, vom Futternapf nicht verdrängt zu werden, und geschehe das alles nur auf dem Papier.

Nicht auszuschließen ist, daß ich einem der Begründer einer neuen Therapie unrecht tue. Denn ich habe die vier Bücher, von denen hier die Rede ist, nicht gelesen. Ich bin zum ersten Mal so unverfroren, wie es erprobte Rezensenten, jedenfalls in der Medizin, im allgemeinen sind — weil ich das Monat für Monat auf den Markt geworfene Bio-psycho-sozio-Geschreibsel einfach nicht mehr lesen kann. Ich habe mich an die Waschzettel des Verlags gehalten, und die sagen ja oft unverblümter, worum es geht. Ansonsten lese ich Klassiker wie die *Studien über Hysterie,* jedesmal mit neuem Gewinn. Irgendwann wird sich dann herausgestellt haben, ob eines der zehntausend Psychoboom-Bücher die eigenen Gedanken immer aufs neue anzuregen vermag. Vielleicht werde ich dann noch leben und mir mit diesem Buch einige aufregende Stunden bereiten.

Magnus Hirschfeld und die
Hirschfeld-Renaissance

Kürzlich schenkte mir ein junger Forscher aus Berlin ein unscheinbares Buch. Ich schlug es auf, suchte den Verfasser und entdeckte einen Stempel: »Institut für Sexualwissenschaft — Dr. Magnus Hirschfeld-Stiftung — Berlin N. W. 40 — In den Zelten 10 u. 9a«. Daneben Hirschfelds Handschrift. Selten hat mich etwas so berührt, mußte doch dieses Buch den faschistischen Horden entkommen sein, die Hirschfelds Institut bereits am 6. Mai 1933 verwüsteten. Sie schleppten die kostbare Bibliothek weg, um sie vier Tage später öffentlich zu verbrennen. Das war das Ende der deutschen Sexualwissenschaft, symbolisch und real.

Hirschfeld[1], der das ahnte, kehrte von einer Weltreise nicht mehr in seine Heimat zurück. Schon Jahre vorher hatte er die ebenso seltene wie makabre Gelegenheit, Nekrologe auf sich selber in der Zeitung zu lesen, nachdem er auf der Straße von Rechtsradikalen niedergeschlagen worden war. Jetzt sah er in einem Pariser Kino mit an, wie sein Lebenswerk vernichtet wurde.

Nichts ist ehrenwerter, als die Wiedererrichtung des Instituts für Sexualwissenschaft zu verlangen. Das tut die Berliner Magnus-Hirschfeld-Gesellschaft[2] seit 1982. Nichts ist notwendiger, als an alles zu erinnern, was die Faschisten nicht nur verbrannt und verbannt haben, sondern mit so viel Erfolg der kollektiven Verleugnung anheimgeben konnten. Erst heute, 50 Jahre später, denken einige Psychoanalytiker darüber nach, inwieweit sich die verbliebenen Freudianer mit dem Nationalsozialismus gemein gemacht haben. Erst jetzt wird deutlich, mit wem und warum die Nazis Psychologie und Psychotherapie forcierten.

Sosehr ich für eine Renaissance der vergessenen Sexualforscher bin — bisher ist ja nur Wilhelm Reich dank der Studentenrevolte wiederentdeckt worden —, so sehr bin ich gegen jede Beschönigung. Legen wir die Geschichte der Sexualwissenschaft nicht offen, triumphiert die faschistische Vernichtungswut auf ein Weiteres. Doch bei den meisten Presseerklärungen, Vorträgen, Ausstellungen und Reprints, die im Zuge der Hirschfeld-Renaissance bereits veranstaltet worden sind, wurde mehr vernebelt als aufgeklärt.

Wenn Hirschfeld überhaupt als Wissenschaftler betrachtet werden muß, dann war er ein ziemlich anspruchsloser Sammler, vor allem aber ein Kompilator und Kolporteur. Jeden Vorgang, jede Pressenotiz, jeden Brief legte er in seinen Büchern nieder, wofür wir heute natürlich dankbar sind. Von ihm gibt es alles, Sexualpathologie, Geschlechtskunde, Sexualerziehung, Sittengeschichte, was Sie wollen, nur an eigener gedanklicher Schärfe mangelt es ihm. Falls das leichter vorstellbar ist: Es geht bei ihm fast immer so zu wie heute in einem Sexualatlas: flüssig, stets im Bilde, ebenso naiv wie komplett und weltanschaulich, bestenfalls sozial und liberal. Da fragt man sich, ob es etwas mit dem allgemeinen Bewußtseinsschleier oder gar mit dem Legislaturgeist zu tun hat: daß der leicht verdauliche, volkstümliche Hirschfeld wieder unter die Leute gebracht wird und nicht einer der vielen verschollenen Sexualforscher, bei deren Lektüre einem selbst heute und trotz sex research die Gedanken tanzen.

Vielleicht hätte der eingeklemmte Berliner Senat seine erbärmlichen Ausflüchte unterlassen und das Institut schon wiedererrichtet, hätten ihm die Hirschfeldianer einmal gesagt, um wen und was es wirklich geht. Gott sei Dank hat das jetzt Martin Dannecker (1983), der beste Kenner der »sexuellen Zwischenstufen« weit und breit, im Vorwort zum ersten Band der *Jahrbuch*-Auswahl getan.

Was gesagt werden muß und was den Berliner Senat beruhigt hätte: Hirschfeld war denkerisch anspruchslos, modern. Er glaubte an die ethische Kraft des Faktischen, an Naturwissenschaften und Vaterland. Folglich entdeckte er die »Naturgesetze der Liebe« und kombinierte eine wundersame Pille gegen jede Impotenz, genannt »Titus-Perle«. Beide, wie letztlich alle Hirschfeldschen Errungenschaften, werden weiterhin gesucht und gefunden. Im Ersten Weltkrieg begeisterte er sich in einer »kriegspsychologischen Betrachtung« (1914: 25f., 29ff.) für die »stattliche Kriegsflotte«, für »die Panzerplatten« und »die unterseeischen Kabel ... aus deutschen Werken«, für den »Wissenschaftssinn und Ordnungssinn« der Deutschen, sah, daß aus dem, »was man einst Kriegshandwerk nannte, nach und nach ein technisches Kunstwerk, ein wissenschaftliches Problem von größter Kompliziertheit geworden« war. Doch auch das Kunstwerk Krieg funktionierte naturwüchsig. »Als bei dem Aufmarsch und Ausmarsch unserer Truppen im August 1914 sich die ruhende Kraft unseres gewaltigen Volksheeres in lebendige umsetzte, da spürten wir — um mit Goethe zu reden: ›Wie alles sich zum Ganzen webt / Eins in dem anderen wirkt und lebt‹«.

Ich höre schon manchen Hirschfeld-Verehrer sagen: Muß das denn alles aufgetischt werden? Und wo bleiben seine Verdienste um die Sexualreform? Tatsächlich kämpfte Hirschfeld mutig wie kaum ein zweiter gegen die Diskriminierung sexueller Minderheiten. Doch er konnte Experimenten am Menschen keinen reflektierten Widerstand entgegensetzen, weil er fortschrittsgläubig war. Homosexuelle Männer überwies er, der persönlich segensreiche Homosexuellen-Beschützer, zur einseitigen Kastration und zur Überpflanzung eines »heterosexuellen« Hodens. Heute ist seine Theorie dem Ost-Berliner Endokrinologen Günter Dörner, der experimentell davon faselt, die Homosexualität im Mutterleib auszumerzen, weil sie nach seinen Versuchen an Ratten eine Krankheit sei, hilflos ausgeliefert. Dörner ist, wie der Sexualforscher Gunter Schmidt (1984: 21) im einzelnen belegte, der »modernste Vertreter der Hirschfeldschen Zwischenstufen-Theorie«.

Die besagt im Kern: Die Homosexualität hat eine konstitutionell-organische Ursache. Hirschfeld wollte mit dieser Behauptung den Homosexuellen-Paragraphen zu Fall bringen und von den Verfolgten Schimpf und Schande nehmen. Er begriff nicht, daß etwas körperlich Faßbares auch ausgerottet werden kann, daß er den Verfolgern zur Parole den Ort des Eingriffs nannte. Den meinten bei uns, aus der DDR inspiriert, zuletzt einige Psychochirurgen gefunden zu haben — nach dem Motto: homosexuelle Ratten, gesamtdeutsch. Zum Glück aber ist das Homosexuelle unausrottbar. Keine Technik wird es aus der Welt schaffen. Kastration und Hormone, Elektroschock und Hirnoperation, Verhaltenstherapie und Psychoanalyse sind schon gescheitert.

Wissenschaftlich roh, in erster Linie auf biologisches Erbe und klaren Menschenverstand setzend, begegnete Hirschfeld (1933a: VII) auch dem eugenischen Wahn. »Die Eugenik bezweckt durch die Hervorbringung besserer und glücklicherer Menschen die Entstehung einer besseren und glücklicheren Menschheit«, schrieb er nach dem Sieg der Faschisten. Vorher hatte er sich schon, immer abwägend, niemals fanatisch, für die »Ausjätung schlechter Menschenkeime« (1930: 47) ausgesprochen, für die Verbesserung des Menschengeschlechts mittels Zwangskastration und Zwangssterilisierung.

Tragischerweise war ihm dieses Denken bis zum Ende nicht suspekt. Im August 1933 sagte der vertriebene Jude: »Man muß die Hitlerschen Experimente abwarten, ehe man sich darüber äußert. Nicht nur aus wissenschaftlichen Gründen. Denn es ist keineswegs sicher, daß die Nationalsozialisten einzig und allein aus eugenischen Zwecken handeln. Man muß vielmehr befürchten, daß sie sich der Sterilisation bedienen werden, weniger um die ›Rasse aufzuzüchten‹, als um ihre Feinde zu vernichten. Die Ereignisse der letzten Monate bieten Anlaß genug für solche Befürchtungen.« (Hirschfeld 1933b: 16)[3]

Den unerschrockenen, indiskreten Arzt Hirschfeld zu verunglimpfen, liegt mir fern. Der war mir immer sympathisch. Kritisch zu betrachten aber ist eine aufklärerische Haltung, die in Mythologie zurücksinkt, weil sie ihre eigene Zerstörung nicht erkennt. Die deutschen Gelehrten, die lange vor dem Hitlerfaschismus wissenschaftlich und ethisch begründeten, warum bestimmte Menschen und Rassen Unkraut seien, minderwertig und lebensunwert, waren von hohen Idealen durchdrungen. Darum geht es: daß ein allgemeiner Zug in unserem Denken und Tun liegt, der auf Vernichtung hinausläuft. Heute kann eher begriffen werden, welche Mystifikation darin liegt, die irrationalen, aber nicht irrealen Mechanismen der Menschen- und Naturvernichtungsmaschinerie dem Reich des Rationalen zuzubestimmen, auf welches Hirschfeld zeitlebens gesetzt hatte. Heute sind wir, was Hirschfeldianer wollen, rundum informiert und haben keine Ahnung. Warum irritiert es die positivistischen Sexualaufklärer nicht, daß bei dem Zeitgenossen Sigmund Freud, einem anderen Sexualforscher, von all dem, was wir Hirschfeld entgegenhalten müssen, nicht die Rede ist? Während Freud den Oberflächencharakter unseres Bewußtseins durchschaute, mißtraute Hirschfeld aller Metaphysik. Nur die aber hätte der Sexualwissenschaft selber die Augen öffnen können.

Wie sollte das eigentlich möglich sein: die Unvernunft der Triebe, die Anarchie der Lust zusammengesperrt mit Rationalität? Definieren, was undefinierbar ist? Einheit schaffen, wo Widersprüche herrschen? Auf unsere Vernunft ziehen, was dagegen opponiert? Hirschfeld focht das nicht an, er handelte von den -ismen, -keiten, -lungen, -täten, also von den Sexualformen, die in den letzten Jahrhunderten gesellschaftlich fabriziert worden sind und die wir seither als vergegenständlichte mit einem neuen Ausdruck umfassen – Sexualität. Das Wort verschweigt nicht, worum es geht: dingfest machen. Das ist der gesellschaftliche Auftrag aller Sexualwissenschaftler seit dem Marquis de Sade, den Hirschfeld nicht unterlief.

Allerlei »sexuelle Zwischenstufen«, vorneweg die homosexuelle und die lesbische, wurden ausspioniert, zur Selbstpreisgabe angehalten, festgenagelt, in eine Identität gezwungen. Das war für die Verwirrten und Geächteten lebenserhaltend. Noch heute fürchtet mancher junge Homosexuelle, der einzige auf der Welt zu sein, der so unglücklich ist. Davon – und damit von der Zwieschlächtigkeit der bisherigen Sexologie – handeln die zehntausend Seiten des *Jahrbuchs*. Eine gewaltige Leistung. Gewaltig auch, weil das, was sexuell und geschlechtlich oszilliert und opponiert und uns heute so kostbar ist, mit Fingerlingen und Zollstöcken in ein Schema gebannt wird. Der erste Aufsatz des *Jahrbuchs* stammt von Hirschfeld (1899) und trägt den Titel: »Die objektive Diagnose der Homosexualität«. Hirschfeld war gewiß sensibel genug, die Einzigartigkeit jeder Perversion zu spüren; er war aber nicht klug genug, ihrer Integration ins abtötende Allgemeine entgegenzudenken.

Wer aus der Geschichte der Homosexuellen begreifen will, warum sie eine des Triebes und der Verfolgung ist[4], wer wissen will, was Cisvestiten, Pygisten oder Hekaterophile einst sein sollten, wer »fortgesetzte Widerlegungen des antihomosexuellen Vorurteils« (Dannecker 1983: 13) bewundert und anderes an der alten Sexualforschung schätzt als die momentanen Lobredner, der lese im Original-

Jahrbuch, sofern er zu den glücklichen Besitzern gehört. Und wem das dann genügt, der verkaufe mir das *Jahrbuch* (das übrigens zeitweise »Vierteljahrsberichte« betitelt ist) samt der »Monatsberichte« und der »Mitteilungen« des »Wissenschaftlich-humanitären Komitées« und seiner Sezession um den Ephebophilen Benedict Friedlaender (1907: 201, 203), der die »bettelhafte Theorie« des »übermäßig vorsichtigen Herrn Hirschfeld« verachtete. Ich werde alles wie meinen Augapfel hüten, nicht nur, weil es den Faschisten zuwider war.

Eberhard Schorsch und die kochende Volksseele

Hans Giese hätte sich sehr gefreut. Seine Nachfolger haben mit großer Ausdauer das getan, was er schon zu seinen Lebzeiten, obgleich ein Einzelgänger und skeptisch gegenüber jeder Summation, nach Kräften toleriert und gefördert hat: empirische und experimentelle Studien von Masse und Dauer. Die geben jedem Institut eine letzte Berechtigung, rauben ihm aber auch die Atmosphäre der Behaglichkeit und vergällen dem Direktor das Dasein als Privatgelehrter vollends. Auf den Gängen lungern dann die Probanden herum, junge Forscher bringen das Kopiergerät zum Glühen, eine Sitzung jagt die andere, die Rinnsteinpresse labt sich an Sexexperimenten, das Telefon steht nicht mehr still, die Sekretärin verliert die Nerven, für den Präsidenten der Universität muß eine Erklärung formuliert werden, da stehen die Geldgeber mit einem Schock Professoren vor der Tür, um alles im einzelnen noch einmal zu begehen: Streß der Empirie statt solitärer Reflexion.

Schon 1971, kurz nach Gieses Tod — das Überleben des Instituts war noch nicht endgültig gesichert —, begannen die Hamburger Kollegen damit, die hoffnungsvolle Paartherapie von Masters und Johnson auf ein wissenschaftlich überprüfbares Fundament zu stellen, an unsere kulturellen Verhältnisse anzupassen und außerdem als ambulantes Verfahren für alle sozialen Schichten zu öffnen. Unter dem Titel *Sexuell gestörte Beziehungen. Konzept und Technik der Paartherapie* gaben Gerd Arentewicz und Gunter Schmidt 1980 die Resultate einschließlich eines Manuals heraus. Inzwischen ist das Werk ins Amerikanische übersetzt (*The Treatment of Sexual Disorders.* New York: Basic Books 1983) und von namhafter Seite als ein »exciting and unique book« bezeichnet worden, generell als wissenschaftliche Leistung, die in den USA ihresgleichen suche.

Dieser Vorgang wird sich wiederholen — mit einer Differenz. Das Werk (Schorsch et al. 1985), das foudroyant annonciert sei, basiert ebenfalls auf einer beinahe zehnjährigen Studie, die wie das Paartherapieprojekt im wesentlichen von der DFG gefördert worden ist. Es ist in Fachkreisen, zu denen hier Juristen ebenso wie Psychiater und Psychotherapeuten gehören, bereits geradezu begeistert aufgenommen worden — selbst von globalen US-amerikanischen Psychoanalytikern, die am Rande ihres Weltkongresses in Hamburg bedeuteten: dieses Werk gehöre zu den zehn wichtigsten der letzten Jahre, müsse unbedingt ins Amerikanische übersetzt werden. Schön ist die Weitsicht der Koryphäen, weil Eberhard Schorsch und seine Mitarbeiter nicht zuletzt einige psychoanalytische Ausflüchte und Klugscheißereien überwinden mußten. Offenbar haben diese Leser auch bereits die Differenz zum Paartherapiebuch erkannt. Diesmal konnten die Hamburger Forscher nicht auf Anregungen fundamentierend reagieren, diesmal mußten sie internationales Neuland beackern, man kann auch sagen: in einem Steinbruch Kräuter zum Erblühen bringen, die kein Unkraut sind.

Aber was, um Gottes Willen, haben Eberhard Schorsch und seine verhaltenstherapeutisch oder psychoanalytisch ausgebildeten Mitarbeiterinnen und Mitarbeiter Gerlinde Galedary, Antje Haag, Margret Hauch und Hartwig Lohse getan, daß einem solche Metaphern in den Kopf schießen? Sie haben erstmalig die menschenfreundliche Parole ernstgenommen, nach der auch Sittlichkeitsverbrecher, die wir heute »Sexualstraftäter« nennen, ein Recht auf Behandlung haben; sie haben sich der inhumanen Devise, nach der diese Männer »unbehandelbar« seien, kritisch und selbstkritisch widersetzt; sie haben jene Sitte als Unsitte entlarvt, nach der wir uns als Sachverständige nur um die diagnostische Durchleuchtung eines Angeklagten, nicht aber um die therapeutische Hilfe kümmern sollen — als gehöre für einen Arzt nicht immer beides zusammen.

Wären die Autoren nicht so bescheiden und die Buchtitel nicht so plakativ, müßte das Werk heißen: »Bericht über die erste wirklich nachgewiesenermaßen erfolgreiche ambulante Psychotherapie straffällig gewordener Männer mit einer sexuell perversen Symptomatik«. Tatsächlich konnte mehr als die Hälfte der Probanden (N = 86) allein psychotherapeutisch und ausschließlich ambulant erfolgreich behandelt werden. Kaum jemanden haben die Forscher abgewiesen, auch nicht, um die Statistik zu verbessern, selbst Therapieabbrüche haben sie mitgezählt. Katamnesen, im Mittel 2 1/3 Jahre nach Behandlungsende, sicherten den Erfolg ab. Die Patienten hatten Delikte nach den §§ 176, 177, 178 und 183 StGB begangen, waren, deskriptiv gesprochen, vor allem durch Exhibieren vor Frauen und Kindern, durch sexuelle bzw. aggressiv sexuelle Handlungen an Frauen und Kindern sowie vereinzelt durch voyeuristische, pseudolistische und fetischistische perverse Manifestationen aufgefallen.

Die ambulante Psychotherapie, die Eberhard Schorsch und seine Mitarbeiter entwickelt haben, kann hier nur andeutungsweise beschrieben werden. Sie ist nicht wie ein Programm festgelegt und auch nicht, wie sonst üblich, eindimensional: entweder verhaltenstherapeutisch oder psychoanalytisch. Sie muß, das ergab der Behandlungs- als Forschungsprozeß, technisch und theoretisch flexibel bleiben, wenn etwas bewirkt werden soll. Bindeglied aller Einzelschritte ist jedoch das psychoanalytische Grundverständnis der Patientenpersönlichkeit, ihrer Entwicklung, ihrer Störungen und Defizite. Auf dem Boden dieses basalen Konzeptes können dann, je nach Lage, eher verstehend-interpretierende oder eher direktiv-übende Verfahren angewandt werden; sie sollen aber miteinander verflochten bleiben. So problematisch es unter anderen Bedingungen sein dürfte, bei einer Psychotherapie theoretisch und praktisch zu oszillieren, hier scheint die »offene therapeutische Gestalt« tatsächlich der geeignete Weg zu sein. Geht es bei dem einen Delinquenten in erster Linie um eine Krisenintervention oder darum, soziale Lernschritte nachzuholen, kann bei dem anderen die Stellung des Symptoms im seelischen Haushalt bewußt gemacht und damit vielleicht das Perverse seiner explosiven Unheimlichkeit beraubt werden. Bewährt hat sich dieses Vorgehen unabhängig von der Art des Sexualdelikts, vom Ausmaß der Aggressivität, von der Zugehörigkeit zu einer sozialen Schicht, ja sogar unabhängig davon, ob eine süchtig-perverse Entwicklung im Sinne von v. Gebsattel und Giese vorlag oder nicht.

Zum zweiten Mal seit dem Zusammenbruch des Hitler-Faschismus tritt die hiesige Sexualwissenschaft aus den Kinderschuhen:

Eberhard Schorsch wird Ende dieses Monats 50 Jahre alt. Als müßte er uns beschenken, hat er im Jahr des Ligurinus ein Werk vorgelegt, welches zum Meilenstein der Sexual- und Psychotherapieforschung erklärt werden wird.

Von selber, ohne eigene Qual, stellen sich Durchbrüche in den Wissenschaften vom Menschen bekanntlich nicht ein. Während wir anderen in der Regel wegliefen und versuchten, unsere Schuldgefühle durch markige Aufrufe zu übertönen, wandte sich Eberhard Schorsch jenen Gebrannten, Gestörten und Gestrauchelten direkt zu, deren individuelle Zerstörungskraft mit der des Ganzen immer wieder identisch zu werden droht, nahm er die Strapazen der Sexualstrafprozesse auf sich, nicht alle Jubeljahre, sondern 20 Jahre lang kontinuierlich.

Das Milieu, in dem er sich bewegte, ist, einmal ebenso modern wie treffend gesagt, einfach ätzend. Gerichtshöfe, Menschenanstalten, Schließer, Diener, Kammerpräsidenten als Gottväter, unsägliche Delinquenten, verschubte Patienten, Verteidiger wie Armleuchter, Staatsanwälte mit Schaum vor dem Gesetzbuch, psychiatrische Gutachter ohn' Aug', ohn' Zahn, ohn' Ohr, ohn' alles, die gelegentlich als verhinderte Sexualverbrecher in aller Servilität das Beil des Henkers schwingen, welches die Juristen nur noch aus den Bilderbüchern der Historie kennen — und vor der Tür ein rasender Mob, der den Sexualwissenschaftler lynchen will, weil er es wagte, den mittlerweile in das Strafrecht eingeführten Gedanken der Therapie und Resozialisierung ernst zu nehmen, weil er es wagte, den Auftrag der Kammer auszufüllen, also nicht als psychiatrischer Gerichtsdiener bei der Verurteilung zur Hand zu gehen, sondern dem erkennenden Gericht die Tat anhand, anseele, angeist und Persönlichkeit des Angeklagten und ihrer einmaligen Entwicklung verstehbar und verständlich zu machen.

Heraus kommt dabei regelmäßig ein Skandal, auf dem die Lynche gründet. Der Lustmörder, der Kinderschänder, der Notzüchter, sie alle sind keine Tiere, sie haben etwas getan, was zuunterst in allen Menschen als Wunsch bereitliegt, in die Welt der Phantasie eindringt und sogar, mehr oder weniger in Keimform, realisiert wird. Doch treten Sie einmal vor einen von der Gossenpresse zusätzlich aufgehetzten Mob und erklären Sie, Jürgen Bartsch sei ein menschliches Wesen, keine tierische Bestie (was allein schon anthropologisch unmöglich ist, weil die Tiere nur aus der Sicht der Menschen bestialisch sind, weil nur der Gattung Mensch eigen ist, zur Bestie werden zu können). Der Pöbel, der wir potentiell alle sind, wird Ihnen als erstes Ihren Benz zusammenschlagen, um Sie dann mit Morddrohungen zu terrorisieren. Jeder verstehende Sachverständige hat in irgendeiner Ecke eine Sammlung perfider Niederschriften, aus denen die kochende Volksseele spricht, Bänder über Kain und Abel, über Eros und Thanatos, Libido und Destrudo. Wie es zu bewundern ist, daß Eberhard Schorsch all dem Jahr um Jahr standhielt, so ist es auch zu verstehen, daß andere davon in die Flucht geschlagen wurden.

Bereits als junger Arzt und Psychiater von Hans Bürger-Prinz und Hans Giese in die Forensik eingeführt, hat Eberhard Schorsch deren Arbeit fortgesetzt, systematisiert, auf einen wissenschaftlichen Boden gestellt, zunächst in der 1971 veröffentlichten Habilitationsschrift *Sexualstraftäter*. Danach öffnete er sich und die Sexualforensik zusammen mit Nikolaus Becker für das psycho-dynamische Denken und die Theorie der Psychoanalyse, nachzulesen in dem Standardwerk *Angst, Lust, Zerstörung* von 1977. Dieses Öffnen vor allem hat es möglich gemacht, die phänomenologisch-deskriptive Orientierung seiner Lehrer überwindend zu bewahren, in der Bundesrepublik Deutschland nach und nach eine verstehende Forensik unter dem Gekläff der traditionellen Gerichtspsychiater zu etablieren und jetzt die letzte Konsequenz zu ziehen, die die medizinischen Ermittler nie interessierte: Behandlung der Täter.

Inzwischen hat Eberhard Schorsch seine Lehrer auf allen forensischen Ebenen — klinische Erfahrung, Weite des Ansatzes, Reputation bei den höchsten Gerichten — längst überholt. Auch durch die praktizierte Einsicht, daß es *eine* Sache ist, sich an der Ästhetik der Perversionen zu berauschen, eine *andere,* Delinquenten jahrelang zu behandeln. Dem Meister gelang jetzt, die Perversion als Kunstwerk nicht der Perversion als Straftat zu opfern. Gelingt dann noch die Therapie, ist die Rede von der Anpassung, von der Therapeutifizierung unseres ganzen Lebens zwar nicht unwahrer geworden, hat aber die Grenze ihrer Gültigkeit erreicht. Hans Giese wäre auf den Fortgang stolz gewesen.

Augenblicke eines Sexualforschers

Warum ich nach so vielen Jahren wieder nach New York geflogen bin? Es gab mehrere Gründe und viel Gefühl. Dort leben sehr gute Freunde von mir. Dort leben alte Sexualforscher, die die Nazis vertrieben haben. Einer, Hans Lehfeldt, den ich noch nicht persönlich kannte, erzählte mir von seiner Zeit mit Felix A. Theilhaber, Max Hodann, Magnus Hirschfeld, Margret Sanger, Norman Haire, Ernst Gräfenberg. Bei Mary S. Rosenberg suchte ich nach den Büchern der Vertriebenen. Sie hat Tausende in fünfzig Jahren zusammengetragen. Ich erzählte ihr, welche Nachlässe ich bereits aufgespürt habe, und ihre doppelt so alten und erfahrenen Ohren glühten dabei beinahe so heftig wie meine. Ein anderer Sexualforscher, wirklich ein alter Freund von mir, Harry Benjamin, stand wenige Tage vor seinem hundertsten Geburtstag. Ich höre ihn so gerne davon sprechen, wie Caruso in Berlin gesungen, was Freud zu ihm in der Wiener Berggasse gesagt, warum Kinsey seinen Rat gesucht hat.

1

Eine Stunde vor New York werde ich vom Finanzministerium gefragt, ob ich Schnecken oder dergleichen in die Vereinigten Staaten einzuführen beabsichtige. Ich denke, sie haben die ganze Welt infiziert und fürchten, angesteckt zu werden. Hans Bürger-Prinz sagte immer: Bei der größten Stärke liegt die größte Schwäche. Weil ich alle meine Gehäuse durchsuche, erzählt mir eine Stewardeß, ihre Gesellschaft habe kürzlich fünftausend Dollar Strafe zahlen müssen.

Ein Kapitän war dabei gestellt worden, wie er einen nichtdeklarierten Apfel versehentlich über die Grenze trug. Vorgewarnt, hatte ich die Wurst der Vogelsbergbauern für meine Freunde bereits selber gegessen. Später erlebe ich, daß sich kein New Yorker traut, näher als zehn Fuß an einem Hydranten zu parken, beidseits, obwohl sie in jeder Straße mehrfach stehen und Parkplätze so rar sind wie Autos überzählig. Die Metropole fürchtet das Feuer sehr. Ständig heulen ihre Wehren auf. Liegen darin für uns Chancen? Sollen wir sie mit Schnecken bombardieren, um sie zur Vernunft zu bringen? Oder mit Zündeln beschäftigen?

2

Beim Trippeln auf den Einreisebeamten zu werden die Fluggäste aufgeteilt in US-Bürger und Andere. Die Amis kommen schnell voran und überlegen. Rot gedruckt lese ich die Warnung des Justizministeriums: Ausländer, die ohne Bewilligung Arbeit aufnehmen, werden deportiert. Ich fluche laut und ernte teils ängstliche, teils böse Blicke. Nicht alle sind wie ich bereit, sofort wieder abzureisen. In mir steigt Deutsches, Dunkles auf. Damit befaßt, daß mein Enddarm nach Schnecken, Minima moralia, Radikalen durchwühlt wird, baue ich auf den Konsul der BRD. Der Beamte mustert meine diversen Deklarationen und die Stempel im Paß. Indien, Arabien, CSSR, Grenada. . . Was der wohl denkt? Ich blicke überlegen. Auf den Dollarnoten in meiner Tasche steht schließlich: IN GOD WE TRUST. Sehr angenehm ist eine gelbe Linie vor dem *Immigration Inspector*. Dort, eineinhalb Meter vor seinem halbgeschlossenen Kasten, muß der nächste Bittsteller warten. Man hofft, er hört nicht die Lügen, die man schon dem Generalkonsul auftischen mußte: Sind Sie sexuell, geistig, politisch abweichend oder wegen einer dieser Abweichungen jemals angeklagt oder verurteilt worden? Nein, nein, nein.

3

Die Freunde, die mich nach dem Zoll auffangen, stimmen darin überein, daß die USA bürokratischer seien als Deutsch-Deutschland. Ich tröste sie und mich mit einem deutschen Generalfeldmarschall, mehr noch mit einem deutschen Schriftsteller. Der antwortete den Einwanderungsbehörden, als er, vor den Nazis fliehend, in den USA eine Bleibe suchte, irgendwelche homosexuellen Beziehungen, Perversionen habe es bei ihm nie gegeben. Das FBI überwachte ihn lückenlos, konnte aber trotz »merkwürdiger Personen« in seiner Umgebung nichts Festnagelndes feststellen. Ansonsten stand der Schriftsteller zu seiner Neigung, praktizierte und bekannte sie. Die größte Stärke kommt aus der größten Schwäche. Der Schriftsteller kam als US-Bürger in das besiegte Deutschland zurück. In der Uniform der Besetzer befragte er die, die ihn verjagt hatten. Beiden zahlte er zurück. Wie sich der Schriftsteller zu repatriieren suchte, rehabilitierte sich der Generalfeldmarschall notdürftig. Der eine war ein Antifaschist, der andere ein Atomkriegsbeamter. Gesiegt hat jeder für sich allein, der Stachel aber war identisch.

4

Einmal als Gast eingereist, erhält man viele gute Worte. Es dauert nur wenige Tage, bis man gemerkt hat, daß es sich fast immer um stehende Redewendungen handelt. Die Telefonistin sagt: Ich wünsche Ihnen einen guten Tag, und ist aus der Bahn geworfen, wenn man sich für ihre Wünsche bedankt. Hier kann man überleben, Millionen tun es irgendwie, ohne englisch sprechen oder verstehen zu können. Manchmal ist es sogar besonders schonend, denn im Moment des Schreckens, ein Unfall, ein Zusammenbruch, wird gefragt: Bist du okay? Ich scheue davor zurück, mir auszumalen, wie es einem erginge, wenn in den USA deutsch gesprochen würde. Als zur Zeit der Unabhängigkeitserklärung über die Sprache des neuen Landes abgestimmt wurde, lag Englisch nur mit wenigen Stimmen vor Deutsch. Vielleicht würde unsereiner doch einen Kulturschock bekommen, den ich jetzt dank Marshallplan, McDonald's, Dallas und Pershings nicht erleide. So genieße ich, daß man mich manchmal einfach nicht verstehen kann. Im Restaurant auf dem *World Trade Center*, 107. Stock, bricht eine typisch deutsche Wendung aus mir heraus: Hier zieht's. Übersetzen Sie das mal in irgendeine andere Sprache. Ansonsten baue ich darauf, in allem zehn Jahre zurück zu sein. Daß das Entsetzliche, das die USA hervorbringen, etwa ein Jahrzehnt später bei uns durchbricht, hatte sich mir fast zu einer Gesetzmäßigkeit verdichtet. Am Ort stimme ich häufiger überein als mir lieb ist. Wie es den Deutschen zieht, essen und schlafen sie zu fixen Zeiten, ob sie nun hungrig und müde sind oder nicht. In Frankfurt kann man um 19 Uhr nicht mehr einkaufen, um 21 Uhr nicht ins Kino gehen, und um 23 Uhr muß man schon sehr findig sein, wenn man noch eine warme Suppe zu sich nehmen will. In New York City dagegen ist alles rund um die Uhr geöffnet. Und wenn einmal hundert Friseure fehlen, werden sie aus Italien eingeflogen.

5

Das Restaurant auf dem *World Trade Center,* in dem es zog, nennt sich *Windows on the World.* Es glaubt, eine Hors d'oeuvrerie zu haben. Beim Blick nach unten scheint alles harmlos, ästhetisch. Man sieht den Dreck, die Ratten, die Frierenden nicht, natürlich auch nicht die *South Bronx,* die so kaputt ist wie Berlin, als Hitler starb. Einige Tage später, ich suche den Nachlaß Hugo Beigels in Westchester, fahren wir den *Cross Bronx Express Way* entlang, und ich kann Potemkinsche Dörfer auf US-amerikanisch bestaunen: Die Häuser, die nur noch Ruinen sind, hat die Stadt New York wegen der Durchreisenden mit Pappe vernageln lassen. Darauf sind Türen, Fenster mit Gardinen, ja sogar Blumentöpfe gemalt.

6

Der Kapitalismus lebt. In New Jersey sah ich eine Weihnachtsbaumschnürmaschine. Man steckt den Baum vorne rein und nimmt ihn hinten transportgerecht in Empfang. Übrigens der Weihnachtsbaum: er ruht hier nicht wie oft noch bei uns vor sich hin. Er blinkt einen mit weiß-gelb-rot-blauen Lichterketten an, macht einen noch verrückter. Dabei hatte ich, dem Wunsch eines schwarzen Freundes folgend, echten deutschen Schmuck mitgebracht: Lametta, Wachskerzen, Kugeln. Das war aber viel zu wenig und viel zu tot. Hier ist alles in Bewegung, tun alle so, als seien sie noch am Leben. Der Moderator grinst, die Kakerlaken huschen, der Klavierspieler grimassiert. Von dem schwarzen Freund erfahre ich mit Gewißheit: daß *music,* elektronisch zusammengeschustert und als Dauertropf injiziert, jede Verheißung verliert. Ebenso das TV, in dem ständiges Gehampele vergessen machen soll, wie unendlich plan und matt die Scheibe ist. Begrenzt ist auch die Auswahl. In der Wohnung, in der ich lebe, kommen nur 29 Programme an, und das Schaltgerät ist auch nur für 99 ausgelegt. Der Pornokanal wurde von allen, die ich besuchte, ob schwarz oder weiß, wegen der befürchteten heimischen Turbulenzen nicht gekauft. Unproblematisch, in dieser Hinsicht, sind die Kanäle, die nur Nachrichten bringen oder Sport oder, was mich beeindruckt, nichts als Wetter. Ich nehme mir vor, unser ganzheitliches Fernsehen zu genießen, bis es offen zerfallen ist.

7

Der Kapitalismus ist kreativ. Die Disko, die der *Stern* gerade *in* sah, ist schon wieder *out.* Jetzt bilden sich die Schlangen vor dem *Limelight,* einer Kirche, deren Altar Michael Jackson ertragen muß. Immerhin hat er aber seine Nase und seine Lippen plastisch-chirurgisch den Formen der Weißen nachbilden lassen. Der Rassismus lebt. Vielleicht darf er jetzt sogar für *Mentholatum* werben. Ich bin als eingebildeter Abendländer in der Disko-Kirche kaum anpassungsfähig, das Aufeinanderprallen der beiden Mystifikationen macht mir sittlich zu schaffen. Erträglicher finde ich, daß alle Varianten der Orchideen nach Urin riechen. Sehr gefallen hat mir die Idee mit den *dummies.* Als die Stadt bei der letzten Ölkrise die Autofahrer aufforderte, nicht mit weniger als drei Insassen zu fahren, und das auch an den zahlreichen Tunneleinfahrten kontrollierte, setzten einige Findige einfach so etwas wie Schaufensterpuppen auf die Hintersitze. Das wäre im real existierenden Sozialismus kaum möglich, nicht nur, weil man dort von Attrappen und Puppen und Strohmännern weniger versteht.

8

Der Professor von der *Columbia University*, den ich seit fünfzehn Jahren kenne, fragt mich, wie und wann ich meine Bücher schreibe. Ich sage: Nachts. Er sagt: Dann bist Du eine umgedrehte Ratte. Ein anderer Professor will mich ähnlich begreifen: Ich habe 270 wissenschaftliche Aufsätze veröffentlicht, haben Sie mehr? In dem kubanisch-chinesischen Restaurant, das wir aufsuchen, gibt ein Keks zum Nachtisch den Spruch frei: *Wise men learn more from fools than fools from the wise.* Man beschimpft mich freundlich als Marxisten und bietet mir an, an einer der berühmtesten Akademien als Gastprofessor zu unterrichten. Auch mokiert sich keine Zeitung darüber, daß der westdeutsche Kanzler nichts versteht. *Newsweek* hat über AIDS und Homosexuelle so korrekt berichtet, wie es der *Spiegel* nicht über sich brachte. Auf einer Postkarte lacht Reagans Kopf aus einer WC-Schüssel. Die Schwergedanklichkeit, gar die Schwerhörigkeit des Präsidenten schlachtet kaum einer aus. Auch nicht, daß er nur scheinbar frei spricht oder heute das Gegenteil von gestern sagt. Das wird positiv verbucht. Wissen Sie, daß Reagan den Kriegsveteranen die finanzielle Versorgung fast halbiert hat, daß die auf ihn wütend sind und ihn Bastard nennen? Doch damit die beim Überfall Grenadas Zusammengeschossenen nach dem Kriegsveteranengesetz versorgt werden können, wird diese Invasion als *peace time war* geführt, von der zuständigen Behörde in Manhattan. Wie gesagt, der Monopolismus ist kreativ. Ich erinnere mich daran, daß meine Tageszeitung eine Bemerkung des Präsidenten aufgespießt hat, mit der er vor Polizeichefs in New Orleans seinen Feldzug gegen die »Epidemie des Verbrechens« begründet hatte: »Glauben Sie mir, ich kenne das Problem. Im Fernsehen habe ich einmal einen Sheriff gespielt, der glaubte, ohne Revolver auskommen zu können. Nach 27 Minuten war ich tot.« Verpuppung der Verpuppung der Wirklichkeit, dreifache Wahrheit durch doppeltes Spiel, Travestie der Travestie, das Verbrechen als Fernsehen, das Leben als Spiel.

Die Schwulen der Metropole nehmen sich einige Rechte heraus, die zwar nicht anerkannt, aber zur Gewohnheit werden. Sie gehen Arm in Arm auf der Straße, suchen einen wie auf einem Flugplatz nach Waffen ab, organisieren sich eigene Kirchen samt Priesterschaft. Dafür gibt es in New York City praktisch keine öffentlichen Bedürfnisanstalten mehr, weil sie die als Triebanstalten benutzt haben. Unser Bundesgesundheitsamt müßte dem Bürgermeister einmal auseinandersetzen, warum viele schwulenfreundliche Bedürfnisanstalten gerade jetzt eröffnet werden sollten. Dort fließt nämlich in aller Regel kein Blut, und schon gar nicht auf beiden Seiten.

Phänomenologisch begreife ich allmählich, wieso die US-amerikanischen Sexualforscher ohne die Annahme eines Sexualtriebes auskommen. Nirgendwo in der Welt sind jedenfalls ausgestellte und gepflegte Frauen so unsexuell wie hier. Die Plastik-Heim-Sexpuppen der Beate Rothermund, genannt Uhse, sind relativ erregender. Aber der herrschende US-Frauentypus stachelt, wenn schon nicht das Sexuelle, dann das Aggressive an. Ich verspüre Lust, diesen Typus kräftig zu backpfeifen, ihm *Pond's Make up* in der Gesichtsmaske zu verschmieren. Er ist einfach unsäglich, in Gesicht wie Schritt. Beim männlichen Mittypus reagiere ich ganz zuunterst. Ersparen Sie mir Einzelheiten. Die Homosexuellen, vielleicht nicht die Schwulen, tun öffentlich noch so, als seien sie triebhaft. Doch im *backroom* läuft ein James-Bond-Film mit Maria Brandauer, auf der Bühne der *Paradise Garage* singen und tanzen drei Girls wie in den fünfziger Jahren. Im Fernsehen der Normalen läuft die Serie *Love Connection*. Zu Männern, alle weiß, alle Mittelschicht, alle zwischen 25 und 30, wählt ein Publikum eine ebensolche Frau aus. Im *Trump Tower,* dem architektonischen Tempel des Augenblicks, läuft Wasser sinnleer die Wände herunter. In einer Zone, *Analysts' Row,* praktizieren dreihundert Psychoanalytiker Couch an Couch, Sinn an Sinn. Vielleicht stimmt das doch mit den zehn Jahren.

11

Wieder in Frankfurt, erzählt mir ein junger Freund, der sich in der Welt auskennt, daß die einzige bleibende Errungenschaft, die Weihnachtsbaumschnürmaschine, die mich für einige Sekunden beinahe fasziniert hat, daß es die im Abendland schon lange gibt. Dann werde ich zu einer Tagung »Fortschritte der Sexualtherapie« eingeladen. Auf dem Programm: Partnermassage. In der *Frankfurter Rundschau* stolpere ich über eine Bekanntschaftsannonce: »Sportl. Coupé, Erstzul. 12/53, 1,90 m lang, an hübsche in schmale Sitze passende Fahrerin mit Niveau zw. 22 u. 29 J. für 80 Pf. umständeh. sofort abzugeben. Ein Blick unter die Motorhaube verspricht Treue, Reisefreudigkeit u. Unternehmungsgeist. Parke z.B. gerne vor einem Restaurant, einem Kino oder der Taunus-Therme in Bad Hombg.« Also, bis auf die Taunus-Therme, die man in ganz New York City vergeblich sucht, sitzen wir im gleichen, wenn auch nicht im selben Boot. Die Verstofflichung schreitet überall voran.

Relative Sackgasse

Ein Gespräch

Stern: Herr Professor Sigusch, die Angst vor Aids grassiert längst überall. Wie groß ist die Gefahr, krank zu werden?

Sigusch: Insgesamt sehr klein. (. . .) Da Aids auf eine Infektion zurückgeht, kann aber prinzipiell jeder erkranken, also auch heterosexuelle Frauen und Männer. (. . .)

Stern: Bei der *Stern*-Umfrage hielten sich die jüngeren, alleinlebenden Frauen für besonders gefährdet. Wie groß ist Ihrer Meinung nach die Gefahr, daß eine Frau beim heterosexuellen Verkehr infiziert wird?

Sigusch: Ich halte die Heterosexualität für eine relative Sackgasse, was die Verbreitung von Aids betrifft. Denn die Scheide der Frau ist nicht — wie immer wieder falsch dargestellt wird — mit einer leicht verletzlichen Schleimhaut ausgestattet. Es handelt sich vielmehr um ein mehrschichtiges Plattenepithel, das zwar nicht verhornt, sonst aber fast wie die Außenhaut gebaut ist. Die Darmschleimhaut dagegen ist wirklich eine Schleimhaut. Das heißt, die Wahrscheinlichkeit, daß sie verletzt wird, ist sehr viel größer.

Stern: Aber in Afrika zum Beispiel, woher die Krankheit kommt, sind doch Heterosexuelle genauso betroffen?

Sigusch: In Afrika ist das Kranken-Verhältnis Mann/Frau in der Tat etwa eins zu eins. Das hat aber eine lange Geschichte, und es gibt nicht die bei uns vermutete explosionsartige Ausbreitung. Wenn ein infizierter heterosexueller Mann die Scheide verletzt oder Analverkehr praktiziert, kann er das Virus natürlich weitergeben. Analverkehr unter Heterosexuellen ist in südlichen Ländern aus Gründen der Empfängnisverhütung sehr verbreitet. Übrigens gibt es das auch bei uns, aus Gründen der Erotik oder weil es als modern gilt oder eine erstarrte Beziehung wieder in Gang bringen soll.

Stern: Bei uns sind also nach wie vor die Homosexuellen am meisten betroffen?

Sigusch: 75 bis 80 Prozent der Kranken sind Homosexuelle. Das liegt auch daran, daß die Partnerumschlagzahl bei einem Teil der Homosexuellen wesentlich größer ist als bei Heterosexuellen — aber es gibt natürlich auch abstinent und monogam lebende Homosexuelle. Ein weiterer Grund ist, daß eine relativ kleine Gruppe im Verlauf der letzten 15 Jahre aggressive, verletzende Sexualpraktiken ersonnen hat und unter Stress, ja unter Sexualstress lebt, was die allgemeine Abwehr schwächt.

Stern: Eine *Stern*-Untersuchung ergab, daß 98 Prozent aller Bundesbürger schon mal von Aids gehört oder gelesen haben. Warum reden alle über diese Krankheit, warum sind die Zeitungen voll davon? Was ist das Geheimnis?

Sigusch: Das ist gar nicht so schwer zu verstehen. Aids ist keine gefühlsferne, rein medizinisch zu überschauende Erkrankung. Sondern es geht um Sexualität. Die Sexualangst ist seit Jahrhunderten mit Schuld und Sühne verbunden. Unsere Erotik umfaßt beides: Leben und Tod. Aids erinnert uns alle daran, daß beim Sexualakt Blut fließt, obwohl es dabei doch eigentlich kuschelig, hygienisch und gesund zugehen soll. Aids erinnert uns daran, daß es immer ein Wagnis war, erotisch zu sein, außer sich zu geraten, Ekstase zu suchen.

Dazu kommen unsere Medien, die schandbar versagt haben, Ängste schüren und damit ihr Geschäft machen. Als Arzt halte ich diese Kampagne für krankmachend.

Stern: Spielt auch die Angst vor eigenen, latenten homosexuellen Neigungen eine Rolle?

Sigusch: Spätestens seit Freud ist bekannt, daß alle Menschen über die Fähigkeit verfügen, homosexuell zu reagieren und zu empfinden. Wahrhaben will das aber niemand. Um das wieder runterzukochen und den Deckel draufzuschieben, müssen böse und gefährliche Schwule her, denen man das Risiko, die ganze Gefahr, Tod und Untergang, anhängen kann.

Stern: Nicht von ungefähr haben sich jene Menschen als erste bedroht gefühlt, deren Lebensstil sehr ungebunden ist. Wie real sind diese Ängste? Haben sie unter Umständen auch mit unbewußten Schuldgefühlen wegen einer bestimmten Lebensweise zu tun?

Sigusch: Ja, das ist sehr wichtig. Heute soll allerlei möglich und erlaubt sein. Wir schaffen es aber nicht, einerseits treu und verläßlich, andererseits ungezwungen und lustvoll zu sein. Beide Bedürfnisse stehen im Widerstreit. Aids mobilisiert die Schuldgefühle und Ängste, die daraus resultieren.

Stern: Kann eine Krankheit wie Aids die Moral verändern?

Sigusch: Nein, das glaube ich nicht. Sie kann nur die vorhandene Heuchelei und Lustfeindlichkeit verstärken. Ich denke, daß es in unserer Kultur keine allgemein verbindliche Moral gibt. Das können Sie immer wieder beobachten. Promiskuität und Prostitution gelten als moralisch tiefstehend. Andererseits lassen sich sittige Politiker von Flick und Flack Tausender in die Tasche schieben. Tatsache ist, daß alles käuflich ist — vom Gewissen der Abgeordneten bis zur sozialen Regsamkeit des fortschrittlich denkenden Sozialarbeiters. Aber nur die Dirne wird verpönt oder der aktive Schwule, der Sex konsumiert. Die jedoch sind viel ehrlicher.

Stern: Was bedeutet das Auftreten von Aids für die Bestrebungen der Homosexuellen nach gesellschaftlicher Tolerierung und Emanzipation?

Sigusch: Eine ganz schwere Krise mit katastrophalen Auswirkungen. Für mich war das schlagende Beispiel die Erklärung des Rosa von Praunheim in einem bekannten Nachrichtenmagazin. Das war »mea culpa«, das war die Schuldübernahme, die verinnerlichte Geißel Gottes. Das war ein Abgesang auf die Emanzipationsbestrebungen.

Stern: Hat es denn nicht auch einen positiven Aspekt, wenn eine Orientierungsfigur wie Praunheim zu Vorsicht rät und damit vielleicht anderen die Gefahr bewußter macht?

Sigusch: Nein, er hat in die Kerbe der öffentlichen Panikmache geschlagen. Vernünftige Aufklärung ist erforderlich. Und vor allem: Medizin und Aids-Hilfe müssen endlich ausreichend Mittel für die Forschung und die psychosoziale Betreuung bekommen.

Stern: Wie sollen sich diejenigen verhalten, die Aids-Erreger im Blut haben? Sehr viele von ihnen werden nie krank werden, aber sie sind ihr Leben lang ansteckend.

Sigusch: Wie lange man infektiös ist, ist noch nicht bekannt. Momentan geht man davon aus, daß etwa fünf Prozent der Infizierten tatsächlich erkranken. Aber damit sprechen Sie auch das Problem des HTLV-III-Testes an. Ich denke, jeder muß für sich selbst entscheiden: Was will ich wissen, was kann ich ertragen? Da gibt es kein Rezept, das ein anderer Mensch verschreiben könnte. Und nehmen wir einmal an, der Test fällt positiv aus. Ich könnte mir denken, daß allein das Wissen, daß ich infiziert bin, meine seelischen Abwehrkräfte immens schwächen würde. Ich plädiere darum dafür, daß dieser Test nur gemacht wird, wenn es der Patient ausdrücklich wünscht. Es ist schon vorgekommen, daß der Test einfach mitgemacht worden ist und dem Patienten, der sich aus anderen Gründen behandeln ließ, nebenbei gesagt wurde, daß der HTLV-Test positiv ausgefallen sei. Das halte ich für unverantwortlich.

Stern: Man ist in einigen Einrichtungen schon einen problematischen Schritt weiter — zum Beispiel bei den Landesversicherungsanstalten. Um HTLV-III-Positive auszuschließen, haben die jetzt zumindest eine Empfehlung, Risikogruppen — ob sie wollen oder nicht — durchzutesten, bevor eine Kur genehmigt wird. Ähnliches droht in den Gefängnissen und bei der Bundeswehr.

Sigusch: Das ist derselbe Vorgang, wie wenn man alle Menschen, die zum Beispiel Tuberkulose-positiv oder Träger von Hepatitis-B-Viren sind, aus der Krankenversicherung ausschließt, in Spezialkliniken einweist, nicht mehr behandelt, vor Gericht mit Mundschutz verurteilt und so weiter. Einfach indiskutabel.

Ich halte jede Zwangsmaßnahme auch für medizinisch falsch. Denn sobald Zwangsmaßnahmen angedroht werden, kommen die Patienten entweder viel zu spät zur Behandlung oder gehen in den Untergrund. (. . .)

Stern: Noch einmal zu Ihrer These, die Heterosexualität sei für das Virus eine Sackgasse. Das könnte ja eine Entwarnung für viele Menschen sein. Inwieweit ist das erforscht?

Sigusch: In der Tat bleibt die Frage, wie sich jene fünf bis fünfzehn Prozent angesteckt haben, die in den Statistiken auftauchen, aber nicht zu den sogenannten Risikogruppen gehören. Ich weiß natürlich als Sexualwissenschaftler, daß ein Mensch nicht jedem Epidemiologen oder Gesundheitsbeamten beichtet, daß er eine bestimmte

Praxis vollzogen hat, vielleicht einmal in seinem Leben, in Afrika oder Asien oder sonstwo, unter schauderhaften Umständen. Man müßte wissen, ob es auch bei diesen Erkrankten zu verletzendem Sexualverkehr und Blutübertragungen gekommen ist, was ich durchaus vermute. Nur dann wäre Aufklärung gesichert möglich. Wir haben alle ein Recht darauf zu wissen, wie es zu der Übertragung kommt. Und dann muß jeder selbst entscheiden, was er tut und was er läßt.

Vom Staat wollen wir nichts als Geld, auch für sexualwissenschaftliche Studien, die die Bundesregierung bisher ablehnte, obwohl es ja zentral um Sexualverkehr, Sexualverhalten und sexuelle Minderheiten geht. Von den Medien wollen wir, daß sie verantwortungsbewußter sind als Drogenhändler, daß sie sich schützend vor sexuelle, überhaupt vor alle Minderheiten stellen. Denn der Mob ist blutrünstig, und die meisten Politiker haben kein Format.

Stern: Die Menschen, die bei der *Stern*-Umfrage angaben, sie hätten aus Angst vor Aids ihr sexuelles Verhalten bereits verändert, können am ehesten auf Gelegenheitsbekanntschaften verzichten. Am schwersten fällt es ihnen, beim Liebesspiel alle Dinge zu vermeiden, die ein größeres Risiko bedeuten. Kann es sein, daß die »Safer Sex«-Kampagnen bei einigen Menschen überhaupt nichts ausrichten?

Sigusch: Soweit sich das bisher beurteilen läßt, praktizieren die Menschen kaum »Safer Sex«, sondern reduzieren die Anzahl der Sexualkontakte. Aber auch das ist begrenzt, weil sich das triebhaft Sexuelle so wenig abstellen läßt wie das Wahrnehmen oder Denken. Aufgegeben wird das, was aufgezwungen, modisch, lästig und vergebens ist, was schon zur toten Sache erstarrt war, obwohl es manchem noch eine »wilde Orgie« zu sein schien. Nicht wenige Menschen jedoch werden nie monogam leben oder »Safer Sex« praktizieren können. Der Trieb hält ihre Person zusammen. Auch deshalb gibt es auf Aids nicht die glatte, scheinbar alternative Antwort: entweder Sexualverzicht oder Tod. Das triebhaft Sexuelle ist ein unverzichtbarer und unausrottbarer Teil unseres Lebens.

Stern: In ihrem Aufsatz »Krankheit als Metapher« wies die amerikanische Publizistin Susan Sontag darauf hin, daß Krankheiten, die als wenig erforscht und mysteriös gelten, oft benutzt werden, um dahinter die großen gesellschaftlichen Probleme zu verstecken. Sehen Sie das auch so?

Sigusch: Ja. Da wir die globalen Gefahren, beispielsweise die atomare, mit unseren Gefühlen nicht wirklich erreichen können, scheint die befürchtete Menschheitskatastrophe in Aids endlich eine greifbare Gestalt anzunehmen. So gesehen steckt in der Aids-Hysterie die allgemeine Untergangsstimmung und die allgemeine Erfahrung, daß man niemandem vertrauen kann. Die Reaktion auf Aids ist also generell beides: ein gigantisches Ablenkungsmanöver und die gewachsene Ahnung vom schrecklichen, todbringenden Charakter unserer Kultur.

(Die Fragen stellten Ingrid Kolb und Marlies Prigge im September 1985)

Elitäre Distanz?

Als ich mich daransetzte, diesen Leitartikel zu schreiben, jagte eine Sensation die andere. AIDS war nicht nur zum öffentlichen Thema Nummer 1, sondern auch zur Frage aller sexuellen Fragen geworden. Außerdem war ich gerade im Urlaub durch tägliche Konfrontation mit der Rinnsteinpresse auf einige Rätsel gestoßen. Wie ist es beispielsweise möglich, daß jemand, der durch wissenschaftliches Arbeiten bisher nicht aufgefallen ist, zu »einem der angesehensten AIDS-Forscher der Welt« emporschnellt?

Um mich bei solchen Petitessen nicht allzulange aufzuhalten, entschied ich mich für zwei Annahmen: Erstens hat sich jener Heroe so lange transatlantisch gespreizt, bis schlichtere Gemüter glauben mußten, das bedeute auch etwas Wissenschaftliches. Zweitens mußten diese Gemüter ohnedies das Gespreize ernst nehmen, weil es um ein Supergeschäft geht (was könnte sich eine Redaktion der Gosse inbrünstiger wünschen als *sex and crime,* Perversität und Starenthüllung, Liebe und Tod auf einen Schlag?) – und weil keine Sexualforscher mit Reputation multimedial zur Verfügung stehen.

Da rief mich ein Nachrichtenmagazin in Gestalt eines seriösen Herrn an und bat um ein Gespräch für die nächste Titelgeschichte. Über AIDS! Bitte streng vertraulich! Angesichts der Lazzaroni und überhaupt war ich bereit, nachdem sich der Mann noch einmal anhören mußte, inwiefern die Berichterstattung dieses Blattes bisher einfach ruchlos war. Am Montag darauf las ich dann, die Sexualforscher blieben zu Aids in »elitärer Distanz«.

Gesagt habe ich dem seriösen Mann, daß viele meiner Kollegen wie ich selber aufgewühlt seien. Da wir weniger als andere auf Homosexuelle und Prostituierte mit unverdauten Affekten reagieren müssen, wecken an Aids Sterbende in uns Gefühle der Trauer wie andere todgeweihte Patienten auch. Trotzdem bleibt die Tatsache, daß 63 alte Menschen, die während einer Grippe-Epidemie sterben, nicht einmal statistisch in Erscheinung treten, daß durch andere Virus-Infektionen Jahr für Jahr Zehntausende zu Tode kommen. In 200 Millionen Menschen lebt gegenwärtig der Erreger der Hepatitis B. Bei uns werden jährlich allein 2000 Neugeborene infiziert, von denen etwa zehn noch im Säuglingsalter an einer fulminanten Hepatitis sterben. Von weggeworfenen, vergifteten und totgefahrenen Kindern ganz zu schweigen. Jede Sensation verhüllt, jede Panik schweigt gezielt über anderes Grauen, letztlich übers allgemeine.

Am wichtigsten sei jetzt, sagte ich dann dem Mann, daß das Zigfache dessen an Mitteln für Forschung und psychosoziale Betreuung bereitgestellt werde, was bisher eher beschwichtigend angewiesen worden ist. Die Gelder sind ja da. Zwar ist nicht zu erwarten, daß ein Panzer weniger gebaut wird. Vielleicht aber sollte die tumbe Bundeszentrale für gesundheitliche Aufklärung einfach aufhören, für Millionen Mark Broschüren über sozialen Haarausfall in die Landschaft zu schleudern, die niemand liest.

Ich versuchte, so gut ich konnte, Aids als einen Knotenpunkt darzustellen, in dem die medizinischen Fragen vieler unbesiegter Krankheiten zusammenlaufen, von der Grippe über die Thyreotoxikose, die primäre biliäre Zirrhose, die Morbi Crohn, Addison und Sjögren, die Multiple Sklerose, die Myasthenia gravis, bestimmte Formen des Diabetes mellitus, des Lupus erythematodes und der chronischen rheumatoiden Arthritis bis hin zum Krebs: viro-infektio-immunologisch, auto- und allogen, seelisch wie somatisch. Versagt die westliche Medizin auf diesem Gebiet trotz der Hysterisierung, gibt sie vor aller Welt zu: daß sie technologisch gar nicht hochgerüstet ist oder — und das wäre folgenschwer: daß sie die ihr anvertrauten Probleme, so oder so, nicht zu bewältigen vermag.

Ob denn die Liberalisierung standgehalten hätte, fragte dann der Mann. Wie sollte sie? Doch wer konnte sich schon vor zehn Jahren einen Professor der Inneren Medizin dozierend auf einem Barhocker in einer Schwulen-Pinte vorstellen? Vieles ist überhitzt, maßlos freundlich, ohne Reflexion. Erst sagt der Internist, die homosexuellen Aids-Kranken seien seine liebsten Patienten, und dann betont er, ein überzeugter Heterosexueller zu sein. Ich glaube, öffentlich haben nur die medizinischen Fachgesellschaften und Fachzeitschriften die Probe bestanden. Dort wird nach wie vor ohne Unterton erklärt und berichtet. Ich bin zum ersten Mal als Sexualforscher richtig stolz auf ärztliche Institutionen. Selbstverständlich hat auch die Zeitschrift *Sexualmedizin* darauf verzichtet, Rezepte für einen ungefährlichen Vollzug zu unterbreiten, blieb wie die Sexualforscher in »elitärer« Distanz. Gäbe es solche Rezepte, würde sie kein Sexualmediziner verschweigen, wären sie schon der ganzen Welt verschrieben.

Bleiben die Geißel Gottes und der Abstinenz. Da fällt mir zunächst unsere Vergangenheit auf lateinisch ein: Votum castitatis, votum obedientiae. Ubi Venus, ibi Syphilis. Viresque acquirit eundo. Ex alieno tergore lata secare lora. Denn Aids hat ja denen, die es hören müssen, endgültig klargemacht, daß etliche Homosexuelle keine Betschwestern sind, wie Martin Dannecker sagte, daß sie vielmehr sexuelle Erlebnisse haben, von denen Heterosexuelle, immer *soi disant*, nicht einmal zu träumen wagen. Muß da ein gesunder Ehemann, der höchstens zweimal im Jahr einem Mädchen im römischen Dampfbad beinahe in den knackigen Po kneift, muß der nicht nach Geißeln rufen?

Bekanntlich kann man ohne Vorurteile nicht über die Straße gehen. Auch sind sie nie ganz und gar aus der Luft gegriffen. Es gibt Homosexuelle, die suchtartig durch die Sex-Keller und die Klappen der Welt jetten. Wer das als Sexologe zu kaschieren sucht, indem er Millionen Bisexuelle erfindet und an die Infektionsfront schickt, opfert zugleich das Besondere am Homosexuellen. Wird gleichgeschaltet, steht letztendlich die ganze Schweinerei zur Disposition, soll ausgetestet, weggespritzt, herausgeschnitten werden. Solche Intentionen sind bei uns weiterhin lebendig. Die Deutsche Gesellschaft für Sexualforschung hat sie zuletzt dem Endokrinologen Günter Dörner unterstellt (vgl. Dannecker u.a. 1981); ausgerechnet jetzt hat er sie in Radio DDR rundum bestätigt. Man kann auch sagen, er hat sein Tilgungsinstrument Ost und West zur rechten Zeit an die Hand gegeben. Hätte das Homosexuelle einen körperlichen Ort, könnte Aids tatsächlich eine Homosexuellen-Erkrankung sein und mit der Homosexualität ausgemerzt werden. Gott sei Dank aber ist das Homosexuelle unausrottbar. Gott will es so, und die Sexualmedizin hält sich inzwischen daran.

Daß ich dem Mann vom Magazin ein flammendes Lob des Triebes gehalten habe, wird man mir glauben. Schließlich hätte ein Sexualforscher, der nicht trotz Sexualformen und »safe sex« (oder wie das heißt), trotz massenhaften An- und Abstellens der Gefühle und Tendenzen auf dem unabstellbar Triebhaften beharrte, seine Profession verfehlt, seine Obsession verloren. Da aber Vollzüge und Oberflächenmassagen gang und gäbe sind und nicht die tierisch bis strafbar imponierenden Durchbrüche des Triebes, ist »safe sex« nichts wirklich Neues. Was sich in den Winkeln der Schwulen abspielte, war immer sehr vergegenständlicht und kaum triebhaft. Wenn jetzt die Normalen, auch das steht geschrieben, mit Mundschutz, Gummihandschuhen und Kondom verkehren sollen, wird der Beischlaf sichtbar das, was er dem Kern nach schon ist: eine Operation. Aber. Wie es noch Sexuelles gibt, das kein Vollzug ist, gibt es Homosexuelle, die abstinent oder treu sind und sich nicht einmal in einer lauen Sommernacht in einem Park verlustieren.

Nicht gesagt habe ich dem Reporter, daß ich bereits 1983 zusammen mit drei Kollegen ein Forschungsprojekt beantragt hatte. Möglicherweise hat ja Aids jenseits der Körperzellen etwas mit dem Lebensstil, dem Sexualverhalten, der seelischen Verfaßtheit der Patienten zu tun. Die Bundesregierung lehnte nach acht Monaten — nichts wird so heiß gegessen wie gekocht — dankend ab. Sexualwissenschaftliche Untersuchungen seien »nicht prioritär im Rahmen dieses Forschungsprogrammes«, man könne »die aufgestellten Hypothesen« selber beantworten. Ich habe schallend gelacht.

Großzügig von der Regierung, daß sie eine Errungenschaft gar nicht benutzt, obgleich die seit einiger Zeit verbeamtet ist. Dank der ideologischen und elitären Distanz.

(Oktober 1985)

Operation AIDS

Die Chiffre AIDS hat die ganze Welt erobert. Die letzte Nische ist ins Bild gesetzt. Unzählige Menschen sind beunruhigt, unzählige zu Tode erschreckt. Es gibt mehr wissenschaftliche Abhandlungen als Erkrankte. Auf jeden Toten kommen hundert Schlagzeilen.

Auf meinem Sofa saßen inzwischen Medizinprofessoren und fragten, ob sie sich bei dieser oder jener Vergnügung angesteckt haben könnten. Eines Tages war ich selber ausreichend vorbehandelt. Schon beim Frühstück las ich in der Zeitung AIDS statt ARD. Dann nahm man mir den letzten aidsfreien Blick. Vor meiner Wohnung wurde ein Plakat aufgehängt, das mich unverzüglich ins Bürgerhaus bestellte. Dort kochte ein ärztlicher »Verein zur Aids-Verhütung« seine rassistische Suppe. Er will die Infizierten tätowieren.

Wer auf das allgemeine Geschehen nicht nur lethargisch oder zynisch reagiert, wer noch Mitleid empfindet, ist von Aids aufgewühlt. Nichts ist für reflektiert Erlebende entsetzlicher, als das scheinbare Zusammenfallen von individuellem und gesellschaftlichem Elend. Jene, die an Minderheiten und Lustseuchen traditionell ihr eigenes Schicksal zu besänftigen suchen, stehen Gewehr bei Fuß. Nichts ist für Saubermänner befriedigender als das Operieren am Volkskörper.

Mörderisch ist Aids, weil sich der Vernichtungs-Charakter unserer Kultur im allgemeinen Umgang mit einer Krankheit auf allen Ebenen realisiert — ohne daß wir die Möglichkeit hätten, uns durch theoretische Abstraktionen seelisch zu schützen: denn die Menschen gehen nicht wie wir alle chronisch kulturell zugrunde, sondern körperlich akut.

Aids ist beides: eine schwere Erkrankung und nichts als Blendwerk. Weil die Erkrankung tödlich ist und die Mystifikation verheerend, fällt es uns unendlich schwer, die Wirklichkeit von ihren Verdrehungen zu trennen und die Realangst von der neurotischen. Aids ist ein kultureller und politischer Volltreffer, in dem sich die einzelnen Greuel mit dem Grauen des Ganzen lärmend vermählen.

In diesem Phänomen schießen zusammen die latente Untergangsstimmung mit bestens bedienten Geschäftsinteressen, das Sicherheitsdenken mit dem ökologischen, der Präventivschlag mit dem Mythos vom Blut, das heidnische Aug-um-Auge der Geißeln Gottes mit der Charité, der Haß auf das Andersartige mit dem Neid auf den Glamour der Perversion, die Angst vor dem sexuell Triebhaften mit dem Liberalisierungshorror, der Rassismus mit der Sozialhygiene, der Schrecken der Verseuchung mit der momentanen Ruhe des Tests, das Selbsthilfegruppengesamttreffen mit der Ohnmacht der Medizin, die eigenen homosexuellen Regungen mit der praktizierten Homosexualität, die Schuldangst der Libertinen und Randständigen mit der Rage der Verfolger. Aids für alle, alle für Aids.

Wird trotz allem der Versuch nicht unterlassen, vernünftig aufzuklären, muß die Krankheit von ihrer Indienstnahme getrennt werden. Erst dann wird es möglich, die gesellschaftlichen, sozialen und seelischen Instrumentalisierungen zu erkennen, erst dann können wir um die Menschen trauern, die an Aids versterben. Angesichts der Aufpeitschung ist das Trennen unumgänglich, weil wir sonst von Angst, Ekel, Rache und vom Haß auf die Ansteckenden überschwemmt werden.

Sosehr es sich auch aufdrängt, das Versagen der allgemeinen Abwehr mit dem der individuellen gleichzusetzen, so sehr muß die Differenz von Krankheit und Gesellschaft betont werden. Gerade weil das Individuum mit dem Allgemeinen zusammengebrannt ist, dürfen seine Ängste und Krankheiten nicht gleichgeschaltet werden. An Aids stirbt jeder allein. Das Sterben mag in dieser Kultur ebenso maskiert sein wie gang und gäbe — als menschliches ist es individuell.

Kein vernünftiger Mensch wird eine tödliche Erkrankung verharmlosen. Kein vernünftiger Mensch aber wird in Aids eine der größten Bedrohungen der Menschheit sehen.

Die bürgerliche Presse ist weder hysterisch noch paranoid. Sie ist nicht krank, sie macht krank. Gefühllos kalkuliert sie ihre Geschäfte mit der Angst vor einer »Todesseuche«, die sie eigens dazu fabriziert, mal zynisch, mal sentimental, wie es gerade kommt. Hauptsache, die Kasse stimmt. Auch für den, der sich nichts mehr vormacht, ist das Versagen jener Presse, die zwischendurch auch einmal liberal war, sind die Panikmache, das Ausgrenzen verfolgter Minderheiten, das Anstacheln des ohnehin dumpf grollenden »gesunden« Volksempfindens erschütternd.

Als hätte es noch eines Beweises bedurft, daß der Rassismus bei uns nicht nur latent vorhanden ist — Aids hat ihn geliefert.

Wer wissen will, wie bei uns mit Opfern einer körperlichen Krankheit verfahren wird, die höchstens gehorsamer und schutzloser das getan haben, was uns allen befohlen war; wer wissen will, was von Schwarzen wie Rotgrünen gegen Minderheiten unternommen wird; wer das Ausbreiten einer verkommenen »politischen Kultur« ertragen kann — der lese unsere Schrift »Operation AIDS«.[1]

Für die Lage des Sexuellen ist es symptomatisch, daß das siebte *Sexualität Konkret* von »Safe Sex« oder auch, wie ich gerade las, von »Save Sex« handelt. Und von »ansteckungsfreier Moral« im Dienst der »Volksgesundheit«. Alles kam, wie es zu befürchten war. Sexualentsorger versuchen, dem heiligen Eros Telefonsex abzumarkten. Die Elektrifizierung des Lebens schreitet voran. Politische und sexuelle Pornografie sind schon identisch. Là-bas.

(März 1986)

Liebe Kolleginnen und Kollegen!

Am Thema Aids scheiden sich auch die Geister. Sexualmediziner und Sexualforscher können mittlerweile getrennt werden in »Safer sex«-Befürworter und jene, die mit »Sex«-Programmen, ob nun Kolle, Uhse oder die Grünen im Bundestag, nichts zu tun haben wollen. Letztlich prallen hier zwei Auffassungen aufeinander, die innerhalb der Sexualwissenschaft immer bestanden haben.

Die eine Auffassung, ich nenne sie kritisch und ihre Vertreter Subjektsexuologen, beginnt in der Moderne mit Sigmund Freud. Im Zentrum seiner Theorie steht das Individuum, dessen Ich-Bewußtsein allerdings unterminiert ist durch verdrängte Wünsche und gehemmte Gedanken. Dem freien Willen, der selbstgewissen Vernunft seiner Zeitgenossen setzt Freud zwei gewaltige Mächte entgegen, das Unbewußte und die äußere Realität. Er ist davon überzeugt, das Individuum müsse sich erst verstehen, wenn es sich verändern wolle. In der ärztlichen Arbeit heißt das: Jenseits der geschätzten Körpermedizin sind Ratschläge, Appelle und Rezepte nicht selten vergeblich.

Die andere Auffassung, ich nenne sie affirmativ und ihre Vertreter Rationalitätssexologen, kommt in der Moderne durch Iwan Bloch (vgl. insbesondere 1907) zu einem ersten fachlichen Höhepunkt. Indem er den Ausdruck »Sexualwissenschaft« einführt, bringt er die Devise einer ganzen Richtung auf den Punkt: das vagabundierende Triebhafte pedantisch auflisten, replikabel vermessen, in Harmonie- und Glücksschächtelchen packen. Diese Sexualwissenschaftler wissen recht genau, was Sache ist und gut für die Leute, wie »bessere« Sexualität und »bessere« Menschen beschaffen und zu erzeugen sind.

Rationalitätssexologen orientieren sich unmittelbar an den Resultaten der Naturwissenschaft, nicht gebrochen, spielerisch oder spekulativ wie Subjektologen. Sie neigen, leider auch Iwan Bloch, zum Predigen und Heucheln, zu Zyne und Eindimensionalität. Bloch dachte, wenn Prostitution und Venerie besiegt wären, stünde der »Vergeistigung« des Triebes, der »Sanierung« des Sexuallebens, der »Veredelung« des Menschen — ja, das ist die Sprache — nichts Wesentliches mehr im Wege. Die allgemeinen sozialen Mißstände, das allgemeine individuelle Elend der Zeit sind ihm Epiphänomene seines anthropologisch gemeinten Guten, seines dunkel bleibenden Menschheitsallgemeinen. Im Kampf gegen den Trieb, gegen das schwache Fleisch rät er den verarmten Massen allen Ernstes, nicht so opulent zu essen, und den zusammengepferchten Familien, getrennt zu schlafen.

Das ging an der Wirklichkeit ebenso vorbei wie heute die Parole, wir sollten alle unser Sexualleben partialisieren, schablonisieren, kondomisieren, nur noch »sicheren« und damit »besseren Sex« in Szene setzen, und *die* Homosexuellen, die es als eine Verhaltenseinheit gar nicht gibt, sollten ihr Triebleben aufgeben wie eine schlechte Angewohnheit oder wenigstens abändern wie ein aus der Mode gekommenes Kleidungsstück — als sei das Sexuelle von der Gesamtperson zu lösen wie das Fleisch vom Knochen. »Besserer Sex«! Da bekommt ein Subjektsexuologe eine Gänsehaut, da heult seine Alarmanlage auf: minderwertig und Zwangssterilisation, sozialschädlich und Präventivschlag. Schließlich ist es ja nicht beim Theoretisieren geblieben.

Denen, die sich weder in dem einen noch in dem anderen Lager zu Hause fühlen, ist natürlich zuzustimmen, wenn sie darauf hinweisen, daß sich Elemente der affirmativen Position in der kritischen finden und kritische in der affirmativen. Denn der Forschungsgegenstand selber ist in sich widersprüchlich. Auch deshalb verfügt keine der sexualtheoretischen und sexualpolitischen Parteien, sei sie auch noch so systematisch oder radikal, über die ganze Wahrheit. Die Differenz aber, daß die Affirmativen auf Anweisung und Kontrolle setzen, wo die Kritischen Widersprüche und Konflikte sehen, daß die einen für Masturbationsclubs und Telefon-Sex plädieren, wo die anderen das Subjekthafte des Sexuellen beschwören und das Wegprogrammieren der individuellen Triebliebe betrauern, diese Differenz ist keine der Einzelelemente. Sie ist wesentlich.

Hätten das die Vertreter aller Richtungen begriffen, könnten sie es angesichts einer tödlichen Erkrankung ausnahmsweise einmal bei der Reflexion belassen und im Interesse der Bedrohten eine gemeinsame Antwort geben. In der wäre dann von Kondomen und Analverkehr die Rede, nicht aber von »Safer sex«-Programmen, Telefon-Sex und »besserem Sex«, überhaupt nicht von »Sex« — und auch nicht von verdinglichter Sexualität oder von Triebliebe. Obwohl ich befürchte, daß eine wesentliche Differenz selbst dann nicht überbrückt werden kann, wenn es um eine entsetzliche Krankheit geht, sollten die Besonnenen unter uns immer wieder an den gemeinsamen Nenner aller Richtungen erinnern, der zwar der kleinste sein mag, aber auch der kostbarste: das ruhige Aufklären über medizinische Fakten, die Sorge um das Schicksal des einzelnen, den Kampf gegen jeden Rassismus, den Schutz aller Minderheiten.

In der Vergangenheit haben das eine Ziel eher die Subjektforscher im Auge gehabt, das andere die Rationalisten. Heute kennen und schätzen wir *beider* Arbeit mehr oder weniger. Um so fahrlässiger wäre Einäugigkeit.

(Oktober 1986)

Grenzen der Prävention

Ein Gespräch

Stern: Herr Professor Sigusch, nach einer Umfrage, die der *Stern* im Februar 1987 in Auftrag gegeben hat, haben 30 Prozent der Befragten, die sexuell ungebunden leben, ihr Sexualleben bereits geändert. Wird die Vorsicht anhalten?

Sigusch: Auch ich habe den Eindruck, daß viele der gefährdeten und auch der nichtgefährdeten Menschen tatsächlich versuchen, ihr Sexualverhalten zu ändern. Bei homosexuellen Männern, die ja besonders bedroht sind, sind diese Verhaltensänderungen zum Teil sehr eindrucksvoll. Ob das von Bestand ist, läßt sich schwer einschätzen, weil es eine Gefahr wie Aids, über die alle Menschen Bescheid wissen, überhaupt noch nicht gegeben hat. Als Sexualforscher weiß ich, daß das Sexuelle nicht nur eine Angelegenheit des Kopfes ist, sondern auch unbewußten Regungen und Wünschen folgt. Deshalb muß ich daran zweifeln, daß Änderungen des Verhaltens von Bestand sein werden. Sobald der Mensch sich mit der Bedrohung arrangiert hat oder wenn die erotische Situation, in die er gerät, den Kopf ausschaltet, wird er möglicherweise alle guten Vorsätze wieder über Bord werfen.

Stern: Offensichtlich gibt es Menschen, die von vornherein nicht bereit sind, ihren Kopf mit Aids zu belasten. In den Swinger-Clubs, die Gruppensex anbieten, geht das Treiben in den Dark-Rooms ungeschützt weiter wie bisher. Wie ist das zu erklären?

Sigusch: Ich zweifle daran, daß es tatsächlich noch Menschen gibt, die von Aids nicht beeindruckt sind. Aber mit Sicherheit existiert eine sehr kleine Gruppe, die ihr Verhalten aus einer bewußten oder unbewußten Oppositionshaltung heraus nicht ändert. Zu dieser Grup-

66

pe würde ich auch die Menschen zählen, für die das Gefährliche am Sexuellen, schon bevor es Aids gab, ein besonderer Reiz war. Aus der Gefahr und aus dem Umgang mit dem Verbotenen und den Tabus wird auf ganz spezifische Weise Erregung gezogen. In dem Zusammenhang muß ich einmal allgemein sagen, daß das Sexuelle in unserer Kultur nie ungefährlich war, weder seelisch noch körperlich, noch sozial. Wir brauchen doch nur an die Opfer der Syphilis zu denken, zu denen unsere Dichter und Denker gehörten. Oder an die Katastrophen, die unerwünschte oder uneheliche Schwangerschaften darstellen. Es war immer ein Wagnis, erotisch zu sein, außer sich zu geraten, Ekstase zu suchen.

Stern: Liebe mit Lust am Untergang?

Sigusch: Seelisch ist das sexuell Triebhafte nicht nur aufbauend, lustspendend und beglückend, sondern auch zerstörerisch und destruktiv, sobald es sich in unserer Kultur manifestiert. In unserer Liebe, in unserer Sexualität sind beide Tendenzen miteinander verschmolzen.

Stern: Es gibt aber auch viele Menschen, die einfach fatalistisch eingestellt sind. Die sagen, unser Essen ist verseucht, unser Wasser vergiftet, die Luft können wir bald nicht mehr atmen. Es ist doch egal, ob man an Krebs, Herzversagen oder Aids stirbt. Auch diese Leute machen weiter wie bisher.

Sigusch: Nun ist es ja tatsächlich und schrecklicherweise so, daß wir von Gefahren und Risiken umzingelt sind. Insofern speist sich der Fatalismus der Menschen aus dem zerstörerischen Charakter unserer Kultur. Das beginnt bei der alltäglichen Leere und Sinnlosigkeit und hört bei der atomaren Katastrophe auf. In Aids, das eine schwere Erkrankung ist und zugleich eine gesellschaftliche Mystifikation, nichts als Blendwerk, vermählen sich die einzelnen Greuel mit dem Grauen des Ganzen. Deshalb der große Aufschrei, der als lärmender alle anderen Gefahren verschleiert und von der politischen Tagesordnung absetzt. Wenn man sich vorstellt, daß bei uns pro Jahr 300 000 Menschen neu an Krebs erkranken, daß in der Welt draußen, also nicht in unserem kleinen Paradies Bundesrepublik, zwei Millionen Menschen pro Jahr an Malaria sterben oder fast fünf Millionen Kinder pro Jahr an sogenannten Durchfallerkrankungen, dann ist der Fatalismus gar nicht mehr so verrückt, wie er auf den ersten Blick scheint. Als Arzt muß und will ich aber natürlich sofort hinzufügen, daß die Dinge bei Aids doch anders liegen. Vor Aids können wir uns wirksam schützen. Wir können durch eigene Entscheidungen vermeiden, die Infektionskrankheit, um die es hier geht, zu bekommen.

Stern: Das Schlagwort im Kampf gegen Aids heißt »Safer Sex«. Was halten Sie von diesen Kampagnen?

Sigusch: Von den vergangenen sehr wenig. Bis heute weiß doch kein Mensch, was »Safer Sex« eigentlich ist. Die frühen »Safer Sex«-Kampagnen sind uns aus den USA aufgedrängt worden. Propagiert wurden unter dieser Chiffre – um nicht zu sagen unter diesem Zauberwort – pseudo-perverse Praktiken, Onanierclubs, Telefonsex, mit einem Wort Pornographisierung, Technisierung und Isolation, die in unserer Kultur für die Sumpfblüten zerstörter Sinnlichkeit geradezu charakteristisch sind. Und das noch mit der ungeheuerlichen Parole, dieser kurzgeschorene Sex – hier ist das widerwärtige Wort mal am Platze – sei der »bessere«, sei »clean and healthy«, wie es in den USA heißt. Unter dem Aspekt einer wirksamen Aids-Verhütung war die Absicht dieser »Safer Sex«-Propagandisten verheerend. Sie wollten den Menschen eine neue Sexualität, eine neue Sexualform verpassen. Das ist inhuman, weil es die Menschen nicht einmal mehr als mündige Bürger, geschweige denn als Subjekte begreift, und es ist unter dem Aspekt der Aids-Verhütung weitgehend unwirksam.

Stern: Warum?

Sigusch: Weil eine Verhütung, ein Schutz klar und überschaubar sein muß. Hätte man sich von Anfang an für das Vermeiden riskanter Praktiken und das Benutzen von Kondomen ausgesprochen, wäre die präventive Wirkung höchstwahrscheinlich sehr viel größer gewesen. Eine Prävention, das weiß man doch aus der Medizin, muß von möglichst vielen Menschen, also auch von einfachen Menschen, verstanden werden, darf kein böhmisches Dorf sein, wie »Safer Sex«, darf nicht mehr Ängste und Widerstände mobilisieren, als sie abbauen möchte. Diese Voraussetzungen sind erfüllt, wenn unter Aids-Verhütung nicht mehr und nicht weniger verstanden wird als das Benutzen von Kondomen. Das sollte sich in den Köpfen festsetzen: Aids-Verhütung ist Sexualverkehr mit Kondom. Und das gilt für Hetero- wie für Bi- und Homosexuelle. Das gilt für Männer und

Frauen, Jugendliche und Erwachsene. Das gilt für den Vaginalverkehr ebenso wie für den Analverkehr. Außerdem ist dieses Vorgehen weder diskriminierend für ein bestimmtes Geschlecht noch für eine sexuelle Minderheit und auch nicht für eine bestimmte sexuelle Praktik. Ich glaube übrigens, die Deutsche Aids-Hilfe hat all das begriffen.

Stern: Männer haben aber große Probleme mit Kondomen. Warum eigentlich?

Sigusch: Zunächst einmal: Als Schutz vor ungewollter Schwangerschaft hat das Kondom in unserer Sexualkultur eine lange Tradition. Wir sollten also nicht so tun, als ginge es jetzt beim Kampf gegen Aids um etwas bisher Nichtdagewesenes. Schließlich wird der Beischlaf seit Jahrhunderten aus sittlichen, rechtlichen, erbbiologischen, finanziellen oder sonstigen Motiven kalkuliert, penibel beobachtet, kontrolliert und vermessen. Das ist einfach so, so schrecklich es auch sein mag. Damit mußten wir uns arrangieren. Trotzdem haben viele Männer — da gebe ich Ihnen vollkommen recht, das bestätigen auch unsere Forschungsergebnisse — mit dem Kondom Probleme. Dieser innere Widerstand wird bis zu einem gewissen Grad immer auftauchen, wenn wir mit technischen Mitteln in das sexuelle Geschehen eingreifen, zum Beispiel, indem wir die sexuelle Sphäre von der reproduktiven Sphäre, also der Sphäre der Fortpflanzung, trennen. Das ist ein außerordentlicher Eingriff in die Einheit des erotisch-sexuell-reproduktiven Geschehens. Ich denke, daß viele Männer Probleme mit dem Kondom haben, weil das Kondom ein realer und symbolischer Eingriff in die Sexualphantasie ist. Aber Männer werden lernen müssen, damit umzugehen.

Stern: Im Moment sieht es noch nicht so aus. 80 Prozent der Freier, die zu einer Prostituierten gehen, wollen ohne Gummi bedient werden.

Sigusch: Ja, leider. Diese Freier, die zu der Dirne kommen, um gewissermaßen die Sau herauszulassen, um den Trieb gewähren zu lassen, um sich in Schmutz und Sünde zu suhlen, fühlen sich betrogen und eingeengt wie an Heim und Herd. Es bleibt ihnen, wenn sie sich schützen wollen, keine Wahl: Sie müssen vernünftig sein, sie müssen ein technisches Mittel anwenden, sie müssen vorsichtig sein, sie müssen den Willen einsetzen, obgleich sie auf das freie Fluten des

Triebes, ihrer sexuellen Phantasien gesetzt hatten. Entsprechend groß ist der Widerstand.

Stern: Halten Sie die Aufklärungskampagne und die bisherige Politik der Bundesregierung für weitgehend genug?

Sigusch: Ich denke, daß die Bundesgesundheitsministerin Frau Professor Süssmuth *bisher* im großen und ganzen eine sehr besonnene Politik vertreten hat. Ich wünsche mir, daß sie mit ihrer bisherigen Haltung tonangebend wird, weil das Hü und Hott, das Hin und Her, das falsch beratene, profilierungssüchtige oder einfach zu Randale neigende Politiker hervorrufen, jede vernünftige, ruhige und abwägende Aufklärung zerstört. Meldepflicht und Zwangsmaßnahmen unterminieren das Vertrauen, auf das die Politiker im Bundesgesundheitsministerium angewiesen sind, wenn ihre Hinweise überhaupt ankommen sollen. Das gleiche gilt für die Geschäftemacherei und die Sensationshascherei eines bestimmten Teils unserer Massenmedien. Wenn vernünftige Aufklärung jeden Tag zunichte gemacht wird durch längst widerlegte oder gar falsche Einzelbefunde, dann werden die neurotischen Ängste, die es neben den Realängsten ja auch gibt, immer wieder angefacht, und die ganze Mühe ist umsonst.

Stern: Wenn Aufklärung nur an den Verstand appelliert, erreicht sie dann jeden?

Sigusch: Nein. Das sollten sich die besonnenen Gesundheitspolitiker auch gar nicht erst einreden. Das ist deshalb nicht möglich, weil die Sexualität nicht nur eine Angelegenheit des Kopfes und der Logik ist, sondern sehr viel wesentlicher — wie wir alle wissen — eine Sache des Gefühls, des Herzens, des Bauches. Hingabe, Sichfallenlassen, Leidenschaft und Ekstase sind das Gegenteil von Logik, Berechnung und Willensanspannung. Verändert werden kann das sexuelle Verhalten, nicht die immer individuell einzigartige und oft lebenserhaltende Sexualität eines Menschen insgesamt. Eine Verhütung, eine Prävention der Sexualität schlechthin gibt es nicht.

Stern: Was müssen wir versuchen, bei aller Angst vor Aids, aus den liberalen sechziger und siebziger Jahren für uns zu retten?

Sigusch: Die sexuelle Selbstbestimmung des einzelnen, des Mannes wie der Frau. Die wird jetzt von jenen zur Disposition gestellt, denen es sadistische Freude bereitet, den Volkskörper zu massieren und alle Verbote neu zu befestigen. Da müssen wir in jedem einzelnen

Punkt aufpassen, daß wir nicht hinter das Erreichte zurückgeworfen werden.

Stern: Es ist jetzt nicht mehr von Risikogruppen die Rede, sondern von Risikoverhalten. Wie gefährdet sind die Heterosexuellen wirklich?

Sigusch: Wenn das einer verbindlich sagen könnte, wäre uns allen ja vielleicht geholfen. Nach meinen Kenntnissen muß differenziert werden. Einerseits — und das haben wir von Anfang an gesagt — richtet sich ein Krankheitserreger nicht danach, welche persönlichen Neigungen oder sexuellen Vorlieben eine Person hat. Gefährdet sind wir alle. Auf der anderen Seite wird aber so getan, als sei schon ein großer Teil der Normalen infiziert oder gar erkrankt. Das ist nicht der Fall. Auch nach den jüngsten Zahlen stellen homo- und bisexuelle Männer nach wie vor 70 bis 80 Prozent der Erkrankten. Ich hoffe, daß sich bewahrheiten wird, was ich früher schon sagte, daß die Heterosexualität eine relative Sackgasse für den Erreger ist, wobei das Wörtchen »relativ« in dieser Aussage nicht unterschlagen werden darf. Trotzdem müssen natürlich alle Männer und Frauen in die Aufklärung einbezogen werden, auch wenn sie nicht zu den Hauptbetroffenen gehören, weil sie weder homosexuell sind noch drogenabhängig.

Stern: Unsere Gesellschaft droht auseinanderzufallen in virusfreie Menschen, die freien Zugang zu sexuellen Angeboten haben, und Virusträger, die keinen Partner mehr finden. Was kommt da auf uns zu?

Sigusch: Wir müssen alles tun, um eine derartige Aufteilung in »Gute« und »Schlechte«, »Negative« und »Positive« zu verhindern. Wer krank ist, sollte als Kranker behandelt und nicht verhaftet werden. Wo gibt es denn so was, daß Kranke verhaftet werden? Sie haben Anspruch auf unsere Zuwendung und Solidarität. Das gilt auch im ganz kleinen Bereich. Wir werden zum Beispiel Wege finden müssen, um die Trennung aufzuheben, die ganz real dadurch gegeben ist, daß ein Partner infiziert ist und der andere nicht, damit diese Menschen Zärtlichkeit, Zuwendung, Partnerschaft und auch ein sexuelles Leben haben können.

Stern: Halten Sie die Entwicklung für gefährlich, Positiven-Clubs, Positiven-Cafés, Positiven-Wohngemeinschaften zu schaffen? Das wollen ja auch zum Teil die Positiven selbst. Sie fühlen sich ja heute schon geborgener unter Menschen, die das gleiche Schicksal haben wie sie.

Sigusch: Ich würde mich zunächst immer nach dem richten, was die Betroffenen möchten. Wenn jemand infiziert ist und lieber mit ebenfalls Infizierten zusammenleben will, dann muß das ermöglicht werden. Auf das Ganze bezogen, bin ich selbstverständlich nicht dafür, Infizierte oder Kranke wie Aussätzige zu behandeln. Wir sollten schon versuchen, auch solche möglicherweise gewünschten Abtrennungen zu vermeiden.

Stern: In bayerischen Leitartikeln für den Schulunterricht wird gefordert, die Schüler nicht nur über Kondome zu informieren, sondern sie auch Selbstbeherrschung und Selbstbeschränkung zu lehren. Was würden Sie heute einem Jugendlichen sagen?

Sigusch: Ich würde die Gefahr nicht verharmlosen, aber auch nicht verschweigen, daß die Wahrscheinlichkeit, sich als Jugendlicher im Umgang mit Gleichaltrigen zu infizieren, außerordentlich gering ist. Der junge Mensch, der seine erste Liebesbeziehung beginnt, müßte ja auf einen bereits infizierten Jugendlichen treffen, um überhaupt angesteckt werden zu können. Außerdem sollte man nie etwas fordern, was gar nicht eingelöst werden kann. Es ist schlechterdings unvorstellbar, daß ein Mensch, falls er nicht zum Klosterleben berufen und entschlossen ist, auf das Sexuelle generell verzichtet. Wer Forderungen aufstellt, die nicht erfüllt werden können, erzeugt Angst und Unsicherheit und verhindert damit auch einen vernünftigen Schutz vor Aids. In Gesprächen mit Jugendlichen über Erotik und Liebe darf das Thema Aids auf gar keinen Fall im Zentrum stehen. Geschieht das, können die jungen Menschen Schaden an ihrer psychosexuellen Entwicklung nehmen.

Stern: Der bayerische Staatssekretär Gauweiler hat sich über das »hamsterhafte Sexualleben« mancher Bürger entrüstet. Er glaubt scheinbar nicht, daß es möglich ist, Menschen einen neuen Umgang mit der Sexualität beizubringen. Und Sie?

Sigusch: Ach, ist Herr Gauweiler jetzt auch unter die Sexualwissenschaftler gegangen? Wir haben es ja mit dem bemerkenswerten Phänomen zu tun, daß die Sexualwissenschaftler, von denen es bisher nur eine Handvoll an unseren Universitäten gab, jetzt Legion sind.

Jeder, der partei-, medien- oder wissenschaftspolitisch mitmischen möchte, überträgt seine Phantasien auf das ganze deutsche Volk. So kommt es, daß jetzt Staatssekretäre wissen, was sich in den Hurenwinkeln abspielt. Oder daß kaufmännische Angestellte Vereine gründen, um die Sexualität der Bevölkerung neu zu organisieren. Oder daß Mediziner, deren anerkannte Qualifikation es bisher war, im Labor Bakterien zu untersuchen, jetzt meinen, einen Homosexuellen an der Nasenspitze erkennen zu können. Vielleicht werden diese Bakteriologen uns ja noch mit einem Labortest auf sexuelle Treue oder Trisexualität überraschen. Aber im Ernst: Ich habe in vielen Gesprächen mit Experten so abenteuerliche Meinungen über Sexualität und speziell das Sexualverhalten bestimmter Gruppen gehört, daß ich nur hoffen kann, die selbsternannten Sexualwissenschaftler besinnen sich recht bald wieder auf das, was sie gelernt haben, und überlassen alles andere den medizinischen Fachgesellschaften und der Diskussion in der Fachpresse. Dort geht es zu meiner großen Freude sehr sachlich zu. Dort ist es auch nicht zu falschen Zungenschlägen gekommen, wenn von abweichender Sexualität die Rede war. Kritische Sexualforscher haben es immer vermieden, ein bestimmtes Verhalten oder Empfinden zu belobigen oder herabzusetzen. So wie ich für »hamsterartiges« Sexualverhalten keine Lanze brechen werde, so tue ich das auch nicht für sexuelle Enthaltsamkeit. Für mich ist entscheidend, aus welchen Gründen – und die sind immer sehr ernst – ein Mensch das eine oder andere Verhalten an den Tag legt oder legen muß.

Stern: Die katholische Kirche fordert die Rückkehr zu Enthaltsamkeit und ehelicher Treue. Gab es jemals in der Geschichte eine Gesellschaft, in der starre Moralvorstellungen auf Dauer Bestand hatten?

Sigusch: Alle, die auf Biegen und Brechen Hygiene, Sauberkeit und Reinheit durchsetzen wollten, haben sich mit Blut befleckt. Das dürfen wir nicht vergessen. Aber der katholischen Kirche ist natürlich vollständig unbenommen – ich höre das übrigens immer mit großer Anteilnahme –, für sexuelle Enthaltsamkeit einzutreten und sich für die Ehe stark zu machen. Wer sollte es denn sonst tun? Auf jeden Fall möchte ich solche Fragen in Zukunft nicht von Laborärzten oder Staatssekretären beantwortet bekommen. Dann doch, bitte schön, lieber von der katholischen Kirche. Sie hat übrigens durch ihren unablässigen Kampf gegen den sexuellen Trieb ihm erst jene Bedeutung verschafft, die sie ihm unablässig rauben möchte. Müßte ich als Sexualforscher jemals um das Verschwinden meines Forschungsgegenstandes besorgt sein, dann würde ich bei der katholischen Kirche um Wissenschaftsförderung nachsuchen.

Stern: Was sagen Sie zu den geplanten drakonischen Maßnahmen der bayerischen Regierung: Zwangsuntersuchungen, Kontrolle von Ausländern, Schließung von Bordellen?

Sigusch: Diese Maßnahmen sind gemeingefährlich, weil sie nach dem begründeten Urteil aller Fachleute die Ausbreitung der Infektion nicht behindern, sondern fördern werden. Sie sind maßlos, borniert, heuchlerisch und inhuman, weil eine Heilbehandlung der Infizierten zur Zeit nicht möglich ist. Sie sind gezeichnet vom Haß auf den Sexus und das Fremde und deshalb so unvernünftig, obwohl sie vorgeben, gerade das Gegenteil zu sein. Sie zerstören das, worauf jede Aids-Verhütung angewiesen ist: die vertrauensvolle Kooperation von Betroffenen einerseits und Ärzten, Beratern und nicht zuletzt Forschern andererseits. Schließlich sind die Erfolge, die bisher nachweislich im Kampf gegen Aids errungen worden sind, nicht Erfolge der Behörden, sondern der Betroffenen selber, insbesondere homosexueller Gruppen, denen jetzt wie allen anderen Bedrohten und Infizierten der Krieg erklärt worden ist. Die bayerischen Maßnahmen sind der größte Rückschlag im Kampf gegen Aids, den es bisher gegeben hat.

(Das Gespräch führte Marlies Prigge im Februar 1987)

Die bayerische Aids-Politik ächten!

Am 25. Februar 1987 beschloß der Ministerrat des Freistaates Bayern einen »Maßnahmenkatalog zur Verhütung und Bekämpfung der Immunschwächekrankheit AIDS«, zu dem das Bayerische Staatsministerium des Innern am 19. Mai 1987 »Vollzugshinweise« veröffentlichte.[1] Seither sind u.a. vorgesehen:

— Die Zwangstestung von »Ansteckungsverdächtigen« auf HIV-Antikörper, unabhängig vom Ergebnis alle drei Monate, wobei die »Voraussetzungen eines Ansteckungsverdachts« bei Prostituierten beiderlei Geschlechts und bei intravenös Drogenabhängigen immer »erfüllt« sind;

— die »Anordnung«, daß Prostituierte beim Geschlechtsverkehr Kondome zu verwenden haben;

— die »Verpflichtung« HIV-Infizierter, ihre Intimpartner über die Infektion aufzuklären;

— das »Verbot«, daß HIV-infizierte Frauen ihr Kind stillen;

— die »Belehrung« Infizierter, »daß die schuldhafte (vorsätzliche oder fahrlässige) Weitergabe des HI-Virus insbesondere nach §§ 223, 223a, 224, 226, 229, 230 des Strafgesetzbuches strafbar ist«;

— die »Überwachung« der »angeordneten Maßnahmen«, »erforderlichenfalls unter Beteiligung der Polizei«;

— die polizeiliche »Aufenthaltsermittlung« von Personen, die umgezogen sind, gegen die jedoch bereits »Anordnungen ergangen sind«;

— die »Absonderung« HIV-Infizierter, »die nachweisbar uneinsichtig sind«;

75

- die Zwangstestung von Ausländern, die eine Aufenthaltsgenehmigung erhalten möchten, und von Asylbewerbern auf HIV-Antikörper, wobei Bürger der EG und einiger »gleichwertiger« nord- und westeuropäischer Staaten ausgenommen sind;
- das »Abschieben« HIV-infizierter Ausländer, wobei Ausnahmen nur möglich sind, wenn sie »besonders enge Bindungen zum Bundesgebiet« haben, insbesondere wenn sie »deutsch verheiratet« sind;
- das »Abschieben« HIV-infizierter Asylbewerber, die gegen »auferlegte Verpflichtungen« verstoßen »als eine Gefahr für die Sicherheit«, »auch wenn das Asylverfahren noch andauert«, wobei Sicherheit »insbesondere auch die innere Sicherheit der Bundesrepublik Deutschland und damit die Sicherheit der Bevölkerung allgemein« umfaßt;
- die polizeiliche »Identitätsfeststellung«, wenn sich eine Person »an einem Ort aufhält, an dem Personen der Prostitution nachgehen«.

Gesondert hat das bayerische Innenministerium die Zwangstestung von Bewerbern auf HIV-Antikörper angeordnet, die Beamte, Richter oder Notare werden möchten. Verweigern Kandidaten die Testung oder sind Antikörper (angeblich) vorhanden, wird die Bewerbung abgelehnt.

Eine beispielhafte Resolution

Nachdem die »Maßnahmen« der bayerischen Regierung in der Öffentlichkeit bekannt geworden waren, protestierten erfreulicherweise sofort die Münchner Studenten und Studentinnen mit der notwendigen Deutlichkeit. Eine Resolution der Medizinstudenten wurde von der Vollversammlung aller Studenten der Münchner Universität angenommen. Sie lautet:

»Der beste Weg, das Aids-Virus zu besiegen, ist mehr und bessere Forschung und Wissenschaft. Bis zum heutigen Tag gibt es weder wirklich zuverlässige Testverfahren noch Heilmittel, geschweige denn einen Impfstoff gegen Aids. Die weitere Ausbreitung der Krankheit kann heute nur durch intensive Aufklärung eingedämmt werden.

In Erwägung dieser Tatsachen erklärt die Vollversammlung der Studenten (des Fachbereichs Medizin) an der LMU:
Der Maßnahmenkatalog der bayrischen Staatsregierung vom 25. Februar 1987 hat nichts mit der Bekämpfung von Aids zu tun: Wer dem Chef der Polizei die Zuständigkeit für die Gesundheit der Bevölkerung überträgt, der kann Gewalt gegen die Kranken ausüben, aber keine Krankheiten verhindern. Wer ›Ansteckungsverdächtige‹ (der Hauptansteckungsweg ist Geschlechtsverkehr) von der Polizei zum Zwangstest vorführen läßt, der installiert Willkür und Rechtlosigkeit. Wer ›Absonderung‹ und ›spezielle Heime‹ für Aids-Kranke fordert (weil Krankenhausplätze zu teuer kommen), der bereitet die Behandlung von Menschen als minderwertiges Leben vor. Wer den HIV-Test an den Grenzen zur BRD einführt, der betreibt Diskriminierung von Ausländern.
Die Medizin in Deutschland hat sich schon an den schlimmsten politischen Verbrechen in der Geschichte dieses Landes beteiligt. Als (zukünftige) Ärzte (Wissenschaftler) sehen wir unsere Aufgabe gerade darin, unsere Wissenschaft zum Nutzen — und nicht zum Schaden — der Menschen voranzutreiben und einzusetzen.
Wir protestieren daher aufs schärfste gegen die Positionen, die — insbesondere vertreten von den Professoren Spann, Zöllner, Frösner und Gallwas — zur Entstehung des Maßnahmenkatalogs der bayrischen Staatsregierung beigetragen haben. Wir wehren uns dagegen, daß die Medizin zum wissenschaftlichen Feigenblatt für die Politik der CSU degradiert wird; einer Politik, die gerade die Erforschung des Aids-Virus verhindert, da sie die Kranken bekämpft und nicht die Krankheit.
In seiner Erklärung rechtfertigt Professor Spann die CSU-Maßnahmen: ›Nach meiner persönlichen Meinung darf schon wegen der Unvernunft eines Bodensatzes jeder Bevölkerung die Wirksamkeit der Aufklärung nicht überschätzt werden.‹ Das ist Wissenschaft im Sinne des ›Ausdünnens von Randgruppen‹, im Geiste eines ›europäischen Hygienekreises‹ des Ministerpräsidenten Strauß.
Wir distanzieren uns mit allem Nachdruck von der Position der vier genannten Professoren und stellen fest, daß sie nicht die Position der Fakultät (Universität) darstellen und darstellen dürfen.
Wir werden uns dafür einsetzen, daß diese Sorte von Wissenschaft nicht unsere Zukunft bestimmt!«

Von den Münchner Studenten gedrängt, mit dem Staatssekretär Peter Gauweiler öffentlich zu streiten, sagte ich zu. Jeder sollte zunächst seine Position im Zusammenhang darlegen. Doch während ich mich noch wunderte, daß Gauweiler es angeblich wagen würde, ins Audimax zu kommen, teilten mir die Studenten kurz vor dem Ereignis mit, daß er »wegen dringender Staatsgeschäfte« abgesagt habe.

Meine Notizen vom Juni 1987 blieben also in der Schublade.[3] Ich ziehe sie jetzt heraus, weil die Menschenverachtung andauert[4] — selbstverständlich nicht nur in Bayern.[5]

Leitsätze und Gründe

1. Die bayerische Aids-Politik ist dumm, provinziell, roh und borniert. Dumm, weil jeder Staat in Sachen HIV-Prävention ein Papiertiger ist. Seit wann ist es denn möglich, jeden sexuellen Kontakt staatlich zu kontrollieren, den Sexualtrieb von Amts wegen abzuschalten? CSU-Politiker tun so, als könnten Gesundheitspolizisten den »Austausch von Körperflüssigkeiten« verhindern oder »Ansteckungsverdächtigen« Kondome überstülpen. Dumm und gefährlich ist diese Politik, weil ohne das Engagement der Gefährdeten, ohne eine Änderung des Verhaltens, die die Individuen schließlich nur selber vornehmen können, die HIV-Infektion niemals wirksam bekämpft werden könnte. Borniert ist diese Politik, weil sie sich über den erklärten Sachverstand der allermeisten Fachleute und Fachgesellschaften hinwegsetzt. Nur Herr Gauweiler weiß Bescheid, doch er hat keine Ahnung. Nur er versteht etwas von Bordellen und Geschlechtskrankheitenprophylaxe, von ärztlicher Ethik und Homosexualität, vom Triebleben der Menschen und der seelischen Dynamik der Perversion. Alle anderen, von den leitenden Medizinalbeamten des Landes über die Bundesärztekammer bis zu uns, den Sexualforschern, sind kenntnis- und verantwortungslos. Provinziell im schlechten Sinne sind die Maßnahmen, weil sie außer acht lassen, daß es sich bei Aids um ein weltweites Problem handelt, das nicht an Staatsgrenzen endet. Die CSU schaut über den bayerischen Tellerrand nicht hinaus, spuckt aber den anderen Ländern in die Suppe. Roh und unaufgeklärt ist diese Politik, weil sie so tut, als gäbe es zwischen Abstinenz und ehelicher Monogamie nichts als sexuelle Klempnerei, nichts als Unmoralisches und Riskantes und, wie Herr Gauweiler formulierte, »hamsterartiges« Treiben. »Hamsterartig«, das heißt ja wohl tierisch, unkontrolliert, unmenschlich. Aufgeklärte Menschen hingegen maßen sich nicht an, andere zu diffamieren, ob es nun um Abstinenz geht oder Promiskuität. Die, die verstehen und helfen wollen, fragen, welche Beweggründe ein Mensch hat, dies oder jenes sexuell zu tun oder zu lassen.

2. Die bayerische Aids-Politik ist natürlich triebfeindlich. CSU-Politiker überschätzen den Sexualtrieb einerseits bombastisch, indem sie sich ihn als wildes, böses Tier phantasieren, gegen welches die Vernunft machtlos ist. Andererseits unterschätzen diese Politiker den menschlichen Sexualtrieb in Aids-Zeiten gefährlich, indem sie verrückterweise unterstellen, das Sexuelle ließe sich durch Ermittlungen, Vorführungen, Behördenpredigten oder Anordnungen zudrehen wie ein Wasserhahn. Über- und Unterschätzung des Sexuellen sind charakteristisch für unsere Kultur, gehören zu den Gründen für das allgemeine sexuelle Elend. Werden solche Tendenzen, die uns allen eigen sind, von Staats wegen zum Maßnahmenkatalog gebündelt, kann ein Sexualwissenschaftler in Kenntnis der Sexual- und Sittengeschichte nur sagen: Gnade uns Gott!

3. Die bayerische Aids-Politik ist gemeingefährlich. Sie wirkt selber wie eine Seuche, dämmt die HIV-Infektion nicht ein, sondern befördert sie massenhaft. Unzählige Menschen werden in Angst und Schrecken versetzt. Das für Beratungen und ärztliche Behandlungen notwendige Vertrauensverhältnis wird grundsätzlich und irreversibel zerstört.[6] Das tangiert alle Ratsuchenden und verhindert sinnvolle oder notwendige Aufklärung und Prävention. Bereits Erkrankte kommen zu spät oder gar nicht zur Behandlung, ertragen Beschwerden und Schmerzen, die gelindert werden könnten. Wer lebensverlängernde ärztliche Behandlungen behindert, nimmt zugunsten einer solchen politischen Linie in Kauf, daß Menschen früher sterben. Gemeingefährlich sind die bayerischen Maßnahmen und Verlautbarungen auch, weil sie vielen Menschen eine Sicherheit vorgaukeln, die kein Staat der Welt garantieren kann, und weil sie die kritische Auseinandersetzung mit der Aids-Politik der Bundesregierung[7] durch ihr Getöse und Geprotze erheblich behindern, wenn nicht unmöglich machen.

4. Die bayerische Aids-Politik ist minderheitenfeindlich. Sie ist vom Gift der Vorurteile und des Fremdenhasses durchtränkt. Wäre das nicht der Fall, müßte die bayerische Staatsregierung über den Bundesrat darum bemüht sein, den nach wie vor existierenden § 175 des Strafgesetzbuches ersatzlos streichen zu lassen. Übrigens ist das auch unter dem Aspekt einer wirksamen Aids-Prophylaxe erforderlich. Statt dessen jedoch wird auf sexuelle und soziale Minderheiten eingedroschen, die Aids nicht erfunden haben. Nach allen wissenschaftlichen Studien sind Prostituierte, die nicht gefixt haben, nicht (oder nur sehr selten) mit dem HIV infiziert: Die Frage jedoch, wie gefährlich der Freier für die Prostituierte ist, kommt den bayerischen Kabinettsherren natürlich nicht in den Kopf. Das ginge ja auch an die Substanz dessen, was unsere Sexualkultur heuchlerisch und zynisch zusammenhält. Ich sage dazu nur: Wer nachts durch die Hurenwinkel streift und sich von Nutten auspeitschen läßt, sollte endlich damit aufhören, öffentlich Wasser zu predigen. Für die Minderheitenfeindlichkeit und -hetze nenne ich drei Beispiele, die nicht vom Biertisch, sondern aus der öffentlichen politischen Diskussion stammen. Der bayerische Kultusminister Hans Zehetmair wagte es im Februar 1987 über Homosexuelle zu sagen: »Diese Randgruppe muß ausgedünnt werden, weil sie naturwidrig ist«[8] — ein Satz, der das Kontinuum der Barbarei schlagartig präsentiert. Der innenpolitische Sprecher der CSU-Landesgruppe im Deutschen Bundestag, Hermann Fellner, verglich im Juni 1987 den Einsatz der Beamten gegen »Aids-Verdächtige« gemäß Erlaß des Bundesinnenministers für die Grenzbehörden mit dem Einsatz gegen »Terroristen und Kriminelle«.[9] Im Januar 1983 hatte der CSU-Politiker Karl-Eduard Spranger, immer noch Staatssekretär im Bundesinnenministerium, gesagt, »Frieden und Freiheit« seien auch im Inneren wichtig, aber da in erster Linie für die Normalen, nicht für »perverse Minderheiten, Terroristen, Verbrecher und Randgruppen«.[10] Als Freiheit und Recht in Deutschland geteilt, als Volksverhetzung und Vernichtungsideologie mit der Staatsraison identisch wurden, terrorisierten und ermordeten die normalen gesunden sauberen Volksgenossen Juden und Kommunisten, Homosexuelle und Sozialdemokraten, Pädophile und Gewerkschaftler, Bibelforscher und Delinquenten, Kranke und Gesunde.

5. *Die bayerische Aids-Politik enthält Elemente des Rassismus und solche der nationalsozialistischen »Gesundheits«-Politik.* Im Mittelpunkt steht nicht das Individuum, sondern die Volksgemeinschaft, stehen, wie

es heute heißt, »die Vielen«. Das ist völkisch und undemokratisch, weil das Volk zum Zweck individueller Selbstbestimmung deklariert wird. Die mitagierte Führerschaft, die Sehnsucht nach der heilen Welt, die Flucht ins Irreale und Irrationale, der Mechanismus des Entweder-Oder (z.B. entweder Saubermann oder Freier), das Aufteilen der Menschen in höher- oder minderwertig, die Ideologie der gesunden Normalität, die öffentlich-staatliche Verpflichtung zur Gesunderhaltung und das Ersetzen der Fürsorge durch »Vorsorge«, das Konstruieren ebenso unheimlicher wie allgegenwärtiger Gefahren (z.B. »Zungenküsse«, »Makrophagen« oder »fliegende Viren«), die Dehumanisierung der Infizierten und Kranken zu »Desperados«, »Terroristen«, »Bomben« oder »Mordmaschinen« — all das sind Elemente einer menschenverachtenden, subjektfeindlichen »Gesundheits«-Ideologie, die im »Dritten Reich« zu Asylierung und Verstümmelung, zu Mord und Totschlag geführt hat. Diese Ideologie, der hierzulande Kranke, Behinderte, »Minderwertige«, »Artfremde«, »Kriminelle«, »Aufsässige«, »Angeseuchte«, Arbeitsunfähige und »Arbeitsscheue« zum Opfer gefallen sind, ist von Wissenschaftlern, Ärzten und Politikern lange vor dem Nationalsozialismus entwickelt worden. Sie ist nach wie vor virulent[11] und, um es noch einmal zu betonen, keineswegs nur bei CSU-Politikern oder im *Spiegel* zu finden; sie durchsetzt ebenso die Berichterstattung anderer Blätter wie die Memoranden einiger Aids-Ärzte.[12] Diese Politik bekämpft nicht Krankheiten, sondern Kranke, indem sie sie zu Nichtsubjekten macht, die, weil vom »Bösen« überschwemmt, »willenlos« wie Gallerten, »asozial« oder »gemeinschaftsunfähig«, jedenfalls, wie es heute heißt, »uneinsichtig« und »unbelehrbar«, als »gefährliche Subjekte« vom Volkskörper abgelesen werden müssen. Daß dieselben CSU-Politiker gleichzeitig von »Aufklärung«, »freiwilliger Beratung« oder vom »Verständnis für die Kranken« sprechen, ist nicht mehr als ein Lippenbekenntnis in »republikanischen« Zeiten. So sprach sich Gauweiler dafür aus, Menschen auch gegen ihren erklärten Willen über eine Infektion mit dem HIV »aufzuklären«, weil »ein Recht auf Nichtinformation abgelehnt« werde[13], verlangte er, die Aids-»Aufklärung« müsse »aggressiver« werden[14], sagte schließlich selbstentlarvend, nachdem das Amtsgericht Kempten einen aidskranken Italiener von der Anklage der Körperverletzung wegen Beischlafs ohne

Kondom freigesprochen hatte: »Es ist sinnlos, nach diesem Urteil noch vernünftige Aids-Aufklärung zu betreiben.«[15] Heteronom soll es zugehen, nicht autonom; es soll nicht aufgeklärt, verstanden und geholfen werden, sondern angeordnet, kontrolliert, isoliert, vertrieben.

Rassistisch ist die bayerische Aids-Politik, weil ein Merkmal der Person – schwarze Hautfarbe oder mannmännliche Liebe – die ganze Apparatur des Vorurteils anspringen läßt. Gegen Ausländer, die nicht unserem »Hygienekreis« (F. J. Strauß) angehören, ist jedes Mittel Recht. Ein Gipfel der Menschenverachtung ist es, wenn der Freistaat Bayern aidskranke Flüchtlinge, genannt »Asylanten«, in die ärmsten Länder der Welt abschiebt, obgleich sie in der BRD und nicht dort behandelt werden könnten. Rassistisch ist es, wenn der »Ursprung« des HIV in möglichst »dunkle« Länder gelegt wird – trotz mangelnder oder längst widerlegter »Beweise« und trotz der Tatsache, daß in den USA und Westeuropa nach wie vor die meisten Menschen an Aids erkrankt sind. Gegen Minderheiten, die keine Lobby haben und nicht organisiert sind, ist keine Begründung zu fadenscheinig. Die Gruppe der homosexuellen Männer, deren Geschichte eine der Verfolgung ist, die in feudalen Zeiten gesteinigt, geblendet, geköpft wurden, die in den KZs der Nazis zu Tode gequält, die in der Bundesrepublik kastriert und am Gehirn operiert wurden, eine solche Minderheit will diese Politik »ausdünnen«.

Seit Auschwitz muß jeder menschenfeindliche Ton als bare Münze genommen werden. Dieses Denken kann nicht mehr als Entgleisung entschuldigt werden. Dem objektiven Zug der Menschenvernichtung nach läuft »ausdünnen« auf Ausmerze hinaus und »naturwidrig« auf »lebensunwert«. »Ausdünnen« und »naturwidrig« sind spätestens seit Binding und Hoche, seit Heyde und Mengele die Stichworte, die Medizin und Recht einer verbrecherischen Politik an die Hand gegeben haben. Heute wird wieder offen von »entartet« und »durchrasst« gesprochen, werden »Minderwertige« dem Schutz der Verfassung entzogen. Legen wir das nicht schonungslos offen, triumphiert die deutschfaschistische Vernichtungswut auf ein weiteres. Mit menschlicher Medizin, mit vernünftig begründbarer Prävention und mit der erblichen *liberalitas Bavariae* hat die Aids-Politik der bayerischen Regierung nichts zu tun. Sie ist bloße Politik, und zwar eine der verbrannten Erde. Menschen werden aus dem Land getrieben, ihre soziale und berufliche Existenz wird ruiniert, sie sollen ein Leben lang überwacht, eingesperrt, »abgesondert« werden, wie das in der Sprache der Verdinglichung heißt. Folgt die Wirtschaft eines Tages dem bayerischen Kreuzzug gegen Beamtenanwärter, drohen den meisten Beschäftigten Zwangstests auf HIV und den Infizierten lebenslängliche Arbeitslosigkeit und gesellschaftliche Ächtung. Dazu darf es nicht kommen. Zu ächten und mit allen Mitteln zu bekämpfen sind nicht die Geängstigten, Infizierten und Kranken, sondern die ebenso dumme wie antipräventive wie inhumane Aids-Politik der bayerischen Regierung.

(Juni 1987/September 1989)

Der Ratschläger oder Sexologie als Phrase

Als er vor 50 Jahren begann, das bedeutendste Werk zu verfassen, das es seit Bachofen, Engels und Briffault gegeben hat, kämmte er die ganze Paläontologie, die ganze Archäologie, die ganze Ethnologie, die ganze Vor-, Früh- und Kunstgeschichte, die Warven-, Mythen- und Sprachforschung, Chorologie und Limnologie durch, arbeitete nachts bis vier und stand um sechs wieder auf, machte sich nicht nur mit D'Holbach und Helvetius vertraut, sondern unter dem kalten Stern der Empirie auch mit Ranowitsch und Ridgeway, wurde von seinem verehrten Lehrer Karl von Barow in die Pollenanalyse eingeführt, was der, weil bereits verstorben, leider nicht mehr bestätigen kann, baute seine Lehranalyse gratis, indem er jeden Samstag von Kanada nach Amerika zu Géza Róheim flog, obwohl er damals keinen Pfennig besaß und ihm das Lied »Me, myself and I« nicht aus dem Kopf ging, alles, um des Pudels Kern zu finden, der bereits in jenen 5 000 Seiten der dritten Fassung enthalten war, die dann mit sämtlichen Belegen in der Post verschwand, so daß Wilhelm Reich, sein Lehrer in Sexualökonomie, er war vielleicht 15 oder 16, zu ihm sagte: Du mußt alle griechischen Schriften noch einmal im Urtext studieren!, was er auch getan hat und was ihm sehr viel später Arnold Gehlen übelnahm, bis ihn Adenauer zum publizistisch wichtigsten Mann in ganz Deutschland ernannte, als gerade Kreisky am Apparat war und ausrief: Sie bleiben!, obwohl der Deutsche Bundestag über eine Äußerung von ihm, die er gar nicht getan hatte, zwei Tage lang debattierte, was er Hans Dietrich Genscher bis heute nicht verziehen hat, weil schließlich nicht nur weite Passagen des Freiburger FDP-Programms von ihm stammen, sondern weil er auch die Soziale Kulturpsychopathologie und die Politische Wissenschaftsphraseologie begründet und nicht zuletzt als SPÖ-Feminist, den man vollständig unverdient mit Zetkin, Freud und

Einstein verglichen hat, der Frauenbewegung das Kapital *geschrieben hat wie Marx vor ihm der Arbeiterbewegung die* Bekenntnisse einer schönen Seele . . .

Wäre es bei derartigen Bornemanschen Erzählungen geblieben[1], hätte ich über sein Gebimmel kein Wort verloren. Stillschweigend beruhigte ich mich Jahr um Jahr mit seiner Erklärung: »denn es gibt keine Wissenschaft, in deren Namen mehr Scharlatanerie betrieben worden ist, als in dem der Sexualwissenschaft.«[2] Nachdem er uns dann mit seinem *Patriarchat* vor eine gnadenlose Entscheidung gestellt hatte — »Man muß . . . entweder meine These oder die bürgerliche Gesellschaft ablehnen«[3] —, habe ich mich schweren Herzens dazu durchgerungen, dann doch lieber seine Thesen ungeschoren zu lassen, auch weil ich unsicher war, ob er nicht auf eine subversive Weise unseren Wissenschafts- und Kulturbetrieb entlarvte, indem er ihn parodierte, indem er Satiren auf ihn verfaßte, die sich ihrerseits gekonnt als Wissenschaft maskierten.

Meine Hemmungen sind dahin, seitdem Ernest Borneman durch das Fälschen von Zitaten aus mir einen Anhänger »der nostalgischen Nietzsche-Wagner-Hitler-Welle« machen will und mir »Rechtfertigung der Folter, der Tortur, der Menschenquälerei«[4] unterstellt. Meine Illusionen sind dahin, seitdem er als »Sexualberater« und »Sexualmediziner« von eigenen Gnaden Woche für Woche in aller Öffentlichkeit Menschen in Angst und Not abfertigt. »Bitte erteilen Sie mir einen Ratschlag!«, schreiben die Leser, und Borneman teilt tatsächlich Schläge aus. Dazu — ich stimme vielen Kolleginnen und Kollegen zu — kann nicht länger geschwiegen werden.

Worum geht es? Anfang der 80er Jahre suchte der reaktionäre Heinrich Bauer Verlag für seine Schundillustrierte *Neue Revue* einen Experten, der »auf Ihre intimsten Fragen« antwortet. Keiner schien geeigneter als Borneman: »Seit 50 Jahren lebt er mit seiner Eva zusammen, die er 1943 auch geheiratet hat. Und das ist mehr als ungewöhnlich für einen Sexualwissenschaftler. Denn viele seiner Kollegen sind zwar in der Lage, andere Leute bei Ehe- und Sexualproblemen zu beraten, ihr eigenes Liebesleben aber ist oftmals gestört.«[5] Bei Borneman liegen die Qualifikationen andersherum. Er ist zwar nicht als Psychotherapeut, Berater, Psychologe, Arzt oder sonstwie therapeutisch Ausgebildeter anerkannt, lehnt Psychotherapie sogar grundsätzlich ab[6] und wollte immer wieder Freud »vom Kopf auf die Füße stellen«[7], was ihm jetzt auch praktisch gelungen ist. Dafür aber, und das hat er selber ungefragt veröffentlicht, ist er ungestört: Bei ihm ist es »zu einem glücklichen Sexualleben« gekommen; es mag »beneidenswert klingen, wenn ich sage, daß ich nie im Leben ein einziges Sexualproblem mit Ausnahme simplen Geschlechtshungers gehabt habe, und selbst das nur, wenn einfach keine Frauen da waren«.[8]

Nachdem die Frage der Kompetenz von Verlag und Autor deckungsgleich beantwortet worden war, legte sich der Auserkorene einen weißen Kittel und die Ermächtigungsphrase »Wir in der Sexualmedizin . . .« zu, um den Briefschreibern Vertrauen einzuflößen. Im Ernst: Seit 1983 hält Borneman in der Sex-and-crime-Illustrierten eine »Sprechstunde für Sexualprobleme« ab — inmitten einer Jauche, die zum Himmel stinkt: »Heiße Sexspiele in der Schule«, »Die Kinder sagten zu ihr Mutter — doch sie war eine BESTIE!«, »Woran eine Frau erkennt, daß ihr Mann fremdgeht«, »Drei Sekunden bis zum Mord«, »AIDS-Gefahr noch viel schlimmer — Auch Prinzessin Stephanie und Fürstin Gloria angesteckt?«, usw. usf. »Wissenschaftliche Beratung« des Gesamtprodukts laut Impressum: Prof. Dr. Ernest Borneman.

Schauen wir jetzt einmal in seine »Sprechstunde« hinein.[9]

Problem: »Ich wende mich an Sie, weil ich seelisch bald am Ende bin . . . Ich bin 20 und übe seit etwa sieben Jahren eine übertriebene Selbstbefriedigung aus.«

Prof. Dr. Borneman: »Sie . . . haben nur ein eingebildetes Problem und verfügen offenbar über eine beneidenswerte Potenz . . . Schlagen Sie sich also sämtliche Bedenken aus dem Kopf, schlafen Sie mit einer Frau.« (52/83)

Problem: »Ich bin 30 Jahre alt und befasse mich schon längere Zeit mit dem Gedanken, mein Glied durch eine Operation vergrößern zu lassen.«

Prof. Dr. Borneman: ». . . bitte ich Sie, mir privat zu schreiben. Dann werde ich Ihnen die Namen und Adressen von Chirurgen nennen, die penisverlängernde Operationen vornehmen.« (33/84)

Problem: Meine Freundin verlangt, »daß ich ihre Schuhsohlen ablecke.«

Prof. Dr. Borneman: »In der Liebe ist alles ›normal‹, was beide Partner wollen.« (11/84)

Problem: »Ich (15) gehe seit ein paar Monaten mit einem Jungen (16) . . . ich habe ein großes Problem mit meinem Vater . . . Er verbietet mir, zu meinem Freund zu gehen.«

Prof. Dr. Borneman: »Ein Vater hat nicht nur das Recht, einer noch nicht 16jährigen den Geschlechtsverkehr mit ihrem Freund zu verbieten, sondern er hat sogar die gesetzliche Pflicht, das zu tun.« (50/84)

Problem: »Ich bin 18 Jahre alt, bin verheiratet (seit sechs Monaten), habe ein Baby. Seitdem ich verheiratet bin, möchte mein Mann nicht mehr so oft mit mir schlafen.«
Prof. Dr. Borneman: »Ich glaube . . ., daß er Sie nicht liebt.« (50/84)

Problem: »Gibt es ernstzunehmende Literatur über Analverkehr? . . . Gibt es vom medizinischen Standpunkt Einwände?«
Prof. Dr. Borneman: »Es gibt eine große Anzahl von Infektionen, die ausschließlich durch Analverkehr verbreitet werden. Wenn Sie Fachzeitschriften (im deutschen Sprachraum zum Beispiel die monatlich erscheinende *Sexualmedizin*) lesen, werden Sie kaum eine Ausgabe finden, in der die Kollegen nicht auf diese oder jene Krankheit hinweisen . . . gerade während des letzten Jahrzehnts haben wir eine Anzahl neuer Infektionen entdeckt, die sich ausschließlich durch Analkoitus verbreiten. Die Standardbibliographie der Psychoanalyse, Grinsteins ›Index of Psychoanalytic Writings‹, kennt beinahe tausend Titel, die sich ausgiebig mit dieser Thematik befassen.« (30/83)

Problem: ». . . wollte mein Mann unbedingt mit mir Clubs aufsuchen (Partnertausch) . . . Hinterher war ich so enttäuscht und seelisch so fertig.«
Prof. Dr. Borneman: »Gruppensex kann die Ehe durchaus beflügeln und verbessern . . . Ich könnte mir vorstellen, daß eine anders geartete Frau am Verhalten Ihres Mannes viel Vergnügen findet. Aber es ist offensichtlich, daß er nicht zu Ihnen paßt und Sie nicht zu ihm . . . Ich kann nur hoffen, daß Sie jemanden finden, der Sie besser versteht als Ihr Mann.« (33/83)

Problem: »Ich leide unter vorzeitigem Samenerguß . . . Ich bin Ende 20.«
Prof. Dr. Borneman: »Ich kann . . . nur die Worte eines . . . ehemaligen Praecox-Patienten zitieren: Wie glücklich wäre ich heute, im Alter meiner schwindenden Potenz, noch einmal meine liebe, gute Praecox zu haben!« (51/83)

Problem: »Ich bin 25 Jahre und habe Angst vor Männern . . . ich werde nicht naß.«
Prof. Dr. Borneman: »Es gibt viele Gleitcremes . . . Auch Butter oder Margarine schaden nicht.« (49/83)

Problem: ». . . gibt es nur alle 6-8 Wochen . . . Intimverkehr . . . Oft bin ich am Verzweifeln, daß ich sogar an Selbstmord denke.«
Prof. Dr. Borneman: »Wenn der eine Zärtlichkeit benötigt, und der andere sie verweigert, muß man sich trennen . . . Es gibt zwar Quartalssäufer, aber keine Quartalsbumser.« (47/83)

Problem: »Meine Freundin kommt nur beim Petting zum Höhepunkt.«
Prof. Dr. Borneman: ». . . mag sich daraus erklären, daß das Gehirn durchaus geschlechtsreif ist, die Genitalien aber noch ein wenig Übung benötigen.« (49/83)

Problem: »In großer Not schreibe ich Ihnen: Meine Frau liebt mich nicht mehr.«
Prof. Dr. Borneman: »Ich kann nur sagen, daß in Ihrem Falle . . . zwei Menschen geheiratet haben, die weder sexuell noch in irgendeiner anderen Hinsicht zusammenpassen . . . es ist ganz eindeutig, daß Ihre Ehe nicht erst jetzt gescheitert ist, sondern von Anfang an nicht funktioniert hat. Deshalb würde ich mir auch keine Hoffnung machen . . . Ich fürchte, Sie werden sich früher oder später trennen müssen . . . Ihr einziger Fehler . . . ist, daß Sie zur Zeit Ihrer Eheschließung weder sich selbst noch den anderen korrekt beurteilt haben.« (31/83)

Problem: Mein Mann »hat noch nie mit mir geschlafen . . . Ich möchte am liebsten weglaufen, bin aber inzwischen 80 Prozent herzleidend.«
Prof. Dr. Borneman: »Ein Mann, der eine Ehe eingeht, ohne den Wunsch zu haben, mit seiner Frau zu schlafen, begeht im rechtlichen Sinne Ehebetrug. Ich glaube nach allen meinen Erfahrungen als Sexualwissenschaftler nicht, daß man einen solchen Mann zum Geschlechtsverkehr zwingen kann oder soll. So bleibt Ihnen nichts anderes übrig, als die Scheidung einzureichen.« (34/83)

Problem: ». . . nach der Geburt unserer kleinen Tochter hat sich meine Frau (40) zunehmend zurückgehalten . . . Abgesehen von der sexuellen Enthaltsamkeit, erzwungenermaßen, herrscht bei uns immer bestes Einvernehmen.«
Prof. Dr. Borneman: »Im Bürgerlichen Gesetzbuch (§ 1353) steht: ›Die Ehegatten sind einander zur ehelichen Lebensgemeinschaft verpflichtet.‹ ›Eheliche Lebensgemeinschaft‹ bedeutet unter anderem auch Geschlechtsverkehr . . . Sie können ihr eins ganz deutlich klarmachen: Wenn sie keinen Wunsch nach Geschlechtsverkehr mit Ihnen empfindet, ist es Ihnen als sexuell normal empfindenden Mann nicht zuzumuten, wochen- oder gar jahrelang enthaltsam zu leben.« (33/83)

Problem: ». . . mein Mann meint nun, daß ich ihn nicht lieben würde, daß ich zu fordernd gewesen wäre und nicht zärtlich genug . . . Mein Mann ist 56 Jahre, und ich bin 54.«
Prof. Dr. Borneman: »Wenn man sich so auseinandergelebt hat wie Sie und Ihr Mann, dann besteht nur noch wenig Hoffnung, daß man sich je im Leben wieder zusammenrauft . . . wäre eine Trennung das einzig Sinnvolle.« (38/83)

Problem: »Ich bin 19 Jahre alt ... möchte ich mich gern mit Brennesseln auspeitschen lassen, aber ich weiß nicht, von wem.«
Prof. Dr. Borneman: ». . . finden Sie sicher im Inseratenteil von Kontakt-
zeitschriften.« (44/86)

Problem: »Mein Mann, mit dem ich 44 Jahre verheiratet bin, verlangt immer
noch von mir, daß ich mich ihm bis zu zweimal in der Woche hingebe. Mir
ist das meist zuwider, weil ich dafür kaum noch ein Bedürfnis habe (ich bin
63 Jahre alt). Außerdem habe ich erhebliche Bedenken, weil mein Mann
krank ist.«
Prof. Dr. Borneman: »Sterben müssen wir alle. Der beste Tod, der uns
treffen kann, ist aber der Tod im Orgasmus. Französisch: ›Der süße Tod‹.«
(43/83)

Wer ein Lehrstück für die denkbar schlechteste Sexualberatung
sucht, wer schwarz auf weiß sehen will, wie zynisch gegenaufkläreri-
sche Sexologie ist, der lese Bornemans Killerphrasen. Fast alles, was
er mit großem Gestus vorträgt, ist sexualmedizinisch falsch und bera-
terisch unverantwortlich. Ein junger Mann ist seelisch am Ende,
doch der Professor beneidet seine Potenz. Ein anderer leidet unter
vorzeitigem Samenerguß, doch der Kartenleger tischt eine glücklich-
machende, liebe Praecox auf. Eine junge Frau spricht von ihrer Angst
vor Männern, doch der Mann im weißen Kittel verkauft gerade Margarine. Ein Briefschreiber will sein Glied verlängern lassen, und der
Halbgott erinnert sich und ihn an Dr. Mabuse. Ratsuchende schil-
dern schwere Konflikte, doch der Wahrsager, der immer nur das Falsche sagt, droht mit den Gesetzbüchern, ist ganz Staatsanwalt. Ein
Leser fragt, ob Analverkehr schädlich sein könnte, und der Arztdar-
steller hat gerade eine Anzahl neuer Infektionen entdeckt, gerät deshalb vollständig außer Rand und Band, präsentiert sexualmedizinische und psychoanalytische Studien, die es nicht gibt. Andere Leser
wagen sich mit angstbesetzten Symptomen einer sexuellen Abwei-
chung hervor, doch der Schausteller verschanzt sich hinter einer Illu-
striertenliberalität.

Werden dann wieder einmal Partnerschaftskonflikte vorgetragen,
fängt der ungestörte Autoanalytiker an zu schimpfen. Ohne von seinen Opfern irgend etwas wirklich zu wissen, bezeichnet er sie als unfair, ungerecht und feige, ihr Verhalten als falsch und unverzeihlich,
ihre Sorgen als vollkommen unbegründet, eingebildet. Er wagt es, ih-

nen falsche Partnerwahl vorzuwerfen, Ausweglosigkeit einzureden, ja sogar, immer und immer wieder, Trennung und Scheidung zu empfehlen — alles auf dem Weg der Fernbehandlung. Achtung vor dem Schicksal anderer Menschen, Scheu vor existentiellen Eingriffen scheinen ihm fremd zu sein.

Ein Berater hat nicht rächender oder lieber Gott zu spielen, von außen über Fragen von Leben und Tod zu entscheiden, sondern sich gemeinsam mit dem Ratsuchenden darum zu bemühen, dessen Problem aus seiner Lebensgeschichte und aus seiner aktuellen Situation heraus zu verstehen. Wer wie Borneman viele Briefe Besorgter und Verzweifelter erhält, sie aber nicht wie er öffentlich vorführt, wer nicht den Holzhammer schwingt und ungerührt in das Leben anderer eingreift, wer sich vielmehr in zahllosen Stunden auf die Nöte der Patienten einläßt, der weiß natürlich, daß sich das Problem nach kurzer Zeit ganz anders, jedenfalls sehr viel komplizierter darstellen kann, als es bei der Aufnahme des Kontaktes zu sein schien.

Wäre Borneman Arzt oder aufgrund einer Ausbildung als Berater oder Therapeut zugelassen, müßte man ihm Kunstfehler über Kunstfehler vorwerfen, also das Schlimmste. So aber bleibt uns nur, seine medizinischen Kenntnisse zu bewundern. Er spricht von »Arachnoida« oder »Nitrofurantcin« (alles verdruckt), erörtert die »Möglichkeit einer organischen Störung« oder der Behandlung mit Cyproteronacetat, erfindet eine »Phosphasesäure«, argumentiert »rein medizinisch«, spielt Bakterien gegen Bazillen aus, was gar nicht geht, überweist an Fachärzte für Sexualmedizin, die es nicht gibt, hat sogar die Stirn, »meine Diagnose« zu schreiben.[10] Gerät er trotz allem einmal in eine medizinische Klemme, befiehlt er dem Ratsuchenden, sich unverzüglich an die sexualwissenschaftlichen Universitätsabteilungen in Hamburg oder Frankfurt a.M., also an uns, zu wenden (»sehr gute«, »hervorragende Fachabteilungen«).[11] Wir können ja ausbaden, was er eingebrockt hat, vor allem dann, wenn er auch noch privat hinterhersetzt: Nur dort kann Ihnen geholfen werden.[12]

Bornemans früheres Pochen auf psychoanalytischen Einsichten ist jetzt Gerede. Während die *Neue Revue* einen »Amtsarzt Dr. Dr.« als Postboten entlarvt, demaskiert sich ihr »Sexualberater« als Veterinär. Sein Anliegen ist nicht, die Konflikte der Ratsuchenden zu verstehen und sie dabei und dadurch ein Stück weit im Leben zu begleiten. Wie wäre das auch möglich? Der *Neuen Revue* geht es nicht um Lebenshilfe, sondern um Kitzel, Entblößung, Preisgabe. Sie will mit Hilfe sogenannter Experten ihren sensationslüsternen Lesern Pikantes vorwerfen, auf daß gelacht werde und geschaudert. Genau das tut Borneman. Er liefert dem Blatt wissenschaftliche Pornographie und ganz ordinäre. Eine Differenz zwischen dem, was andere in der Sexpostille zusammenschmieren, und dem, was er offeriert, ist nicht zu erkennen. Auch in seiner »Sprechstunde« geht es um Entblößung. Die »Beratungs«-Ziele sind pornographisch: Sex als höchstes Gut, Orgasmus pur, sexuelle Klempnerei über alles, nichts ist tabu. Wer die andere Maschine nicht »korrekt beurteilt«, wer nicht »funktioniert«, der gehört ebensowenig ins Pornopoly wie das Unbewußte der Menschen, ihre Hemmungen und Ängste oder gar Psychotherapie. Penisverlängerungen und Substitutpartner dagegen sind äquivok. Aus Pornoland stammen Schilderungen wie diese, die Borneman der Meute vorwirft:

»Wenn ich mit meinem Freund intim bin, erreiche ich immer den Höhepunkt. Ich bin dann wie in einem Freudentaumel, will keinesfalls aufstehen und am liebsten beglückt einschlafen. Deshalb trage ich im Bett kleinste, aber weite Höschen, wo mir mein Freund drunterfährt. Wenn er fertig ist, ziehe ich das Höschen stramm an, gewissermaßen als Verschluß, und schlafe. Morgens kann es vorkommen, daß mein Freund sagt: ›Du mit Deinem nassen Höschen, da wird man nochmals scharf‹, und dann bekomme ich's nochmal. Nun habe ich eine Freundin, mit der ich alle Intimitäten bespreche. Meine Freundin behauptet, was ich mache, sei höchst gesundheitsschädlich. Hat meine Freundin recht? Noch ein Problem ist damit verbunden. Wenn ich im Sommer superleicht gekleidet bin, merke ich selber, daß der süßlich-herbe Geruch vom Verkehr trotz Parfumverwendung nicht vergeht. Mein Freund ist der Ansicht, das sei sehr rassig. Andererseits hat mich im Betrieb schon mal eine Arbeitskollegin angesprochen. Sie fragte mich direkt, ob ich viel Verkehr habe . . .« (50/84)

Diese »Sprechstunde« ist eine Schande für jede Art von Sexualwissenschaft. Die Ratschläge sind gemein und gefährlich. Borneman wäre so gerne der Nestor der deutschsprachigen Sexualforschung, doch er hat es nur bis zum Popanz eines *Kapitals* für die Frauenbewegung gebracht. Vielleicht sollten wir seine Bücher noch einmal aufmerksam lesen. Es will einem doch schwer in den Kopf, daß ein und dieselbe Person als Schriftsteller gegen die Nöte der Menschen, insbesondere der Frauen, angetreten zu sein schien, sie jetzt aber in einem reaktionären Massenblatt in den Dreck zieht. Vorgreifen möchte ich der Lektüre nur noch dadurch, daß ich abschließend einige Bornemansche Leitsätze anführe, die er in der *Neuen Revue* »Grunderkenntnisse der Sexualwissenschaft« zu nennen pflegt. Vorgreifen insofern, als ich selber einen Zusammenhang sehe: zwischen vielen Thesen und Aussagen seiner Bücher einerseits und der Art von Sexologie, die er in der *Neuen Revue* praktiziert, andererseits.[13] Möglicherweise sind uns ja bei flüchtiger oder wohlwollender Lektüre sogar »Erkenntnisse« wie die, die ich jetzt zitiere, entgangen.

»Wer es oft tut, der kann auch oft. Wer es selten tut, der kann auch selten.« (23/83)

»Und wenn man nicht fähig ist, einen Menschen zu durchschauen, sollte man überhaupt nicht heiraten.« (24/83)

»Sexualwissenschaftler finden die Unfähigkeit, ohne Zigarette im Mund zum Orgasmus zu gelangen, besonders häufig bei nicht praktizierenden Homosexuellen.« (22/83)

»Samenfädchen können im Swimmingpool durchaus zur Befruchtung führen.« (10/84)

»Da sämtliche Formen der Züchtung, die bei Tieren ja erlaubt sind, darauf abzielen, die guten Eigenschaften hervorzuheben, können wir vermuten, daß das gleiche beim Menschen geschehen kann.« (14/84)

»Die Erfolge aller uns bekannten Formen der Orgasmustherapie sind minimal.« (27/83)

»Je größer die männliche Leidenschaft, desto früher der männliche Orgasmus.« (27/83)

Die Stellung 69 ist »ein unerläßlicher Teil des Geschlechtsverkehrs.« (38/83)

»Heutzutage kommen rund 80 Männer, die überhaupt keine Ejakulation erreichen, auf jeden Mann, der zu früh zum Orgasmus kommt.« (27/83)

»Viele Männer sind nicht nur bereit, ihre Frau mit einer anderen Frau zu teilen, sondern sehnen sich geradezu danach.« (5/84)

»Will er öfter als sie, so leidet er nicht an Satyriasis und sie an Frigidität, sondern die beiden gehören einfach nicht zusammen.« (50/83)

Die »sexuelle Prägungsphase der Kindheit« liegt im »vierten bis fünften Lebensjahr.« (51/83)

»Der Geschlechtsverkehr mit einer Frau tut weniger weh als beispielsweise Analverkehr mit einem Mann.« (3/84)

»Liebe ist nur dann Liebe, wenn sie alles, was der andere tut, vergibt, und wenn unser eigenes Bedürfnis nach dem anderen so groß ist, daß alles andere relativ gleichgültig ist.« (12/84)

»Es ist unfair gegenüber dem Partner, eine sexuelle Beziehung einzugehen, wenn man allzu verklemmt ist.« (13/84)

»Zahllose Ehen rings um den Globus herum sind wegen Ehebruchs durch Ehemann und Schwiegermutter gescheitert.« (26/83)

»Denn eine Ehe ohne gegenseitige sexuelle Anziehung ist Lug und Trug.« (40/83)

»Die Anzahl der Männer, die irgendeine Form der sexuellen Stimulierung benötigen (sei das nun Peep-Show, Porno-Filme oder Reizwäsche), wird immer größer.« (20/83)

Man darf sein Schicksal »nicht aus Mitleid an einen Mann knüpfen, nur weil dieser im Leben viel gelitten hat. Wer ein körperliches Bedürfnis nach Liebe verspürt, hat ein Recht auf körperliche Liebe.« (1/84)

Je »unpopulärer die Paschas und Chauvis sich bei emanzipierten Frauen machen, desto größer wird die Anzahl der Frauen, die unaggressive Männer mit kleinem Penis den aggressiven mit einem großen Glied vorziehen.« (3/84)

»Der erste Grund einer jeden Ehe ist doch das gegenseitig gleichgroße Bedürfnis, miteinander zu schlafen.« (3/85)

Geriet Borneman früher durch Kritik in die Klemme, war er um eine Ausrede nie verlegen. Für das Schlußkapitel des *Patriarchats*, welches von Frauen besonders angegriffen wurde, war er plötzlich »nicht als Urheber verantwortlich«, »eigentlich nur als Reporter«.[14] Durch widrige Umstände sind in anderen Fällen die Tonbänder mit den Originalaufnahmen gelöscht worden, oder die benutzten Übersetzungen der Belegtexte sind nicht mehr bekannt, oder ein seriöser Sammler wie Peter Rühmkorf spricht ohne Widerrede vom »Diebstahl seines geistigen Eigentums«.[15] Als Borneman 1960 unter dem Protest der gesamten Linken für die Adenauer-CDU und den Bundesverband der Deutschen Industrie ein Staats- und Werbefernsehen aufbaute, das dann vom Bundesverfassungsgericht verboten wurde, trat er nach dem Reinfall als der große Subversive auf: »Wir hatten das fortschrittlichste Fernsehteam, das es je in der Geschichte der westlichen Massenmedien gegeben hat.« Und da ihm das noch nicht reichte, fügte er sprachlogisch hinzu: »Der Triumph der Konservativen im ZDF und die graduelle Ausmerzung aller Linken in den Anstalten des öffentlichen Rechts ist die direkte Folge der verpaßten Gelegenheit von 1960.«[16]

Was wird uns wohl Borneman dieses Mal sagen? Zunächst wird er wie die ertappte Geliebte bei Stendhal ausrufen: »Was, Du traust Deinen Augen mehr als meinen Worten?« Dann wird er uns im einzelnen darlegen, daß er entweder für die »Sprechstunde« nicht als Urheber verantwortlich ist oder daß sie subversiv ist oder daß das alles der Sexualforschung dient. Die beiden ersten Ausreden sind uns bekannt. Und vor der dritten wollen wir ihn rechtzeitig warnen: falls ihn der Vorwurf des Menschenexperiments noch erreicht.

Eine psychoanalytische Entfremdung

In der Form der Perversion erreichen die partiellen Lüste keine andere Einheit als die verdinglichte. Gerade durch ihren psychischen Sucht- und Zwangscharakter sind sie starr und schematisch. Lustfeindschaft in der Lust herrscht hier wie ansonsten auch, kommt nur durch ein anderes seelisches Kommando zustande. Selbst in dieser Form aber stehen die partiellen Lüste dem verknöcherten Schein der Einheit des Konfektionierten kritisch gegenüber. Oft haben sie die Maske des falschen Glücks gar nicht aufgesetzt. In der Distanz zu den Zwecken sind sie dem Traum von der Freiheit dann so nahe, wie es das gesunde Volksempfinden befürchtet und ersehnt. Dem Schein der natürlichen Konvention widerspricht der Durchbruch perverser Strebungen durch größere Unmittelbarkeit und Leibnähe. Er stellt sich verheißungslos vom Tauschwert frei und wird dadurch subversiv. Das holt die Wut jener hervor, die sich ihren Sexual- und Seelenfrieden durchs affektive Besetzen des Tauschwerts erkauft haben. Sie wollen unbehelligt durchs Leben gehen, ahnen aber im abgedunkelten Unbewußten, daß nur lebt, wer behelligt und behelligt wird. So widerspricht die Fremdartigkeit des Perversen der falschen Eigenartigkeit des Normalen, hat aber keine Kraft mehr, sobald sie sich manifestiert. Dann sind das perverse Ritual und die alltägliche Liebe gleich fern und nah, fremd und eigen.

Daß die Sphären des Sexuellen eine Einheit des ungelösten Widerspruchs bilden, daß es keine in sich harmonische Möglichkeit des Sexuellen gibt, daß die große Liebe so zwieschlächtig ist wie die Perversion, geht manchem Psychoanalytiker nicht in den Kopf. Zuletzt hat uns das M. Masud R. Khan (1983) wissen lassen. Seine Perversionsformel lautet: Dissoziierte Primärobjekt-Introjekte, mütterlich, väterlich oder beides, werden unter Libidinisierung der Angst vor Desillusionierung oder drohender Vernichtung zum inneren Objekt montiert, das (sexualisiert) als perverser Fetisch funktioniert, wegen der (im Vergleich zu Psychosomatosen beispielsweise) mangelhaften Angstbindung immer wieder als vorhanden bestätigt, wegen seines Fremdkörper- und Fabrikatcharakters immer wieder erbrochen und wegen der Lustspende immer wieder benutzt werden muß als Seilakt zwischen Realität und Illusion, der durch Performance die ursprüngliche Desillusionierung niederhalten, überblenden soll. Der Perverse schiebe ein unpersönliches Objekt zwischen sein Verlangen und seinen »Komplizen«. Dieses Objekt, eine stereotype Phantasie, ein Fetisch, eine pornographische Darstellung, entfremde ihn sowohl von sich selbst als auch vom Objekt seines Verlangens.

Die Perversen müssen also ihr enteignetes, apparatives Verlangen wie nach äußeren Gesetzen der Mechanik in Anschlag bringen und, sofern die Konstruktion stimmt und Kimme und Korn austariert sind, führt das auch zum kurzlebigen Erfolg. Von Übertragungen und Gegenübertragungen oder von der Psychogenese des montierten Objekts ist logischerweise in dieser Art von Psychoanalyse nicht die Rede, weil die Perversionen doch nur Handlungsreflexe auf ein triebloses Sachgeschehen sind. Am Ende der Behandlung stehen Glanzlosigkeit, Leere, Kastration.

Hätte Masud Khan die Perversion als Spitze des Eisbergs genommen und sie nicht aus dem Reich der lebendigen Widersprüche herausgedrängt, hätte er den Mechanismus der Perversion als Ausdehnung des Reiches der Stereotypisierungen bis in sein angebliches Gegenteil hinein, Triebchaos und Triebdurchbruch, verstanden, hätte er einen pathognomonischen Beitrag zur Lage des Sexuellen und der Sexualität in dieser Kultur geliefert. Die Apparativität und Ichlosigkeit, die er der Perversion zudiktiert, ist, vielleicht in weniger auffälliger oder anderer Form, gang und gäbe: der Collagecharakter des Bildes von der Welt, das Nehmen der Verheißungen als bare Münze, die Bindungsschwäche, die Mechanismen der Angstbewältigung, die Fetischisierung des Sexuellen, seine Zwanghaftigkeit, das Streben nach Autonomie um jeden Preis, die Suche nach einem dritten Weg zwischen Realität und Illusion in effektiver Erregung. So aber muß man wieder einmal perversionstheoretisch und überhaupt durch eine *alienation in psychoanalysis* hindurch, die eine solistische, beinahe behavioristische, jedenfalls tegumentale Transferation der tatsächlichen Entfremdung ist und der gedachten.

Ein pädagogischer Wärmestrom

Helmut Kentler, der große Pädagoge deutscher Zunge, kann schreiben, was er will, immer zieht durch seine solide Analyse ein Strom der Wärme. Das war schon so in seiner inzwischen legendären Studie *Jugend im Urlaub*, in der Kampfschrift *Für eine Revision der Sexualpädagogik* oder in seinem Bestseller *Sexualerziehung*. In den letzten Jahren ist aber aus dem schmalen ein ganz breiter Strom geworden. Auf ihm verkehren nicht mehr Paddelboote, sondern Schiffahrtslinien, denen es bekanntermaßen so schlecht geht wie dem, was der Kentlersche Wärmestrom transportieren soll: Mensch und Menschlichkeit.

In einem gedanken- und materialreichen Essay, der seine Textsammlung *Sexualwesen Mensch* einleitet, weist Kentler (1984) der Sexualität nicht nur einen gattungsgeschichtlichen Ort zu, sondern einen die Gattung Mensch konstituierenden. Für uns Menschen scheine die Sexualität eine ähnliche Bedeutung zu haben wie die Sprache oder der aufrechte Gang: »Über uns wird Wesentliches ausgesagt, wenn wir uns als Wesen des aufrechten Ganges oder als sprechende Wesen beschreiben. So ist auch die Sexualität keine Fähigkeit neben vielen anderen, sondern eine Wesensbestimmung. Unsere ganze Existenz ist von Sexualität förmlich durchwachsen, und es gibt kaum einen Lebensbereich, in den Sexuelles nicht hineinspielt: Wir Menschen sind Sexualwesen.« (S. 9)

Obgleich solche Äußerungen nach Ontologie riechen und den Verdacht aufkommen lassen, Kentler betrachte die fabrizierte Form »Sexualität« positiv anthropologisch als eine Konstante, widerlegt er diesen Eindruck durch den gesamten Duktus und Inhalt seines Buches. Seine ausführliche und die bisherige Diskussion weiterbringende Einleitung kreist um die Frage, wann das Wort »Sexualität« aufgekommen ist, welche Funktion und welche Bedeutung es hatte und wie sich diese im Kampf zwischen Trieb und Bewußtsein, Sinnlichkeit und Vernunft über Jahrhunderte differenziert haben. Also: Wie gelangten wir vom »Zwei eins das ander kuste« zum »Sex«?

Alle ausgewählten Texte hat Kentler eingehend kommentiert und sorgfältig ediert. Zugeordnet hat er sie großen Erfahrungs- und Wissensbereichen: sexuelle Entwicklung, Geschlechtsrollen, Sexualkultur sowie Perversionen als Mittel des Überlebens. Der Leser wird ebenso mit Texten von Nelly Wolffheim und Jos van Ussel wie von Helmut Schelsky und Eberhard Schorsch in Berührung gebracht. Im Anhang nennt der Herausgeber weiterführende Literatur zum Thema.

Ich denke, Kentler lag auch daran, seine bereits 1973 in der Reihe Uni-Taschenbücher erschienenen *Texte zur Sozio-Sexualität* dem mittlerweile erreichten Material- und Reflexionsniveau anzupassen. Das ist ihm vollauf gelungen. Jeder, ob Arzt oder Soziologe, der sich nicht von einem widerspruchsfreien Sexualatlas in die Probleme der Sexualforschung einführen lassen möchte, sollte Kentlers ebenso um Verständlichkeit bemühte wie wissenschaftlich anspruchsvolle Textsammlung zur Hand nehmen. Der etwas barocke Titel des Buches wird dann sehr schnell zu dem werden, was er ist – die Klage eines Pädagogen, der seiner wissenschaftlichen Einsicht keinen vollen Glauben schenken will: daß die Kinder und Jugendlichen, die ihm am Herz liegen, noch immer nicht ganz als Menschen und als Sexualwesen genommen werden.

Liberalisierung oder Revolution?

Ein Interview

FAZ: Vor einigen Jahren haben Sie die sexualmedizinische Beratung in deutschen Arztpraxen als »katastrophal und unsachlich« bezeichnet. Hat sich inzwischen etwas geändert?

Sigusch: Es ist für einen Arzt schwierig, etwas Abträgliches über die liebe Kollegenschaft zu sagen. Damals, das war vor vierzehn Jahren, ist mir das auch nicht leicht gefallen. Aber es mußte einmal ein Paukenschlag ertönen, um aufzurütteln – und das ist gelungen (vgl. auch S. 190 ff.). Es gibt inzwischen eine sexualmedizinische Fortbildung, von verschiedenen Fachgesellschaften veranstaltet. Es gibt jetzt endlich wenigstens ein Problembewußtsein in der Ärzteschaft. Man kann feststellen: Es hat sich etwas geändert. Aber natürlich ist die Kompetenz, über die Ärzte heute auf sexualmedizinischem Gebiet verfügen, längst nicht ausreichend.

FAZ: Sie kritisierten, daß die Sexualmedizin bis heute ignoriere, daß die Sexualität außer der Fortpflanzungs- auch eine Lustfunktion habe, und sprachen von einer »inhumanen Reproduktionsideologie«. Gibt es die noch in den Köpfen deutscher Ärzte?

Sigusch: Auch da gibt es Veränderungen. Heute heißt die Parole: Sexualität hat mit Partnerschaft zu tun. Man spricht von der Sozialfunktion des Sexuellen. Aber mit glatt von der Zunge gehenden Parolen ist den Menschen nicht geholfen. Die Beratung und Behandlung in den Arztpraxen ist nach wie vor verbesserungsbedürftig, der Kenntnisstand vieler Ärzte ist dürftig, die Einstellung dem Sexuellen gegenüber ist eher restriktiv und immer noch von Tabus und Vorurteilen durchsetzt. Homosexualität beispielsweise wird von den meisten Ärzten nach wie vor als eine geringerwertige Sexualität angesehen.

FAZ: Woran liegt das? An der Ausbildung?

Sigusch: Eher an der Stimmung in unserer Kultur. Unsere Verhaltensweisen sind für gewöhnlich bar jeder Erotik und Sinnlichkeit. Die Welle des Interesses an der Sexualität wabert aus, weil es gefährlich ist, sich mit Sexualität zu beschäftigen.

FAZ: Ist sie subversiv?

Sigusch: Ja, das ist sie. Das Sexuelle ist nicht konform, es läßt sich nicht einpassen, einfügen in das, was üblich ist, sondern löckt immer auch gegen den Stachel des Zuträglichen in unserer Zivilisation. Es gibt verschiedene Felder und Formen des Sexuellen, und für uns Sexualforscher gilt, daß wir ihnen ihr anderes Zeichen, ihre andere Nachricht abringen müssen. Das bezieht sich auch auf die Perversion, die ja wegen ihrer Sucht- und Zwanghaftigkeit verpönt ist. Aber sie beinhaltet auch Momente, die jedenfalls beachtenswert sind, etwa das Ekstatische, das über alles Hinausgehende, die Konventionen strikt Verlassende.

FAZ: Reden Sie der Perversion das Wort?

Sigusch: Wir können auch den Spieß umdrehen und von der Alltagsliebe zwischen zwei Partnern sprechen. Oft steht sie erbärmlich da, ist klein, kleinmütig, kurzatmig. Zugleich aber drückt sie eine Hoffnung aus, die das Gesamtfeld des Sexuellen hergibt. Eine Hoffnung auf Harmonie, auf Nähe, die nicht ängstigt, auf lebenslange Gefährtenschaft. Jede Form sexuellen Verhaltens hat eine Nachricht, und die muß verstanden werden.

FAZ: Wie beurteilen Sie das Sexualverhalten der jungen Leute: Gibt es noch junge Männer, die glauben, durch Masturbation physisch geschädigt zu werden, und Mädchen, denen ihre Virginität etwas bedeutet?

Sigusch: Aber selbstverständlich! In einem hohen Ausmaß sogar, nur teilweise verdeckt durch liberalistisches Gerede. Die Tabus, die wir in den letzten zwei Jahrzehnten so kritisch betrachtet haben, sind alle weiterhin intakt. Nur in bezug auf die Präsentation der Nacktheit hat sich wirklich etwas geändert. Nackte Menschen in der Öffentlichkeit rufen kaum noch Entrüstung hervor. Anders ist es bei den Onanieskrupeln, die immer noch vorhanden sind. Auch die Virginität hat nach wie vor hohe Bedeutung, übrigens nicht nur bei uns. Ich habe gerade Berichte von Kollegen aus den USA, Australien und

Neuseeland erhalten, die zeigen, daß es in diesen Ländern geradezu »Jungfräulichkeitsbewegungen« gibt.

FAZ: Dann gibt es also auch noch in unserer Zeit das Mysterium der Liebe?

Sigusch: Es gibt die Liebe als Mystifikation. Damit meine ich aus gesellschaftlichen und kulturellen Gründen resultierende Verdrehungen, Verstellungen und Vermaskierungen, nicht transzendente, vom Irdischen abgehobene Dinge. Es gibt viele bedeutende Autoren und Schriftsteller, die die Liebe als ein Mysterium gesehen haben. Ich lese sie mit sehr viel Hingabe, setze aber den Akzent ein wenig anders. Die Liebe — und dazu gehört die Sexualität — ist ein irdisches Mysterium.

FAZ: Früher war eine Liebespartnerschaft auf ein ganzes Leben angelegt. Wie lange kann sie heute noch halten?

Sigusch: Es gibt immer weniger Verhältnisse, kaum noch Lebensgefährtenschaft. Statt dessen spricht man bezeichnenderweise von Beziehungen. Beziehungen kann man bekanntlich jederzeit abbrechen. Zwar ist die Idee der Partnerschaft auf Dauer noch da, aber sie wird ständig von der Praxis unserer Tage widerrufen. Der Prozeß der sogenannten Liberalisierung, den wir in den sechziger und siebziger Jahren durchmachten, war teilweise von verheerender und ängstigender Wirkung. Wir leben jetzt mit Leistungszwängen, Beunruhigungen und Riskierungen, die uns das Zusammenbleiben in der Partnerschaft noch schwieriger gemacht haben. Nur privilegierten Menschen gelingt es, sich über diese Riskierungen hinwegzusetzen und der allgemeinen Reizung von außen mit Anstand und Sitte — ich wähle bewußt diese altertümlich erscheinenden Ausdrücke — zu widerstehen.

FAZ: Demnach hat die bürgerliche Institution Ehe nur noch wenig Zukunftschancen?

Sigusch: Absehbar ist, daß die Institution Ehe weiterhin entleert und ausgehöhlt werden wird, sie wird aber fortbestehen. Der Grund dafür ist sehr einfach und hängt mit der Substanz unseres Existierens zusammen: Wir sind durch die Art und Weise unseres Erwachsenwerdens in dieser Kultur lebenslänglich darauf angewiesen, immer wieder die Nähe eines bestimmten Menschen zu suchen. Wir sind seelisch nicht dafür ausgestattet, mit mehreren Menschen gleichzeitig tiefreichende emotionale, affektive Verhältnisse zu unterhalten. Dagegen spricht unsere spezielle frühkindliche Entwicklung, die uns gleichzeitig auch wieder zum Partner auf Distanz gehen läßt, weil wir die Nähe nicht lange ertragen können. Wir neigen zur Oszillation, zum Hin- und Herschwingen. Aus diesem Dilemma, zu dem wir verurteilt sind, finden wir nicht heraus. Die Ehe wird aus sozialen Gründen fortbestehen, zugleich aber weiter an Funktionsfähigkeit verlieren.

FAZ: Klagen über den Verfall der guten Sitten und der großen Liebe sind also sinnlos?

Sigusch: Richtig, völlig sinnlos. Weil eine allgemein verbindliche Moral, auf die man sich als Mitglied dieser Gesellschaft berufen könnte, nicht mehr existiert.

FAZ: Was hat uns die sexuelle Revolution wirklich gebracht?

Sigusch: Ich behaupte, die sexuelle Revolution hat es nicht gegeben. Es hat eine Liberalisierung gegeben, mehrfach in diesem Jahrhundert. Die hat uns zwar den Abbau von oberflächlichen, bewußtseinsnahen Ängsten gebracht, etwa was die Masturbation betrifft, die man nicht mehr ganz so panisch sieht wie früher. Aber sie hat uns auch neue Ängste gebracht, die Vertiefung schon vorhandener Ängste und absolut übertriebene Forderungen. Denken Sie an die jungen Mädchen, die vierzehn oder sechzehn sind und unter Druck gesetzt werden oder sich selbst unter Druck setzen, schon in diesem Alter geschlechtliche Beziehungen in vollem Umfang aufzunehmen. Eine geradezu unmenschliche Anforderung, die auf diesen jungen Menschen und — in anderer Gestalt — auf uns allen lastet. Es ist uns alles Mögliche an sinnlicher Aufpeitschung verheißen, aber im wirklichen Leben bekommen wir das ja alles nicht. Wir werden also betrogen, wir wurden durch die sogenannte sexuelle Revolution, die keine war, betrogen.

FAZ: War Sexualität früher schöner, als es noch mehr Unwissenheit und auch Angst gab?

Sigusch: Das redet man sich gern ein, ich auch. Tatsächlich gab es im Mittelalter ein buntscheckiges, vielseitiges Venusleben. Da gab es nicht alle diese Regeln und technischen Hinweise, mit denen die Illustrierten heute voll sind. Es gab keine Stufenleiter zur vollkommenen Ehe, wie sie das Bürgertum später ersonnen hat. Es fehlte vor allem, woran wir seit Kinsey leiden, die Orgasmokratie, man nahm nicht einen Punkt als Merkmal für das Gelingen oder Nichtgelingen des sexuellen Geschehens. Wir als Sexualforscher haben die Aufgabe, das zu reflektieren und zu kritisieren, was sich vor unseren Augen abspielt, und da können wir ohne Wenn und Aber festhalten: Die Durchtechnisierung und öffentliche Regelung des Sexuellen ist etwas, das uns der Spontaneität beraubt, also eines Stückes unserer Menschlichkeit. Wir sind von Geboten und Anforderungen umzingelt, wir sind eingeengt, keineswegs befreit. Der einzelne wird aufgewühlt und dann in einem drögen, sinnleeren, nichts hergebenden Alltagsleben im Stich gelassen.

FAZ: Wie erklären Sie sich die neue Sehnsucht nach dem Glück zu zweit?

Sigusch: So neu ist diese Sehnsucht nicht. Die Gruppensexualität hat es nie in einem merklichen Ausmaß gegeben, das ist alles nur aufgebauscht worden, auch, was die Kommune Eins betrifft. Ein deutsches Nachrichtenmagazin hat Mitglieder der Kommune Eins dazu bringen können, sich vor der Kamera zu entkleiden. Hinterher haben die Kommunarden gesagt, sie hätten einander dabei zum ersten Mal nackt gesehen. Die Sehnsucht nach dem Glück zu zweit ist ein wesentliches Charakteristikum unserer Kultur und war immer vorhanden.

FAZ: Woher kommt der inflationäre Gebrauch des Wortes »geil«?

Sigusch: Das ist ein treffendes Beispiel für die allmähliche Entsexualisierung des Sexuellen. Die jungen Leute finden es »geil«, wenn es irgendwo Rabatz gibt. Das hat nur insofern mit Sexualität noch zu tun, bedenkt man den aggressiven Anteil. Die jungen Leute gehen geradezu sinnlich mit Apparaturen um, mit den Flipperautomaten, mit Sportwagen und anderem. Sie geben ihre Erregtheit an Totes ab. Das ist symptomatisch für unsere Gesellschaft. Ich habe bei einem Besuch der Frankfurter Automobil-Ausstellung gesehen, daß junge Leute mit allen Anzeichen hochgradiger körperlicher Erregtheit, also Glanzauge, Rötung des Gesichts, »sex flush«, leichtem Tremor, das heißt Körperzittern, in den neuen Porsche stiegen. Die Umleitung der Sinnlichkeit auf tote Dinge ist durchaus erschreckend.

FAZ: Sie leiten das Forschungsprojekt »Geschichte der Sexualforschung«. Was ist das Ziel dieses Projekts?

Sigusch: Die Sexualwissenschaft gibt es in geordneter Form schon seit mehr als hundert Jahren. Was sich an Materialien im Lauf dieser Zeit angehäuft hat, soll an einem Ort, nämlich hier in Frankfurt, gesammelt, gesichtet und wissenschaftlich bearbeitet werden, insbesondere das Material, das von den Nationalsozialisten verboten und zerstört worden ist. Ich habe Nachlässe und Materialien von deutschen jüdischen Wissenschaftlern aus den USA und aus Israel zurückholen können, andere Nachlässe von jüdischen Gelehrten sind mir testamentarisch zugesichert worden. Es ist für uns als Deutsche und Nachgekommene einfach unsere Pflicht und Schuldigkeit, diese Nachlässe gerade an einer deutschen Universität aufzubewahren. Es ist bemerkenswert, welcher Höhepunkt in den zwanziger Jahren von der deutschen Sexualwissenschaft erreicht worden ist und wie lange der Fluch und der Bann über diese Wissenschaft durch die Nationalsozialisten angehalten hat. Genaugenommen können wir uns erst jetzt, fünfzig Jahre später, mit der ganzen Sexualwissenschaft befassen.

(Die Fragen stellte Roland Mischke im Mai 1986)

Sind Zungenküsse gefährlich?

Auf welchen Wegen die HIV-Infektion voranschreitet, sagen uns die Epidemiologen. Die Übertragungsmechanismen im engeren Sinne sind dagegen bisher weitgehend unerforscht. Während es in der Medizin der letzten einhundert Jahre selbstverständlich war, zunächst diese Mechanismen aufzuklären, scheint der Aids-Komplex auch diese Sitte außer Kraft gesetzt zu haben. Heute geben nicht mehr wie früher die klinischen Virologen und Infektiologen den Forschungston an, sondern die Retrovirologen und Molekulargenetiker. Deren Erfolge bei der Suche und Charakterisierung von Erregern scheinen die »Normalvirologen« zu lähmen. Die in der Praxis relevante Frage: »Sind Zungenküsse gefährlich?« haben sie bisher nicht beantwortet. Das ist höchst problematisch, weil die Kenntnis der allgemeinen und spezifischen Übertragungsumstände für die Prävention von größter Bedeutung ist.

Bisher wurde bei der Diskussion der Infektabwehr beinahe ausschließlich das Immunsystem und seine Reaktion beachtet. Die Abwehr der Infektion erfolgt aber auch durch das, was die Medizin »natürliche Resistenz« nennt. Darunter werden angeborene Abwehrmechanismen des Organismus verstanden, die im Verhältnis zur Immunität »unspezifisch« sind. Die natürliche Resistenz kann relativ oder absolut sein. Tiere sind beispielsweise absolut resistent gegen menschenpathogene Leprabakterien und Masernviren, Menschen gegen tierpathogene Staupe- und Rinderpestviren. Die relative individuelle Resistenz reicht von genetischen Faktoren bis hin zur Beschaffenheit der Schleimhäute. Immer sind Resistenz und Immunität funktionell miteinander verknüpft. Zunächst wehren die Resistenzmechanismen die Krankheitserreger unspezifisch ab; später werden sie durch Immunisierungsvorgänge spezifisch abgewehrt, wobei Immunfaktoren Resistenzfaktoren aktivieren und verstärken können.

Ich betone dieses Lehrbuchwissen, weil es in der Aids-Diskussion sträflich mißachtet wird. Da das HIV-1, wie wir wissen, überaus empfindlich ist, sehr viel empfindlicher als das Hepatitis-B-Virus, wird es wohl in besonderem Maße auf »sein« Milieu angewiesen sein. Jeder Erreger trifft in Mundhöhle, Scheide und Enddarm auf ein sehr unterschiedliches Milieu, z.B. hinsichtlich der Flora, des pH-Wertes, spezifischer Sekrete, antimikrobieller Proteine oder zellwandauflösender Enzyme. Unter dem Gesichtspunkt der unspezifischen körperlichen Infektabwehr könnte es von Bedeutung sein, daß die Scheide der Frau eben nicht, wie überall beschrieben wird, von einer Schleimhaut ausgekleidet ist wie der Darm, sondern von einem unverhornten Plattenepithel.

Es könnte organische Gründe geben, warum der Analverkehr sehr viel häufiger als der Vaginalverkehr zu einer Infektion mit dem HIV-1 führt. Kürzlich wiesen Adachi et al.[1] experimentell nach, daß das HIV-1 in der Lage ist, Kulturen von Kolon- und Rektumzellen zu infizieren und in diesen zu persistieren. Skandalöserweise ist bis zur Stunde nicht untersucht worden, ob auch die Zellen des inneren Genitales der Frau genau wie die Kolon- und Rektumzellen jenen Oberflächenmarker enthalten, auf den der Erreger beim Eindringen in menschliche Zellen angewiesen ist, weil er sich nicht selber fortbewegen kann und über keinen energieerzeugenden Apparat verfügt.

Der schleppende Gang der präventivmedizinischen Forschung, das unerläßliche Studium der erwähnten unspezifischen Resistenzfaktoren und die enorme Bedeutung einfachster Experimente — all das kann illustriert werden am Beispiel der möglichen Übertragung des HIV-1 durch Speichel. An der Diskussion um die Zungenküsse kann aber auch demonstriert werden, wie begrenzt bewußte Aufklärung in Sachen Aids selbst dann ist, wenn epidemiologische *und* experimentelle Befunde vorliegen *und* übereinstimmen. Die Angst der Laien wie der Experten ist dadurch noch lange nicht gebannt. So wird die Aids-Ärztin Eilke Brigitte Helm nicht müde, öffentlich über die mögliche Gefährdung durch Zungenküsse zu spekulieren.

Wie sehen nun die Tatsachen aus? Nachdem Groopman et al.[2] 1984 mitgeteilt hatten, daß der Erreger HIV-1 sowohl im Speichel infizierter als auch erkrankter Männer isoliert werden konnte, und nachdem sie aufgrund dieses Befundes vor der Übertragung durch Speichel gewarnt hatten, dauerte es ein ganzes Jahr, bis andere Forscher[3] das *seltene* Vorkommen von HIV-1 im Speichel Infizierter und Kranker nachwiesen.

Wieder ein Jahr später fanden Archibald et al.[4] Anti-HIV-IgA-Antikörper im Speichel infizierter Personen. Im selben Jahr berichteten Coffin et al.[5], daß es *nicht* gelungen war, einen Schimpansen durch Inokulation des HIV-1 über die Mundschleimhaut zu infizieren. Erst danach wurde das Experiment vorgenommen, das die Erfolge der Retrovirologen nur scheinbar überflüssig gemacht hatte: Patricia N. Fultz[6] von den US-amerikanischen Centers for Disease Control wies im Speichel des Menschen zwei voneinander zu unterscheidende »HIV-inhibitory components« nach, die den Erreger inaktivieren.

Alle Ergebnisse zusammen – nicht zuletzt aber die, die die natürliche Resistenz betreffen – machen plausibel, warum es keinen epidemiologischen Hinweis auf eine Übertragung des Erregers durch Speichel gibt.[7] Da die Forschungsresultate einander nicht widersprechen, sollten wir den jungen Menschen und allen anderen, die uns fragen, eine klare Antwort geben: Zungenküsse sind ungefährlich! Und die Kollegen, die trotz allem weiterhin besorgt sind, sollten wir bitten, die genannten Experimente zu replizieren. Aber machen wir uns keine Illusionen. Neurotische Angst und skandalöse Presse haben eines gemeinsam: Tatsachen entgleiten ihnen systematisch.

(Januar 1988)

Über die Vergesellschaftung der Krankheit Aids[*]

Weil das Thema so entsetzlich deprimierend ist, beginne ich mit dem Erfreulichen, vielleicht bei diesem Thema mit dem einzig Erfreulichen: Nach allen Informationen, nach allen Untersuchungen, die vorliegen, kann man mit großer Wahrscheinlichkeit feststellen – ich sage das so behutsam, weil es keine repräsentativen Untersuchungen für die Gesamtbevölkerung gibt –, daß 99,9 Prozent der *allgemeinen* Bevölkerung nicht infiziert sind mit HIV-1. Und ich füge hinzu, daß nach meinem Dafürhalten die meisten Menschen auch nicht in dem Risiko stehen, sich in Zukunft zu infizieren.[1]

Das ist eine Aussage, die man, glaube ich, in dieser Deutlichkeit nicht in der allgemeinen Presse finden kann, die man von Aids-Politikern, die die Fakten ein wenig anders kontrastieren, nicht hört. Ich beziehe mich zunächst auf das Durchtesten von Blutspenden, in der Bundesrepublik Hunderttausende bis über eine Million, in den USA inzwischen Millionen. In der Bundesrepublik und West-Berlin hat sich in sogenannten Bestätigungstests eine Infektionsrate, ich verkneife mir extra das gräßliche, nur im Deutschen vorkommende Wort Durchseuchungsrate, von insgesamt 0,02 Prozent ergeben. Wenn man in Vorlesungen oder Seminaren das Publikum fragt, wie es denn die »Durchseuchungsrate« einschätzt, dann kommen ganz andere Zahlen. Es kommt nicht 0,02 Prozent. In den USA insgesamt liegt die Infektionsrate bei 0,038 Prozent, auf dem Lande in den USA bei 0,003 Prozent, in den Städten liegt diese Zahl bei 0,11 Prozent.

---

[*] Nach der Aufzeichnung der überwiegend frei gehaltenen Rede zur Eröffnung des 8. Kongresses für Klinische Psychologie und Psychotherapie am 21. Februar 1988 in Berlin (West)

Zweitens beziehe ich mich auf Serien von Untersuchungen, auf Massen-Screenings, in den USA inzwischen an Millionen von Menschen im Umkreis und in der US-Armee, genau an 3 960 000 Menschen zwangsweise durchgeführt. Ich füge hinzu: in sexuell aktivem Alter. Getestet worden sind Männer und Frauen, alle Mitglieder der Armee, Bewerber usw. Seropositiv waren 0,15 Prozent bis maximal 0,16 Prozent. Diese Zahlen, wenn sie überhaupt zu sehen sind, sind seit 1985 bekannt. Das Pentagon hat das immer ordentlich mitgeteilt, die CDC, vergleichbar unserem Bundesgesundheitsamt (BGA), teilen das immer alles korrekt mit, aber man findet es nicht in der Presse. Wobei ich mir gleich ein kritisches Wort zum Bundesgesundheitsamt erlaube, das in Berlin angesiedelt ist. Ich halte die Politik des Amtes, bezogen auf Daten, wie ich sie jetzt vortrage – ich sag' es behutsam –, für nicht nachvollziehbar. Man erfährt so gut wie nichts. Es werden unglaublich dürftige Statistiken veröffentlicht. Man erfährt nicht, auf welchem Weg sich zum Beispiel die wenigen aidskranken Jugendlichen infiziert haben, man kann darüber phantasieren, ob sie nun gefixt haben oder ob sie sich auf sexuellem Weg infiziert haben usw. Ich halte das für einen unglaublichen Zustand, zumal das BGA auch schon falsche Zahlen herausgegeben hat.

Eine Zahl, die uns erschüttert hat, war 1984 nach meiner Erinnerung, 35 Prozent *der* Homosexuellen seien infiziert.[2] Nicht publiziert auf wissenschaftliche Weise oder amtlich korrekt, sondern dem *Spiegel* in seinen widerwärtig aufgesperrten Rachen geschmissen.

Ich darf an dieser Stelle feststellen, daß unser Fachverband, die Deutsche Gesellschaft für Sexualforschung, auf der Stelle reagiert hat. Man liest oft von unseren Gegnern, daß wir überhaupt nichts täten, überhaupt nicht reagierten. Wir waren die erste wissenschaftliche Vereinigung, die sich bereits 1984 in einer Erklärung geäußert hat, die auch in liberalen Blättern wie der *Frankfurter Rundschau* dokumentiert ist (vgl. 7.12.1984, S. 8). Dort haben wir die Zahlen, die Prof. Koch, der Berater der Ministerin Süssmuth – der andere Koch ist der Berater von Gauweiler –, dem *Spiegel* zugeworfen hat, methodisch und sexualwissenschaftlich kritisiert. Erfreulich ist, daß Prof. Koch das dann später revidiert hat, so wie er jetzt etwas verwaschen gesagt hat (jetzt, nachdem man seit Jahren Zahlen hat, die für das sprechen, was ich hier ausführe): »Ja, es ist so, die Allgemeinbevölkerung ist nicht in dem Maße ›durchseucht‹, wie wir es bisher angenommen haben.«

Und zu den Zahlen, auf die ich mich beziehe, für die Aussage, die die US-Armee betrifft, ist zu ergänzen: Die USA sind uns epidemiologisch um Jahre voraus. Die meisten sogenannten Experten sagen »um drei Jahre« voraus. Sie liegen stabil seit 1985 bei 0,15 Prozent, das heißt um etwa eine Zehnerpotenz höher als bei den hiesigen Blutspendern, wobei bei den Blutspendern die Infektionsrate jetzt gegen Null geht, weil Riskierte nicht mehr zum Blutspenden gehen.

Das ist das einzig Erfreuliche. Jetzt geht es leider nicht mehr so weiter, weil, wenn man sich die wirklich riskierten Gruppen anschaut, dort natürlich die Situation ganz anders ist. Ich nenne dazu keine Zahlen, weil es keine verläßlichen, repräsentativen Untersuchungen gibt, auch nicht geben kann, da man keine repräsentative Stichprobe der homosexuellen Männer zum Beispiel bilden kann. Diese Gruppierungen, insbesondere verfolgte Minderheiten entziehen sich, man könnte sagen: zum Glück, wesensmäßig einer derartigen Erfassung. Aber ich sage, daß bei sexuell aktiv gewesenen homosexuellen Männern und bei Drogenabhängigen die Rate sehr hoch liegt. Sie ist bei i.v.-Drogenabhängigen in den letzten zwei Jahren weiter angestiegen, im Gegensatz zu homosexuellen Männern, die ihr Schicksal in die eigenen Hände genommen haben. Ich möchte in aller Deutlichkeit sagen, daß die Gruppe der i.v.-Drogenabhängigen existentiell bedroht ist, wenn nicht von allen Seiten, von unserer Seite und von politischer Seite, endlich etwas getan wird und wenn nicht all dieser Quatsch aufhört, daß die Ärzte wieder anfangen – gerade stand es im *Deutschen Ärzteblatt* –, vom Abstinenzparadigma zu reden. Die wissen nicht, daß die Drogenabhängigen verrecken, weil sie keine Fürsprecher haben, weil sie keine geistigen Köpfe haben, weil sie keine Bewegung hinter sich haben wie die Homosexuellen, weil es kein positives Interesse gibt, schon gar kein allgemeines, das sich an diese Gruppe heften könnte.

Nun muß ich etwas theoretischer werden, weil mir das Thema Vergesellschaftung einer Krankheit anvertraut wurde.[3] Ich spreche also nicht über die individuellen Reaktionen, über die hypochondrischen, phobischen, paranoiden Reaktionen, sondern über die Mechanismen der Vergesellschaftung, und ich beginne mit dem Verhältnis von Individuum und Gesellschaft. Wenn nach diesem Verhältnis gefragt wird, wäre zuallererst jene Paradoxie zu begreifen, die die nach Wahrheit suchende Philosophie, ob idealistisch oder materialistisch genannt, in der Denkbewegung von Kant über Hegel und Marx bis Adorno letztendlich verbindet: daß trotz allem Gesellschaft ebenso ein Inbegriff von Subjekten ist, wie deren Negation, wie Subjekte ein Inbegriff von Gesellschaft sind, und deren Negation. Diese Paradoxie, sage ich, wäre zu begreifen. Ohne die Gesellschaft existierte die Gattung Mensch nicht einmal biologisch. Heute tendiert die Vergesellschaftung der einzelnen Menschen zum Totalen. Die Gesellschaftsformationen sind nicht vom Himmel gefallen, nichts Natur- oder Gottentsprungenes, sondern durch menschliche Tätigkeit, Arbeit und Denken, und beides auch nicht, produziert. Heute tendiert das Arbeiten und Denken der Individuen zur Bedeutungslosigkeit, die Maschinerie des Bestehenden rollt über sie hinweg. Auch deshalb haben Sexualität und Liebe einen so hohen Kurswert. Die Paradoxien der bürgerlichen Gesellschaft sind dadurch vollends paradox geworden, daß den Subjekten ihre eigene Vernunft, das hohe Ziel der Bourgeoisie, inkommensurabel ist. Marx hat das Bewußtsein der Mitglieder der bürgerlichen Gesellschaft als objektiv verdrehtes analysiert. Freud — ich denke an eine ganz frühe Arbeit von 1892, da ist noch nicht vom Unbewußten die Rede — sah die gehemmten Vorsätze aufbewahrt in einer Art von Schattenreich, in dem sie eine ungeahnte Existenz fristeten, bis sie als Spuk hervortreten. Solchen Spuk, von dem schon bei Marx die Rede war, als er seinen Begriff des Fetischcharakters verständlich machen wollte, setzte Freud den erhabenen Idealen, dem freien Willen, der selbstgewissen Vernunft der Bürger entgegen. Ihr siegreiches Handeln gründete jetzt auf Triebverzicht, Wunschverdrängung und Gedankenhemmung. Keine sonderlich angenehme Lage.

Freud behauptete, daß das Ich nicht Herr sei in seinem eigenen Haus. Das nannte er die dritte Kränkung der Eigenliebe, die als psychologische Kränkung der Eigenliebe der kosmologischen des Kopernikus und der biologischen des Darwin gefolgt sei. Die vierte Kränkung, die philosophische, sage ich jetzt, hat vor allem Adorno zustandegebracht, indem er das Transzendentalsubjekt als bewußtlos erkannte. Während Marx noch an den Fortschritt durch Beherrschung der Natur glaubte und Adorno an die Versöhnung des Subjekts mit ihr, ist für Günther Anders das Buch der menschlichen Eigenliebe zugeschlagen. Die Menschen seien antiquiert, weil sie mit ihren Vermögen das, was sie entfesselt haben, gar nicht mehr erreichen könnten. In dieser Sicht wären die Paradoxien, von denen ich sprach, mit dem Subjekt untergegangen, und damit auch jede Subjektwissenschaft, also Sexualwissenschaft und natürlich Psychologie, die übrigens erst mit Hegels Tod aufgekommen ist. Darüber sollte man mal nachdenken: daß die Psychologie aufkommt, als die Identitätsphilosophie untergeht, habe ich gedacht, als das Motto des Kongresses — »Widersprüche und Identitäten« — genannt wurde.

Eine Krankheit ist nur Prädikat des Subjekts. Ist aber das Subjekt nur Prädikat des geschichtlich-gesellschaftlichen Prozesses der Marxisten, des absoluten Geistes der Idealisten, des Nietzscheanischen Lebenswillens, des Heideggerschen Seins oder des Systems der Strukturalisten und Systemtheoretiker? Marx hat an den Idealisten seiner Zeit kritisiert, daß sie das Selbstbewußtsein der Subjekte, obgleich nur Prädikat des gesellschaftlichen Prozesses, zum Subjekt erklärt hätten, den gesellschaftlichen Prozeß aber, das wirkliche Subjekt, zum Prädikat des absoluten Geistes. Diesen Vorwurf des Quidproquo haben die französischen Neostrukturalisten, darunter Foucault, wiederholt. Nicht das Subjekt erkenne die Gesellschaft, sondern die Struktur, das Feld, der Diskurs. Die diskursive Formation schreibe dem Subjekt vor, was es wie sieht und praktiziert. Das Auge des Subjekts, sein Blick, sei nichts Selbständiges, Selbsttätiges, sondern eingepflanzt. Foucault nennt das »regard déjà codé«. Ein selbstbewußt und verändernd tätiges Subjekt kennen die heute den Ton angebenden Philosophien nicht. Wissen und Wahrheit sind bei ihnen nicht mehr bezogen auf kritisch-souverän entwerfende und prüfende Subjekte. In der Tat stimmten linke und rechte Kulturphilosophien in diesem Jahrhundert immer wieder darin überein, daß sich entlang der Subjektivität nicht mehr weiterdenken lasse, daß das Individuelle nur noch ein Epiphänomen sei, daß sich Hegels Subjekt historisch als Fiktion herausgestellt habe, daß Individualität philosophisch hintergehbar und praktisch schon lange hintergangen sei.

So nahe diese Philosophien in der Diagnose des »Seinsbefundes« beieinander lagen und liegen, so sehr gehen sie auseinander, wenn die grundsätzliche Wertentscheidung des Denkers zum Zuge kommt, und dann applaudieren die einen dieser Entwicklung, der Verramschung der Individuen und ihrer Entmächtigung, und die anderen beklagen die Schwächung des individuellen Widerstandes und plädieren für seine Kräftigung. Kein Zweifel, das Ausmaß der Vergesellschaftung, mit dem wir es zu tun haben, ist gewaltiger als je zuvor in der Geschichte der Gattung Mensch. Die Vorgängigkeit des Objektiven ist nicht wegzureden, Individuum und Gesellschaft sind zusammengebrannt. Das heißt, diese Philosophien gehen natürlich nicht vollkommen in die Irre. Trotzdem, und das ist die Paradoxie, von der ich eingangs sprach, müssen wir als Subjektwissenschaftler auf der Wirklichkeit des Individuellen und Subjektiven bestehen, so schwach und belanglos es in der Maschinerie des Objektiven auch sei. Denn verzweifelt, und da sind wir wieder bei Aids, ist kein allgemeines, sondern das individuelle Bewußtsein. Denn noch der Eingepaßteste zeigt Regungen, die dem, was ist, widersprechen. Denn nur individualisiert existiert eine Krankheit *wirklich*. Die Instanz, die eine Krankheit und ihre Versachlichung realisiert und mit einer Bedeutung versieht, ist die Subjektivität als Individualität. Jedes Krankheitsgeschehen ist ebenso allgemein wie individuell. Wäre es nur allgemein, realisierte sich die Krankheit selber, ohne daß ein handlungsfähiges, bedeutungsmächtiges Subjekt dazwischenkäme, und jene vom Subjekt abgewandten Wissenschaften hätten recht, die ihre Krankheitstheorie als Analogon der noch vor dem Mond operierenden Wissenschaften konzipieren und idealisieren, mit den zumindest falsch betonten Prämissen, daß erstens dem Krankheitsprozeß sein Verlauf an die Stirn geklebt und zweitens die Vielheit der krankhaften Erscheinungen gesetz- oder regelmäßig reduzibel sei. Beiden Prämissen widerspricht das Krankheitssubjekt, das trotz aller Konventionalisierungen, Mystifikationen und Verdrehungen nicht aufhört, den facta bruta zu widersprechen — bis hin zur Genesung.

Das Entsetzliche am allgemeinen Umgang mit Aids ist das *Ausmaß der Vergesellschaftung* dieser Erkrankung. Ich glaube, dieses Ausmaß ist historisch einzigartig, ist noch nie bei irgendeiner anderen Erkrankung erreicht worden. Das heißt, die letzte individuelle Lücke, die sich das nun so bedrohte und in die Enge getriebene Subjekt sucht, wird im gesellschaftlichen Immanenzzusammenhang wiederum mit Immanenz zugestopft, damit es ja kein Entrinnen gebe. Menschenfeindlich und wider die guten Sitten der Medizin gerichtet sind die falschen Prämissen, daß HIV-Infektion und Aids eine Sache seien, daß es keinerlei Aussicht auf Genesung gebe. Dazu könnte ich jetzt natürlich als Mediziner längere Ausführungen machen: wie unglaublich es ist, daß in der gesamten Fachliteratur HIV-Infektion und Aids in einen Topf geworfen werden. Das ist so, als wenn wir als Psychologen oder Psychiater psychotische Reaktionen, die viele Menschen im Laufe ihres Lebens haben, mit einer Psychose gleichsetzen oder den histologischen Befund »krebsverdächtige Zellen« gleichsetzen mit dem sich tödlich durchsetzenden Krebs selber. So ist es aber bei Aids, und es wird suggeriert und scheinbar untermauert. Wenn wir uns methodenkritisch solche Arbeiten von Infektiologen anschauen, ist aber nichts belegt. Es wird nur phantasiert und in die Zukunft projiziert. Doch wir haben es alle in die Köpfe bekommen: daß am HIV letztlich jeder stirbt. In diesem Sinn wiederhole ich meine These, daß die Presse, die in diesem Sinn berichtet, ein medialer Kofaktor ist, der bei der Ätiopathogenese von Aids eine wesentliche Rolle spielt: *ein medialer Krankheitsfaktor.*

Die Mechanismen der Vergesellschaftung sind zum Teil schon erwähnt worden: Mystifikation, Verdrehung, Dramatisierung, Ideologisierung, Ausgrenzung und Verstofflichung. Dafür bringe ich jetzt einige Beispiele.

Mystifikation ist es zum Beispiel, wenn nur bei der Erkrankung Aids von den Epidemiologen kumulativ gezählt wird. Das heißt, ich sage es jetzt zynisch, die Krankheitsziffern haben offenbar nicht ausgereicht, man mußte alles von Anfang an bis jetzt immer wieder zusammenzählen, um auf größere Zahlen zu kommen. Bei keiner einzigen anderen Erkrankung wird kumulativ gezählt. Das wäre eine klassische Mystifikation. Machte man das zum Beispiel bei den Verkehrstoten, dann wären wir heute, die Statistik gibt es seit 1950, bei über 500 000 Verkehrstoten. Daran sieht man die mystifizierende Wirkung der kumulativen Berechnung. Das von mir schon angesprochene Nachrichtenmagazin und Herr Gauweiler mit seinen Beratern rechnen uns Millionen Tote vor. Ja, sie sagen, Aids werde verheerender in seiner Auswirkung sein als die Weltkriege und alle Naturkatastrophen zusammengenommen. Infektiologen wie die Frankfurter Kollegen Helm und Stille können so behaupten, Aids sei das Problem Nr. 1 der Medizin.

Unter dem Aspekt *Verdrehung* nun einige Zahlen dagegen, wissend, daß es etwas Widerwärtiges und letztendlich zur Menschenfeindlichkeit Führendes ist, wenn man mit Zahlen in dieser Weise rechnet und dann am Ende Kosten-Nutzen-Analysen aufstellt. An der als besiegt geltenden Tuberkulose, einer anderen Infektionskrankheit, sterben bei uns pro Jahr 2 000 Menschen. An Aids, und das ist schrecklich genug, sind im letzten Jahr 257 Menschen gestorben. An den Auswirkungen der sogenannten Pille — da gibt es zwar nicht so zuverlässige Zahlen, aber ich sage es trotzdem mal, es stand sogar im *Deutschen Ärzteblatt*—, der Kontrazeption mit hormonellen Mitteln, sterben deutlich mehr Frauen im jungen Alter als an der HIV-Infektion. Da wird es natürlich schwieriger, weil das ein nicht so leicht zu erkennender Zusammenhang ist. Bei uns in der Bundesrepublik sterben pro Jahr Hunderttausende an Herzversagen, Karzinomen, den Auswirkungen von Alkohol, Nikotin und anderen Drogen, versuchen Hunderttausende, sich das Leben zu nehmen. Doch die Infektiologen Helm und Stille sagen: Problem Nr. 1 der Medizin ist Aids. Ganz zu schweigen natürlich von den, man mag und kann es ja selber nicht in den Kopf bekommen, von den 16 Millionen Kindern, die pro Jahr an Fehl- und Unterernährung und an Krankheiten, die behandelt werden könnten, elendig verrecken. In Afrika sterben Millionen Erwachsene nicht an Aids, sondern immer noch an Malaria, an Lepra usw. Ein weiteres Beispiel für Verdrehung und Mystifikation ist der inzwischen berühmt-berüchtigte Satz jenes Nachrichtenmagazins, der hierher gehört und lautet: »Mikroben machen Geschichte, immer noch.«[4]

Mystifizierung ist auch, daß man entlang der spezifisch abendländischen Episteme nach dem geht, was naturwissenschaftlich vorneweg rennt, und das sind, man muß auch sagen Gott sei Dank, momentan die Molekularbiologen und die Retrovirologen. Durch deren großartige Erfolge sind die Normalvirologen und Infektiologen vollkommen in die Defensive gegangen oder haben sich selber kastriert, das heißt, sie haben ihre Pflicht versäumt zu untersuchen, wie denn die Übertragung des Erregers, dieses HIV, eigentlich erfolgt. Das wissen wir bisher gar nicht. Die Wahrheit ist, daß die Übertragung epidemiologisch abgelesen wird, daß man sagt, epidemiologisch kommt es bei Drogenabhängigen zur Infektion usw. Es ist ja auch nicht schwierig, sich vorzustellen, daß man beim Kontakt mit Frischblut den Erreger leicht übertragen kann. Wie das nun aber im Darm aussieht, in der Scheide usw. ist eine sehr viel komplexere Frage, die diese Infektiologen und Virologen zu untersuchen hätten. Doch sie haben es nicht getan. Ich finde das einen unglaublichen Skandal, der sich aus der Mystifikation der Retrovirologie ergibt.

Nun sage ich das mal, weil man das in Diskussionen mit Jugendlichen immer wieder gefragt wird, für den Speichel und die Mundhöhle. Die CDC haben endlich untersucht, ob eine Übertragung über die Mundschleimhaut möglich ist und wie die Verhältnisse im Speichel sind. Jeder Arzt weiß, daß es nicht nur die Immunabwehr gibt, von der bei Aids nur noch gesprochen wird, sondern die sogenannte natürliche Resistenz, die mit den Schleimhautverhältnissen, dem pH-Wert usw. zusammenhängt und natürlich bei sexueller Übertragung eine erhebliche Rolle spielt. Und nun haben also die Forscherinnen der CDC Möglichkeiten der Übertragung durch Speichel untersucht. Aufgrund der jetzt endlich durchgeführten Tierexperimente kann man sagen: nicht möglich. Man hat im Speichel sogenannte inhibierende Komponenten entdeckt, die den Erreger, der im Speichel vorkommen kann, hemmen. Der Erreger ist praktisch in allen Körperflüssigkeiten, in allen Sekreten, ist in allen Organen gefunden worden. Aber die Dosis im Speichel und anderen Sekreten reicht zu einer wirksamen Infektion nicht aus. Das wird von den Infektiologen immer verschwiegen, daß es den Erreger dort zwar gibt und daß er da auch gefunden worden ist, daß aber die Konzentration nie zur wirksamen Infektion ausgereicht hätte (vgl. S. 108). Resultat ist aber ein massiver Eingriff in die Psychosexualität zum Beispiel der heranwachsenden Jugendlichen, die sich, zum Teil jedenfalls, nicht mal mehr trauen, einander zu küssen, weil man sich über den Speichel anstecken könnte.

Apropos *Forscherinnen* der CDC — das beinhaltet eine Episode sexistischer Art: Federführend in der Forschung sind oft Frauen. Doch es wird geglaubt, daß Herr Gallo den Erreger entdeckt hat, wie in jenem Nachrichtenmagazin zu lesen war. Das hat es nämlich wider besseres Wissen einfach immer weiter behauptet, weil immer die

Interviews mit ihm gemacht wurden. Nein, entdeckt hat den Erreger eine Frau, die niemand kennt und niemand erwähnt, nicht Gallo, nicht Montagnier, sondern eine Französin namens Françoise Barré-Sinoussi. Sie hat den Auftrag bekommen am Pasteur-Institut, hat geforscht und ihn gefunden.[5]

Leider ist die Politik der Bundesgesundheitsministerin nicht besonnen und verantwortungsvoll, wenn sie sagt, jeder, der ein Risiko eingegangen ist, soll sich testen lassen. Das zähle ich auch unter die Mystifikationen. Bei dem unglaublichen Pegel an Sexualangst in dieser Kultur — was ja Aids auch deutlich gemacht hat —, der durch Liberalisierungswellen der zwanziger und der sechziger Jahre offenbar kaum gesenkt worden ist, meint jedes Individuum, daß es unter dieses Risiko falle, und wenn es nur das Allermindeste in einer lauen Sommernacht irgendwann mal getan haben sollte. Wir kennen das aus den Anti-Masturbationskampagnen, mit denen dann auch die Sexologie aufkommt. Jeder und jede meint, daß er oder sie genau das schädigende Maß praktiziere. Ob es nun dreimal am Tag geschieht oder einmal im Jahr. Und deswegen ist, das hätte sich Frau Süssmuth auch sagen lassen können, diese Parole schon unter diesem Aspekt verheerend. Sie ist außerdem nicht zu verantworten, weil dieses Risiko in dem Ausmaß überhaupt nicht besteht, schon gar nicht für junge Menschen, die keinen Analverkehr haben und keine Drogen spritzen. Und trotzdem wird gesagt, jeder soll sich testen lassen, je mehr sich testen lassen, um so besser. Gleichzeitig werden die Daten, die man hat, von der Polizei gespeichert. Frau Süssmuth hat nicht widersprochen, bis heute nicht, nachdem die Innenminister — übrigens aller Länder, also auch der sozialdemokratisch regierten — zugestimmt haben, daß Erkenntnisse über die Infizierung bestimmter Personen eingespeichert werden. Frau Süssmuth hat dazu nichts gesagt, auch nicht, nachdem dieses Vorgehen jetzt öffentlich bestätigt worden ist. Dahinter steht natürlich eine abstruse Phantasie, weil Polizeibeamte nur infiziert werden könnten, wenn sie entweder mit Demonstranten beim Fixen Needle sharing praktizieren oder sich von Delinquenten anal koitieren lassen.

Der nächste Mechanismus: *Dramatisierung.* Im *Spiegel* haben die Infektiologen Helm und Stille in einem Memorandum[6] geschrieben, ich zitiere wörtlich: Tschernobyl gehört zu den »herkömmlichen akuten Katastrophen«. Bei der HIV-Infektion handle es sich dagegen um eine, wörtliches Zitat, »schleichende, sukzessiv aber exponentiell ansteigende Katastrophe«. An solchen Sätzen kann der Mechanismus der Dramatisierung durchschaubar gemacht werden. Die erste Stufe der Dramatisierung lautet also in diesem Fall: Ein atomarer Supergau ist nichts Besonderes und vorübergehend; eine Infektionskrankheit, die übrigens in der Geschichte der Menschheit gekommen und gegangen sind, eine Infektionskrankheit dagegen ist etwas Einzigartiges und bleibt. Die zweite Stufe der Dramatisierung lautet: Vor radioaktiver Verseuchung können sich die Menschen schützen, vor Aids nicht. Die dritte Stufe der Dramatisierung wird dadurch erreicht, daß es den Autoren nicht genügt, eine Katastrophe eine Katastrophe zu nennen, sie machen aus Aids eine »exponentiell ansteigende Katastrophe«, was Blödsinn ist. Der Mechanismus der Dramatisierung ist natürlich immer verschwistert mit mangelnder wissenschaftlicher Sorgfalt. In dem Fall ist es einfach die Unwahrheit zu sagen »exponentieller Anstieg«, weil das allein widerlegt ist durch die sich ständig verlängernde Verdoppelungszeit. Die lag zunächst in den USA im Jahr 1982 bei 5 bis 6 Monaten, also innerhalb dieser Zeit hat sich die Anzahl der Erkrankten verdoppelt. Sie liegt jetzt in den USA bei 13 bis 14 Monaten. Davon ist bei diesen Dramatikern natürlich keine Rede.

Nun zum Mechanismus der *Ideologisierung*. Hier greife ich den Bereich der Sexualideologie in einer Phase der sexuellen Restauration heraus. Ich mache das kurz an einigen Beispielen.

Homosexualität: In den Tabellen des Bundesgesundheitsamtes steht unter Risiko »homosexuelle Männer«, und dann geht es weiter mit den bekannten anderen Gruppen, und wenn man dann zu den heterosexuellen Männern und Frauen kommt, dann heißt es: »heterosexuelle Kontakte«. Ich bitte, darüber nachzudenken. Die Infektiologen Helm und Stille haben eine eigene Stadieneinteilung der Erkrankung publiziert.[7] Stadium 1a beinhaltet gesunde, nachweislich nicht infizierte, nicht antikörperpositive homosexuelle Männer. Ja, das steht so drin, daß sie keine Antikörper haben. Sie haben nichts, sie sind nichts weiter als homosexuell. Nun liest man dann in Doktorarbeiten, die unter diesem Einfluß stehen, als ersten Satz: Wie ja bekannt ist, ist die Homosexualität ein Risikofaktor . . . Also das ist

Mystifikation, das ist Verstofflichung, das ist Dramatisierung, natürlich Ideologisierung: daß man die Sexualform Homosexualität als solche zum Krankheitsrisiko erklärt und über die Individuen einen Hut stülpt, unter dem sie hervorquellen, stinkend und schreiend. Weggebügelt, weggeschnitten wird alles Subjekthafte, und man sagt: *die* Homosexualität, was sowieso Schwachsinn ist, weil es da natürlich große Differenzen gibt, wie bei anderen Sexualformen auch.

Analverkehr: Ich nenne nur ein Beispiel. Der »große« Retrovirologe Gallo hat jenem Magazin in der heikelsten Phase der aidspolitischen Auseinandersetzung anvertraut, daß es in Afrika — dort werden andere Verhältnisse bei den Übertragungen vermutet — keinen Analverkehr gebe. Das Magazin hat gesagt: Vielen Dank, Herr Professor, für die interessante Auskunft. Ja, was soll man dazu sagen? Inzwischen gibt es einige Untersuchungen, die auch sagen, wie viele Menschen in Afrika Analverkehr hatten.

Prostitution: Da sage ich nur, die Prostituierten gelten als besonders gefährlich. Von der Phantasie her ist das natürlich klar. Tatsache ist aber, daß sie kaum infiziert sind, sofern sie nicht gefixt und sich darüber infiziert haben. Die nichtfixenden Prostituierten sind nach den internationalen Studien, auch nach den westdeutschen, so gut wie nicht infiziert. Trotzdem rechnet man die Prostituierten immer zu den sogenannten Hauptrisikogruppen. Von den nachts durch die Hurenwinkel schweifenden Politikern keine Rede. Als Sexualforscher unterliegt man immer wieder mal der Phantasie, daß man eigentlich seine Stahlschränke öffnen und das ärztliche Geheimnis außer Kraft setzen müßte, damit das Volk erkennt, von welchen Heuchlern es regiert wird.

Ich glaube, es war der Herr Tandler, der es wagte, Herrn Fink und Frau Süssmuth, die dort das Richtige tun und nicht nur dort, das will ich auch extra sagen, diesen Politikern, die bemerkenswert liberal operieren, denen Vorhaltungen zu machen, weil sie, ich glaube 200,— Mark, dem Hurenball in Berlin gespendet haben. Das ist die durchschlagende Sexualideologisierung, die schäumende Sexualheuchelei.

Noch einmal zu Frau Süssmuth: § 175, zu ihrem Buch[8] über Aids. Frank Rühmann[9] ist zu dem Schluß gekommen, daß Frau Süssmuth bei aller sirrenden Liebenswürdigkeit gegenüber den »perversen

Säuen« im Lande den Homosexuellen nicht die vollen, ich sage es mal politisch, Menschenrechte zugesteht. Das kann man aus ihrem Buch genau herauslesen: Sie sind nicht »gleichwertig«, und deshalb muß ja auch der § 175 bleiben. Gunter Schmidt hat als erster klar ausgesprochen, daß die Streichung dieses Paragraphen eine aidspräventive Wirkung hätte. Die kann natürlich nicht erfolgen, weil das die Anerkenntnis der Gleichwertigkeit bedeuten würde, was natürlich undenkbar ist, auch für Frau Süssmuth.

Promiskuität als Motor der Seuche, als stehende Wendung inzwischen bekannt. Da ist der ideologische Gehalt, daß die Promiskuität als solche infektiologisch bedeutungslos ist. Infektiologisch ist entscheidend, was die beiden miteinander tun. Und wenn sie etwas Wirksames tun, also zum Beispiel ungeschützten Analverkehr haben, dann ist die Anzahl der Kontakte selbstverständlich sehr bedeutend. Promiskuität ist für uns ein inneres Erleben, und das andere sind Zahlen, die man ausrechnen kann, und dann zählt nur, ob die Kontakte zu einer wirksamen Infektion führen können oder nicht.

Ein Wort noch zum sogenannten *Safer sex.* Da ist das Ideologische gewesen, eine für mich sehr traurige Angelegenheit, daß von sexologischer Seite am Beginn die Parole ausgegeben wurde, daß man die Partialtriebe bereisen solle, daß das der »bessere Sex« sei. Bekannt sind die Stichworte: Masturbationsclubs, Telefonsex usw. Bis die Menschen nicht mehr wußten, welches nun die präventive Botschaft war. Eine präventive Botschaft aber muß klar und eindeutig sein. Doch diese Sexologen, die auch in Berlin gewirkt haben, die haben voyeuristisches, exhibitionistisches, pseudolistisches Verhalten verlangt. Da waren die Leute vollkommen geplättet, und jeder kritische Sexualforscher wußte natürlich, daß das Schwachsinn ist, weil die Menschen nicht beliebig ihre Teiltriebe herausklauben können, um entlang lebensgeschichtlich nicht zu einer Bedeutsamkeit gekommener Partialtriebe nun Lustempfinden auf einmal vom Himmel zu zaubern. Das war ganz, ganz schlecht. Hätte man von Anfang an, was alle Vernünftigen getan haben, Kondome gesagt, hätte man, behutsam gesagt, nicht so verheerend gewirkt.

Zum Bereich *Verstofflichung* sage ich nur: Rassistische, sexistische Operationen, Leserbriefe zum Beispiel, die vor Aids kein Blatt gebracht hätte, die alle in den Papierkorb gewandert wären, die bringt das Nachrichtenmagazin, damit die perversen Säue eins in die Fresse kriegen, damit Todesangst erzeugt wird. Unglaubliche Dokumente des Rassismus. Oder eine Zeitschrift wie *Emma*, also ein Teil des Feminismus, freut sich in sexistisch inverser Weise, daß nun die Kerle verrecken und stellt das mit Comics dar. Ich finde das unglaublich. Übrigens zu einem Zeitpunkt, als schon die ersten Berichte zur Übertragung von Frau zu Frau vorlagen. Ja, da lagen schon Berichte über einzelne Fälle einer Übertragung beim lesbischen Verkehr, offensichtlich unter Traumatisierung, also blutender Verletzung der Scheide, vor.

Aids, meine Damen und Herren, ist ein kultureller, seelischer, politischer Volltreffer, in dem sich die einzelnen Greuel dieser Kultur mit dem Grauen des Ganzen lärmend vermählen, in dem Trieb und Tod, Mystifikation und Verstofflichung zusammenschießen. Ich habe bereits deutlich gemacht, daß ich als Sexualforscher von dem Ausmaß der vorhandenen Sexualangst stark beeindruckt bin. Doch zu ungefestigt und zu erstarrt war in dieser Kultur immer das Ich-Bewußtsein, die Erfahrung des Triebhaften ganz in sich aufzunehmen. Die Riegel, die Freud dem einbrechenden Trieb vorschob, sind keine Hirngespinste, sondern real. Der Einbruch des Triebhaften erzeugt Angst, weil er alles erschüttert, was Kontinuität und Sicherheit gibt: das austarierte Verhältnis von innen und außen, die Kontrolle über die Äußerungen des Körpers, die Kontingenz der Wahrnehmungen, die Permanenz des Geformten, die Vergegenständlichung. Je schneller der Orgasmus, diese Realparodie auf die phantasierte Trieberuption, zustandekommt, je stärker die mit ihm einhergehende Bewußtseinstrübung ist, desto größer die Angst, desto bestimmter der Ruf der Zensoren. Sexualwissenschaft, die den Orgasmus als Kriterium der Befriedigung nimmt, möchte, daß der Trieb in Acht und Bann bleibe. Triebmetaphysiken, die ihn erhöhen, wollen ihm den Stachel des subiectum ziehen, des darunter Hinwegfließenden, im Eisstrom der Geschichte als Wärmestrom Fließenden. Triebmetaphysiken, die ihm liberal zu »seinem Recht« verhelfen wollen, sind trivial wie die Heftromane: geoymelt wurde immer, um an Hubert Fichte zu erinnern. Die, die ihn naturalistisch-vitalistisch zum Lebendigen katexochen erklären, suchen einen Trost, den es nicht gibt: das Dinghafte sei passé. Dem aber, was verdrängt werden muß, widersprechen die

Metaphysiken, die Trieb und Tod zusammendenken. Nur das Ich, das bewußt bis an die Grenze seiner Auflösung geht, könnte erahnen, daß das Triebhafte fremd und eigen, nahe und fern, zusammenfügend und auflösend zugleich ist. Dieser Zustand konfrontierte das Subjekt mit seiner Gesellschaftlichkeit und dem, was darüber hinausoder darunter hinwegweist. Das gesellschaftliche Management des Triebes wie des Todes stünde als vergebliches Bemühen da, die letzten noch verbliebenen Poren des Immanenzzusammenhanges mit Immanenz zu verschließen. Aus der Ewigkeit, die die Lust nach Nietzsches Einsicht will, zöge das Ich jene transzendente Dauer, die das Leben versagt, aus dem Blick auf den Tod jene metaphysische Unmittelbarkeit, die dem Absoluten zubestimmt ist. Verständlich die Angst vor einem solchen Zustand und das Unvermögen der Vergesellschafteten, sich Trieb und Tod einzuverleiben und einzuverseelen. Was an ihnen könnte sagen, daß sie jetzt und hier unmittelbar seien, daß ihr Ich verflüssigt sei und sie doch noch lebten? Kritisch ist solche Metaphysik, weil sie an das Gegenbild der alles planierenden Verdinglichung, an subjektive Unmittelbarkeit erinnert und daran, daß kein Leben ist und keine Lust, ohne daß ein ihnen Transzendentes versprochen würde. Wirklich Lebendiges, wirkliche Lust wäre jenseits der gesellschaftlichen Identität, in der der individuelle Tod an den kontinuierlichen der Versachlichung anschließt und die individuelle Lust an die, die die Subjekte als schon lange den fetischisierten Dingen zubestimmte verhöhnt. Entäußerte sich die Lust wirklich an die Dinge, nicht ästhetisch abstrahiert, nicht kategorial, fingen die Dinge an zu atmen, lebten sie, würden sie lebendig. Entäußerten sich die Dinge wirklich an die Lust, finge sie an zu verbluten, wäre sie dahin, stürbe sie.

Ausgrenzung und *Verstofflichung* ist das Thema, und dazu hat wieder das unsägliche Nachrichtenmagazin das Motto geliefert, indem es über die HIV-Infizierten geschrieben hat: »Tote auf Urlaub«.[10] Die Ausführung dieser Menschenverachtung ist die bayerische staatliche Aids-Politik. Verbrecherisch ist diese Politik allein deshalb, weil sie Riskierte und Infizierte davon abhält, notwendige Sachinformationen einzuholen, Beratung zu bekommen, weil sie Kranke von lebensverlängernden Behandlungen durch Angstmachung abhält, weil sie stigmatisiert. Der Satz »Diese Randgruppe muß ausgedünnt werden, weil sie naturwidrig ist«, in Aids-Zeiten vom amtierenden bayerischen Kultusminister gesprochen und gegen homosexuelle Männer gerichtet, präsentiert schlagartig das Kontinuum der Barbarei. Das Unrecht, das vor 150 Jahren dem Putzmacher Anders und vor 48 Jahren der Kindsmutter Kumor angetan worden ist, dauert an, macht uns verantwortlich.

Bewältigung der Vergangenheit ist gewaltsam. Kein Naturales ist als solches gut oder böse. Und Moral gibt es nur noch als jenen kategorischen Imperativ, den die menschliche Geschichte materialistisch denen aufgenötigt hat, die alles tun wollen, daß sich das unbeschreibliche Leiden der Individuen nicht wiederhole. Eine Wissenschaft, gleichgültig welchen Faches, die diskutiert, ob die sexuellen Wünsche Heranwachsender zu unterdrücken, ob Kontrazeptiva zu verantworten, ob Homosexualität gleichwertig sei, operiert doppelzüngig idealistisch. Idealistisch, weil die Qualen leibhaft sind, aber metaphysisch wegspekuliert werden. Doppelzüngig, weil dieselbe Wissenschaft ansonsten nichts so hoch hält wie den Leib und seinen Schmerz. Daß die Gesellschaft den Menschen so viel Leiden auferlegt, ohne von ihnen in die Luft gesprengt zu werden, beweist, wie sehr sie deren Negation ist und deren Inbegriff. Weil die Subjekte in ihr aufgegangen sind und entmächtigt, ist die Gesellschaft objektiv und mächtig. Empört weisen ihre Verfechter jeden Angriff auf die guten Sitten und das Leben zurück, weil noch das abgedunkelte Bewußtsein ahnt, daß die Gesellschaft selber sie zerstört. Die Moralisten werden nicht müde zu beteuern, wie sehr ihnen die Schwachen, namentlich die Ungeborenen am Herzen liegen, und die Menschenrechte. Doch die bürgerliche Gesellschaft hat sich ihr Herz mit allen Arterien in Auschwitz herausgerissen und ihre idealistisch gefaßte Vernunft, die die Barbarei gedanklich vorbereitete und, als sie häßlicher aussah und brutaler war als sie dachte, nicht verhinderte. Seither kann solchen Beteuerungen nicht mehr geglaubt werden; seither beinhaltet jeder Zustand der Lust und des Glücks nicht nur die lautlosen Schreie der proletarischen Mütter, er ist von den Schreien der auf die Rampe Geschleppten durchgellt. Das macht jedes Wohlbehagen in der Kultur objektiv ruchlos. Den leibhaft kategorischen Imperativ irgendeinem Disput auszusetzen, ist Verrat am letzten moralischen Motiv. Politische Parteien sind daran zu messen, was sie tatsächlich gegen das Leiden, gegen den Haß auf das Andersartige getan haben. An sonst gar nichts.

Die letzte Frage geht kritisch an uns selber, nämlich: Woran ist Sexualwissenschaft zu messen? Als gesellschaftliche Funktion kann sich Sexualwissenschaft den Interessengegensätzen und Widersprüchen nicht entziehen. Sind die Zeichen wie in den 60er Jahren auf Liberalisierung gestellt, haben alle Sexualwissenschaften aller Lager für alle Sexualitäten, für alle Sexualformen eine Lanze zu brechen. Und wehe, sie tun es nicht. Stehen die Zeichen wie gegenwärtig offen auf Restauration und Entsexualisierung, wird kritische Sexualwissenschaft abgestellt, weil sie immer noch Herbert Marcuses Wort von 1968 im Ohr hat, daß zunächst mal der General im vollen Wichs pornographisch sei und nicht das nackte Paar. An- oder abgestellt, bewähren muß sich kritische Sexualwissenschaft in liberalen wie in reaktionären Zeiten, weil das gesunde und glückliche Sexualleben durchgehend die Ideologie seiner Verhinderung ist. Weil monogames und promiskes Verhalten gleichweit entfernt sind von einem freien Sinnesleben, das niemand kennt. Weil unsere Helden der Liebe ebenso Indices des falschen Lebens sind wie unsere sogenannten Sexualstraftäter. Weil die Sphären des Geschlechtlichen und Sexuellen nicht in Harmonie verbunden sind, sondern in ungelösten Widersprüchen.

Momente der Restauration

Ein Interview

taz: Herr Sigusch, Sie haben mit Ihrer Äußerung, daß in Sachen Aids für Heterosexuelle so gut wie kein Ansteckungsrisiko besteht, für heftigen Wirbel gesorgt.

Sigusch: Ich habe gesagt, daß in der Bundesrepublik 99,9 Prozent der Allgemeinbevölkerung nicht mit HIV infiziert sind. Ich stütze mich dabei auf die Ergebnisse der Blutspende-Untersuchungen und auf die Reihenuntersuchungen von 3.960.000 Männern und Frauen der US-Army. Der Prozentsatz der Infizierten lag bei den Blutspenden in der Bundesrepublik, als die Hauptgefährdeten noch zum Blutspenden gingen, bei 0,02 Prozent. Jetzt liegt er praktisch bei Null, weil die Riskierten kein Blut mehr spenden. In der US-Army liegt der Anteil der Infizierten gegenwärtig bei 0,15 Prozent. Die US-Army hat aber bekanntlich ein großes Drogen-Problem, und es gibt dort natürlich auch viele Homosexuelle. Außerdem sind uns die USA epidemiologisch um etliche Jahre voraus. Das alles muß man berücksichtigen, wenn man aus solchen Zahlen Schlüsse für die Bundesrepublik zieht. Die Gefährdung der heterosexuellen Bevölkerung, diesen Schluß kann man aber daraus ziehen, ist extrem gering. Sie liegt allerdings nicht bei Null.

taz: Durch die Polarisierung der Aids-Debatte, dies ist meine Befürchtung, sind Sie und einige Ihrer Freunde gezwungen, ein Gegengewicht zu den Scharfmachern bilden zu müssen, und schätzen deshalb die Ansteckungsrisiken zu gering ein. Die Notwendigkeit des Gegenhaltens kann auch zu Verharmlosungen führen.

Sigusch: Diese Gefahr sehe ich durchaus. Ich habe deshalb meine Aussagen monatelang überprüft. Wir wollen nicht verharmlosen, sondern die Wahrheit auf den Tisch bringen. Fakt ist, daß all die horrenden Hochrechnungen, die uns das deutsche Nachrichtenmagazin und viele andere geliefert haben, Gott sei Dank nicht wahrgeworden sind. Diese Panikmacher rechnen mit Millionen von Toten bis zum Jahr 2000. Sie verschweigen aber, daß die allermeisten Menschen weder fixen noch Analverkehr haben und damit kaum einem Risiko ausgesetzt sind.

taz: Wenn Sie auf die Sünden der Vergangenheit blicken, dann waren Ihre Hochrechnungen und Ausblicke doch auch falsch. Sie mußten falsch sein, weil vor zwei oder drei Jahren einfach noch niemand wissen konnte, wie sich die Krankheit weiter ausbreiten wird. Das *Konkret*-Sonderheft Aids, das Sie mit herausgegeben haben, vermittelt, wenn man das heute durchliest, sicherlich ein viel zu optimistisches Bild.

Sigusch: Dem muß ich widersprechen. Wir haben damals die Drogenabhängigen und bestimmte Gruppen homosexueller Männer als existentiell bedroht gesehen und dies auch so gesagt, ohne allerdings die damals vom Bundesgesundheitsamt in die Öffentlichkeit geschleuderten Zahlen als zuverlässig anzusehen. Wir haben im Gegenteil diese Angaben über die Rate der Infizierten methodenkritisch als falsch eingestuft. Und wir haben schon damals die heterosexuelle Majorität als wenig gefährdet angesehen. Das wollte aber niemand hören. Nach wie vor besteht eine große Unsicherheit über die tatsächliche Manifestationsrate von Aids, also: Wie viele der Infizierten erkranken wirklich. Es gibt lediglich Beobachtungen an kleinen Gruppen, wonach innerhalb von sieben Jahren etwa 30 Prozent der Infizierten an Aids erkranken, aber das sind alles nur vorläufige Aussagen. Die Medizin darf nicht den Eindruck erwecken, als wüßte sie dies alles schon. Die tatsächliche Dynamik dieser Krankheit wird sich frühestens nach 20 bis 30 Jahren überblicken lassen. Man raubt den Infizierten wirklich jede Hoffnung, wenn man sie heute in der Vorstellung läßt, sie müßten unwiderruflich alle sterben. Und man beschleunigt damit sogar den Ausbruch der Krankheit Aids. Sie können sich vorstellen, welche Auswirkungen Streß und Todesängste auf ein Immunsystem haben. Ich habe schon vor Jahren davon gesprochen, daß die Mystifizierung von Aids durch einige Medien ein wichtiger Ko-Faktor für das Krankheitsgeschehen ist.

taz: In allen Diskussionen um Risiken, also z.B. Atomenergie, Chemie-Gifte, Bio-Technologie usw., ist es auf Seiten der aufgeklärten Öffentlichkeit üblich und ich denke auch notwendig, eher in Kategorien von »worst case« zu denken. Wir rechnen, innerhalb realistischer Toleranzen, mit dem Schlimmsten. Warum nicht bei Aids?

Sigusch: Man kann das nicht miteinander vergleichen. Es gibt grundsätzliche Unterschiede zwischen einem Super-Gau und dieser Krankheit. Nach einem Supergau oder einem Atomschlag kann sich kein Mensch vor den verheerenden Auswirkungen schützen. Eine Krankheit wie Aids ist dagegen immer individuell, und jeder einzelne kann sich wirksam davor schützen. Wenn man das miteinander vergleicht, sollte man auch sagen, daß man bei Aids ständig Katastrophengemälde entwirft, während man nach Tschernobyl die Bevölkerung lange im Unklaren ließ.

taz: Die Aids-Viren gelten als Contras auf dem Weg der sexuellen Freiheit. Welchen Weg geht die Sexualität im Zeitalter von Aids?

Sigusch: Sie geht den denkbar schlechtesten. Wir befinden uns in einer Phase der sexuellen Restauration. Allerdings denke ich, daß diese Restauration auch ohne Aids gekommen wäre, wenn auch nicht in dieser Dramatik. Aids ist das ideale Medium für all jene Kräfte, die zurück wollen in die 50er Jahre. Den Versuch der Restauration sehen wir auch außerhalb der Aids-Diskussion etwa beim Beratungsgesetz zum § 218 oder in der Pornographie-Debatte.

taz: Andererseits hat es das Thema Aids möglich gemacht, daß im deutschen Fernsehen über Analverkehr geredet wird, über Prostitution, Promiskuität, Koitus-Frequenzen usw. Und das Kondom ist, wie die *FAZ* schrieb, in aller Munde. Bietet diese Diskussion nicht auch Chancen?

Sigusch: Das glaube ich gerade nicht. Denn diese tabuisierten Sachverhalte werden ja nur unter dem Aspekt einer tödlichen, sexuell übertragbaren Krankheit diskutiert. All diese Begriffe wie Homosexualität oder Promiskuität werden dadurch extrem negativ besetzt. Die positiven Anteile geraten völlig aus dem Gesichtskreis. Die Angst überflutet alles. Wer wagt es denn heute noch zu sagen, daß Promiskuität etwas Schönes sein kann. Bis in die Linke hinein wird unter präventiven Aspekten das Sexualverhalten der Homosexuellen kritisiert. Aus der erkämpften Subkultur wird empörenderweise eine

»Suchtkultur«. Ein bekannter Professor hat gerade in Bonn erklärt, daß die Promiskuität bei zwei Kontakten anfängt.

taz: Aber es gibt doch auch innerhalb der Schwulen-Bewegung eine kritische Diskussion über Promiskuität. Sehen Sie die denn auch als Rückfall?

Sigusch: Ja. Die zweite deutsche Schwulen-Bewegung hat Ideen und Verhaltensweisen enttabuisiert, die vorher verpönt waren. Dazu gehörte auch die Promiskuität, der flüchtige sexuelle Kontakt. Diese erkämpften Errungenschaften werden, so scheint mir, gegenwärtig allzu leicht präventionsmäßig aufgegeben.

taz: Sie werden angesichts der realen Bedrohung durch Aids hinterfragt.

Sigusch: Hinterfragen wäre in Ordnung, weil das immer kritisch ist. Was gegenwärtig passiert, ist aber kein Hinterfragen, sondern eher ein Rückfall in die althergebrachte Sexualmoral, ohne daß um den Verlust errungener Freiräume getrauert würde.

taz: Sie haben über Aids auch mit Jugendlichen gesprochen. Was bedeutet die durch das Virus geschaffene enge Verbindung von Sexualität und Tod für Jugendliche, die jetzt ihre sexuellen Erfahrungen machen?

Sigusch: Für mich ist dies das allergrößte Problem. Die ständige Vorstellung, daß das Herauslassen des Sexualtriebs ein vermeintlich tödliches Risiko darstellt, halte ich für außerordentlich besorgniserregend. Wir können uns nicht vorstellen, welche Schädigungen dies auslöst, zumal ganze Generationen in dem Moment davon betroffen sind, in dem sie ihre ersten Schritte ins Reich der Sexualität unternehmen.

taz: Wo ist der Ausweg aus dieser Situation? Wenn tatsächlich Ansteckungsängste bestehen, wird ein Kondom allein sie nicht auflösen können.

Sigusch: Der einzige Ausweg heißt, die Wahrheit auf den Tisch zu bringen. Und Tatsache ist, daß Jugendliche so gut wie kein Risiko haben, wenn sie den Partner und die Partnerin, die ja meist aus der eigenen Clique kommen, kennen. Was die Kondome angeht, müssen wir vom Subjekt aus denken. Das Individuum muß selbst entscheiden, ob es ein Kondom benutzen will. Wenn dieses Individuum hört, daß 99,9 Prozent nicht infiziert sind, daß Fixen und Analverkehr gefährlich sind und ansonsten nur ein geringes Risiko besteht, wenn dieses Individuum dann auf ein Kondom verzichten will, ist das seine Entscheidung.

taz: Andererseits ist doch ein Kondom durchaus integrierbar in das sexuelle Geschehen? Und es bietet einfach einen relativ zuverlässigen Schutz.

Sigusch: Das Kondom wird natürlich immer störend bleiben. Aber ich glaube, daß gerade Homosexuelle flexibel genug sind, sich auf den »lustvollen« Umgang mit dem Kondom einzustellen. Von den Heterosexuellen mußte Safer sex bisher ohnehin praktiziert werden, nämlich zur Verhütung. Diese Last der Verhütung, die in heterosexuellen Beziehungen meist den Frauen aufgebürdet wurde, die müssen jetzt auch homosexuelle Männer tragen. Das ist etwas vollkommen Neues, aber es ist nicht mehr als das, was die Heterosexuellen zur Verhütung schon immer tun mußten.

taz: Wie schätzen Sie nach den jetzt vorliegenden Informationen die weitere Ausbreitungsdynamik von Aids ein?

Sigusch: Die Erkrankungsfälle werden in den nächsten Jahren weiter zunehmen, aber die Ausbreitungsdynamik halte ich bereits jetzt für reduziert. Die prophezeihte Explosion in den heterosexuellen Bereich hat nicht stattgefunden. Die Zeit, innerhalb derer sich die Krankenzahlen verdoppeln, ist immer größer geworden, und zum dritten haben die homosexuellen Männer ihr Verhalten so verändert, daß es vermutlich nicht mehr zu einer wesentlichen Zunahme von Infektionen kommen wird. Existentiell bedroht sind dagegen die Fixer, um die sich kein Mensch kümmert. Sie haben keine Lobby und keine intellektuellen Köpfe. Und die staatlichen Organe sind nicht bereit, ihre verheerende Drogenpolitik zu ändern. Man läßt sie ganz einfach verrecken.

(Die Fragen stellte Manfred Kriener im Februar 1988)

Jugendliche und Aids

Im Kopf sind wir mittlerweile alle mit Aids infiziert. Wenn ich mir vorstelle, ich müßte heute sexuell heranwachsen, packt mich das Grauen. Selbst ein Erwachsener, der wissenschaftliche Abhandlungen methodenkritisch zu lesen vermag, muß immer wieder alle Kräfte der Vernunft anspannen, will er nicht dem allgemeinen Klima erliegen, das paranoid ist. Selbst er muß immer wieder hypochondrische Gefühlswallungen in sich niederringen. Erinnern wir uns an unsere eigenen Ängste und daran, daß wir wohl inzwischen alle unsere Vergangenheit auf der Suche nach einem »Aids-Risiko« durchforstet haben, dann können wir vielleicht erahnen, wie Jugendlichen zumute sein muß, die ihre ersten, in unserer Kultur ohnehin riskanten Schritte ins Reich der Erwachsenen-Sexualität unternehmen. *Diese* Bedrohung der psychosexuellen Entwicklung und damit der Entwicklung unserer Töchter und Söhne generell ist so gewaltig und in ihren Auswirkungen ganz ohne Frage so verheerend, daß wir die Pflicht und Schuldigkeit haben, immer wieder der Dramatisierung von Aids zu widersprechen. Ich will das erneut anhand der jüngsten Erkenntnisse versuchen.

1. Mehr als 99,9 Prozent der Allgemeinbevölkerung sind bei uns nicht mit dem HIV-1 infiziert.[1] Als Angehörige der sogenannten Risikogruppen noch Blut spendeten, waren im sogenannten Western blot von 824964 Blutspenden 0,02 Prozent positiv. Seitdem Riskierte kaum noch zum Spenden gehen, ist der Prozentsatz der Seropositivität drastisch gesunken; er liegt jetzt bei Null. In den USA, in denen sich die Infektion länger ausbreiten konnte, lag die Seropositivitätsrate in großen Kollektiven ohne ein bekanntes Risikoverhalten

Ende 1987 bei 0,01 bis 0,02 Prozent.[2] Die US-Army hat gerade mitgeteilt, daß jetzt insgesamt 3 960 000 Soldaten und Bewerber beiderlei Geschlechts getestet worden seien; 0,15 Prozent hatten Antikörper.[3]

2. Die Hochrechnungen der Apokalyptiker sind Gott sei Dank nicht wahr geworden. Die Infektion ist nicht in die heterosexuelle Majorität hineinexplodiert. Nach wie vor sind *drei Viertel* der Erkrankten bei uns und in den USA homosexuelle Männer. Außerdem sind nach wie vor Männer und Frauen existentiell bedroht, die Drogen intravenös spritzen und dabei das sogenannte Needle sharing praktizieren. Demgegenüber ist der Anteil der Übertragungen, die durch heterosexuellen Sexualverkehr zustande gekommen sein sollen, seit Jahren unverändert gering. Bei uns sollen laut Bundesgesundheitsamt Ende Januar 1988 3,2 Prozent aller seit 1982 kumulierten Erkrankungsfälle auf diese Übertragung zurückgehen.[4]

3. Kritische Sexualforscher haben von Anfang an bezweifelt, daß die als »heterosexuell« bezeichneten Übertragungen tatsächlich in allen Fällen solche sind. Nachuntersuchungen in den USA haben ergeben, daß die von der US-Army als Folge »heterosexueller Kontakte« verbuchten Infektionen beinahe alle durch Fixen oder homosexuellen Analverkehr erfolgt sind.[5] Selbstverständlich werden solche Praktiken nicht jedem Militärarzt auf die Nase gebunden. Hierzulande ist die Frage, was unsere Infektiologen auf welche Weise zu erfahren suchen. Nachuntersuchungen durch erfahrene Sexualforscher sind dringend erforderlich.

4. Bekanntlich ist das Virus zufällig in die Gruppe der homosexuellen Männer und der Drogenabhängigen eingedrungen. Da der Erreger und die Übertragungswege unbekannt waren, konnten sie sich überhaupt nicht schützen. Auch die Ärzte, die infiziertes Blut oder kontaminierte Blutprodukte applizierten, handelten unwissentlich. Heute sind die Übertragungswege zumindest epidemiologisch bekannt. Jugendliche, die sich noch gar nicht in riskante Situationen begeben haben, können dem Risiko einer sexuellen Übertragung bewußt und wirksam aus dem Weg gehen, wenn sie nicht durch falsche Parolen verwirrt und durch irreales Ängstigen kopflos gemacht werden. Sind irrationale Ängste vorhanden, mißlingt die Prävention sehr leicht.

5. Von den sexuellen Praktiken ist nach allen Studien der ungeschützte Analverkehr, insbesondere der rezeptive, gefährlich. Das gilt mit Sicherheit für homosexuelle Kontakte, nach jüngsten Mitteilungen aber höchstwahrscheinlich auch für heterosexuellen Analverkehr, den bisexuelle Männer besonders präferieren.[6] Im Januar 1987 teilte eine Forschergruppe mit, daß Darmschleimhautzellen jenen $CD4^+$-Oberflächenmarker besitzen, auf den der Erreger beim Eindringen in die menschliche Zelle angewiesen ist.[7] Dieser experimentelle Befund könnte naturwissenschaftlich erklären, warum der Analverkehr so riskant ist. Sollten die spezifischen Oberflächenantigene im inneren Genitale der Frau nicht gefunden werden, wäre zumindest plausibel gemacht, warum die Angaben über die Gefährlichkeit des Vaginalverkehrs bisher so widersprüchlich sind. Skandalöserweise liegen aber dazu bis zur Stunde keine experimentellen Befunde vor, weil allzu viele Infektiologen nur auf die Siege der Retrovirologen starren, statt die Übertragungswege im eigentlichen Sinn zu erforschen. Jugendliche sind auch deshalb so gut wie nicht gefährdet, weil sie den nachweislich riskanten Analverkehr so gut wie überhaupt nicht praktizieren.

6. Im Gegensatz zum Analverkehr und auch zum Oralverkehr, der übrigens nach beinahe allen Studien nicht mit einem statistisch signifikanten Risiko behaftet ist, spielen Küssen und Petting bei Adoleszenten eine große Rolle. Beides ist ungefährlich. Daß die sogenannten Zungenküsse nicht zu einer Infektion führen, ist inzwischen nicht nur epidemiologisch, sondern auch experimentell belegt.[8] Es ist eine Verwilderung medizinischer Sitten, wenn sich Laborärzte anmaßen, über das Sexualleben öffentlich zu fabulieren und Sexualforscher im Gegenzug dazu übergehen müssen, virologische Befunde zu interpretieren. Bedauerlicherweise differenzieren einige Infektiologen nicht ausreichend zwischen einer theoretisch vorstellbaren Übertragung einerseits und einer tatsächlich erfolgenden andererseits. Das HIV-1 ist mittlerweile in vielen Körpergeweben und beinahe allen Körperflüssigkeiten gefunden worden. Die besonnenen Virologen sagen aber, daß nur im Blut und im Samen die Konzentration des Erregers im allgemeinen so hoch ist, daß es zu einer wirksamen Infektion kommen kann. Im Speichel, in Tränen, im Urin usw. ist sie immer zu gering. Im Vaginalsekret und im Lubrikat reicht die

Konzentration möglicherweise oft nicht für eine wirksame Infektion aus.

7. Vielleicht kommt es aber auch deshalb so selten beim Vaginalverkehr zu einer Übertragung, weil es jene »natürliche Resistenz« gibt, die jetzt für den Speichel nachgewiesen ist, oder weil keine spezifischen Oberflächenmarker vorhanden sind. Tatsache ist, daß sich die meisten festen Partner von Infizierten nach Jahren des regelmäßigen heterosexuellen Verkehrs nicht angesteckt haben.[9] Tatsache ist auch, daß das HIV-1 in Relation zu den Erregern von Gonorrhö und Lues sexuell extrem schwer übertragen wird. Selbst die, die eher dramatisieren, nehmen an, daß im Durchschnitt nur *ein* Vaginalverkehr von 1000 bei der Frau zur Infektion führt. Viel scheint daher für die Annahme zu sprechen, daß es beim Vaginalverkehr im Gegensatz zum Analverkehr zu blutenden Verletzungen kommen muß. Beim lesbischen Verkehr soll es dann zu einer Übertragung gekommen sein, wenn eine der Frauen menstruierte oder die Vagina traumatisiert worden ist.

Die allermeisten Jungen und Mädchen machen ihre ersten sexuellen Partner-Erfahrungen in Gruppen Gleichaltriger, die sie seit Jahren kennen. Weil alle Infizierten nach wie vor in *unmittelbarer* Verbindung zu den ursprünglich heimgesuchten Randgruppen stehen, kann nur Analverkehr und sehr viel seltener Vaginalverkehr mit Partnern gefährlich sein, die in dieser Verbindung stehen und sich bereits infiziert haben. Bei sexuellem Verkehr mit Partnern, die sie nicht kennen oder die sich Risikosituationen ausgesetzt haben, sollten Jugendliche ein Kondom benutzen. Die Parole des Bundesgesundheitsministeriums jedoch, daß Treue und Test Sicherheit böten, ist präventionsmedizinisch und sexualpsychologisch so fatal wie die frühe Safer sex-Kampagne einiger Sexologen, die uns Telefon-Sex oder Masturbationsclubs in den Illustrierten offerierten. Wer wirklich für eine Prävention der schrecklichen Krankheit Aids ist, darf auf die Botschaften nichts draufsatteln, ob nun indirekt Reihenuntersuchungen auf Antikörper oder direkt die alte oder eine angeblich ganz neue Sexualmoral. Die Medizingeschichte lehrt, daß die Prävention dann scheitert. Unzweideutig und für jeden verständlich muß eine präventive Botschaft sein. Außerdem darf sie nicht an der Wirklichkeit derer, die sie erreichen will, vorbeigehen. Die Botschaft, Treue sei der beste Schutz, kann bei Jugendlichen schon deshalb nicht präventiv wirken, weil junge Menschen zwar die Partner wechseln, aber immer sexuelle Treue verlangen, sobald sie fest befreundet sind, und sei es nur vier Wochen lang. Diese Botschaft geht also an dieser sexuellen Wirklichkeit vorbei und entlarvt sich als eine gefährliche Ideologie, weil Treue nun einmal bei jungen Menschen nichts Sicheres sein kann und auch tatsächlich nicht ist.

Wem der Schutz unserer Jugend am Herzen liegt, der muß die Ideologeme bekämpfen, die mit der sogenannten Aids-Aufklärung transportiert werden. Die Wahrheit muß auf den Tisch und nicht irgendeine Sexualmoral. Von 1982 bis Anfang 1988 sind insgesamt zehn Jungen im Alter von 16 bis 19 Jahren an Aids erkrankt und kein Mädchen. Das Bundesgesundheitsamt sagt aber nicht, ob sich ein einziger Jugendlicher auf sexuellem Weg infiziert hat. Dieser Politik mit doppeltem Boden müssen wir entgegentreten. Tun wir es nicht, bleibt der Aids-Tod der Spiegel, in dem mancher mit offenkundiger Angstlust das Liebesleben der Jugend betrachtet.[10]

(April 1988)

Verwilderung der medizinischen Sitten

Vorbemerkung: Auf den vorstehenden Text »Jugendliche und Aids«, der in der Ärztezeitschrift *Sexualmedizin* als Leitartikel erschienen war, reagierte Professor Dr. med. Gert Frösner vom Max-von-Petten-kofer-Institut für Hygiene und Medizinische Mikrobiologie der Universität München mit einer umfangreichen »Richtigstellung«. Auf diese wiederum antwortete ich. Die Redaktion der Zeitschrift machte aus allen drei Texten eine Collage, die zwar bunt ist, die Fäden aber zerriß. Wer sich dafür interessiert, findet die redaktionellen »Gegenüberstellungen« in der *Sexualmedizin,* 17. Jahrgang, Heft 7/ 1988, Seite 402 bis 410. Nachstehend folgt jener Text, den ich der Redaktion als Antwort auf Frösner schickte, der zu den Beratern des bayerischen Staatssekretärs Gauweiler gehört.

Welch ein Bild vom Menschen! Welch ein Bild von der Sexualität! Welch ein trickreicher Umgang mit epidemiologischen Daten! Welch ein Irrweg der Seuchenbekämpfung! In der Tat: Zwischen Herrn Frösners Position und meiner klafft ein Abgrund. Unter dem schändlich mißbrauchten Begriff der Aufklärung, der in unserer Kultur für das Gegenteil von Gewalt und Kontrolle steht, nämlich für selbstbewußte und selbstbestimmte und selbsttätige Bürger, setzt Herr Frösner auf den Staat, auf die möglichst perfekte Überwachung des Sexualverhaltens und das Ausräuchern der »Infektionsquellen«. Ich sage dagegen: Wer auf Aufklärung setzt, muß auf die Menschen setzen. Nicht der Staat entscheidet darüber, in welchem Ausmaß diese schreckliche Infektionskrankheit voranschreitet, sondern die Subjekte. Denn das Sexuelle ist nur individuell *wirklich.* Nur wenn die

Subjekte ihr Sexualverhalten ändern, kann die weitere Ausbreitung des Erregers verhindert werden. Das haben uns homosexuelle Männer beispielhaft vorgemacht. Wie hätten das denn Behörden zustande bringen wollen? Durch Hilfspolizisten in jedem Bettkasten? Durch »einmalige Belehrung«, »behördliche Aufsicht«, »Vorführung« und »Isolation«, wie es bayerische Politiker propagieren?

Nein, diese Position ist menschenverachtend und wirkungslos zugleich. Sie ist eher geeignet, die weitere Ausbreitung des Erregers zu befördern, als sie zu behindern. Das ist ja auch der Grund, warum beinahe alle Hygieniker und Seuchenexperten, warum die internationalen Organisationen die Linie des Freistaates Bayern, die Herr Frösner vertritt, entschieden ablehnen. Niemand bestreitet, daß die Lage ernst ist. Dramatisierungen aber machen sie aussichtslos. Wer auf Aufklärung setzt, darf den Subjekten nicht jede Hoffnung nehmen. Sonst werden jene »Desperados« erst in die Welt gesetzt, die die »Desperados« unter den Aids-Experten immer drohend an die Wand malen. Herr Frösner sagt: »Viele, denen es nicht gelingt, sich diesem Ziel« — gemeint ist die »monogame Partnerbeziehung« — »wenigstens weitgehend zu nähern, werden dies mit dem Leben bezahlen.« Ein Infektionsrisiko bestehe immer, »auch bei Verwendung von Kondomen!« Während ich im Editorial ausschließlich von Darmschleimhautzellen gesprochen habe, die im Experiment mit dem HIV-1 infiziert werden konnten, behauptet Herr Frösner in seiner »Richtigstellung«, es sei von den »in allen Schleimhäuten und Epithelien« vorhandenen Makrophagen die Rede gewesen. Obgleich alle epidemiologischen und experimentell-virologischen Befunde das Gegenteil sagen, wie ich berichtet habe (vgl. S. 106 ff.), bezeichnet Herr Frösner die Aussage, daß Zungenküsse nicht zu einer Infektion führen, als »fahrlässig«, denn: »Die virologischen Daten sprechen dafür.«

Es gibt also kein Entrinnen. Sexualität als solche scheint real zu jener Infektion geworden zu sein, die sie in der Phantasie seit Jahrhunderten ist. Wird Aids als eine Bedrohung hingestellt, gegen die weder individuell noch kollektiv etwas Wirksames unternommen werden kann, müssen sich die Subjekte als ohnmächtig erleben. Jede Präventionskampagne läuft dann ins Leere, das »Gefahrenbewußtsein«, das sich Herr Frösner wünscht, kann dann nicht mehr in rationales Handeln umgesetzt werden. Auf dieses rationale Handeln aber ist die HIV-Prävention angewiesen. Menschen, die sich der Gefahren *bewußt* sind, können eine Infektion vermeiden, nicht Menschen, die über die Realangst hinaus von irrealen Vorstellungen verwirrt und von irrationalen Ängsten überschwemmt sind. Dabei muß immer wieder betont werden, daß es keinen perfekten Schutz gibt, wie uns nicht zuletzt die Geschichte der Empfängnis- und Zeugungsverhütung lehrt. Human ist eine Präventionskampagne deshalb nur, wenn sie den Menschen aus ihrem Versagen keinen Strick dreht. Solange es Herrn Frösner und dem Freistaat Bayern nicht gelingt, dem Sexus den Stachel des Impulsiven und Unwillkürlichen und damit des Subjekthaften zu ziehen, so lange werden auch vollends aufgeklärte Menschen immer wieder »versagen«, wird das Sexuelle »riskant« sein, nicht im Sinne einer Metaphysik von Eros und Thanatos, sondern, wie wir alle schmerzlich erfahren mußten, psychisch, sozial und physisch real. Jeder, der gelebt und geliebt hat, weiß, was ich meine. Manche Kollegen vergessen aber, wie viele Menschen nach wie vor an jenen Infektionskrankheiten sterben, die wir so gerne »besiegt« hätten: Bei uns sterben im Jahr etwa 2000 Menschen an der Tuberkulose; in den USA sterben im Jahr 7000 Menschen an *sexuell* übertragenen Erkrankungen — Aids nicht mitgerechnet.[1]

Möglicherweise ist Herrn Frösner doch nicht ganz gleichgültig, daß ich Mikrobiologen wie ihm in dem Editorial vorgeworfen habe, immer nur dramatisierende »Modellrechnungen« vorzulegen statt die bisher skandalöserweise versäumten Laborexperimente durchzuführen. Denn er dreht den Spieß einfach um und wirft »der« Sexualwissenschaft Versagen vor. Für den Teil der Sexualforschung, den ich mitzuverantworten habe, äußere ich mich noch einmal dazu, weil mich dieser Vorwurf nicht kalt läßt. Was also haben wir getan? Wie es unsere Aufgabe ist: Patienten beraten, Berater supervidiert, empirisch und nichtempirisch geforscht, in öffentliche Debatten eingegriffen oder sie angezettelt, in offiziellen und inoffiziellen Gremien mitgearbeitet, Studenten und Ärzte ins Bild gesetzt, kritische Wissenschaftler verschiedener Disziplinen versammelt. 1983 haben wir dem Bundesgesundheitsamt (BGA), als offiziell Gelder bereitgestellt wurden, den ersten sexualwissenschaftlichen Forschungsantrag vorgelegt. Da Angehörige einer sexuellen Minderheit von der bis dahin unbekannten Erkrankung überproportional befallen worden waren, wollten wir den Zusammenhang von Lebensstil, Sexualverhalten und Infektion untersuchen. Leider erkannte das BGA damals noch nicht ·die Notwendigkeit einer derartigen sexualwissenschaftlichen Studie; es mußten noch drei Jahre der Ignoranz ins Land gehen, die uns schon damals als Versagen angelastet wurden. Nicht versagt hat die Deutsche Gesellschaft für Sexualforschung, der ich angehöre. Sie hat 1984 als erste Fachgesellschaft überhaupt eine stark beachtete Stellungnahme zum allgemeinen Umgang mit Aids veröffentlicht, in welcher unter anderem nachgewiesen werden konnte, daß epidemiologische Daten, die das BGA und der *Spiegel* publiziert hatten, falsch waren, was wenigstens beim BGA Wirkung zeigte.[2] Selbstverständlich folgten weitere Stellungnahmen, andere Kritiken, neue Forschungsprojekte. Aber genug der Rechtfertigung.

Hätte Herr Frösner unsere Position überdacht — ich nenne nur die Schriften *Operation Aids* (Sigusch und Gremliza 1986) und *Aids als Risiko* (Sigusch 1987) —, hätte er vielleicht nicht mehr ungeheuere Sätze veröffentlicht wie diesen: »Eine lebensverlängernde Therapie der Erkrankten könnte das Aids-Problem der Bevölkerung vergrößern.«[3] Vielleicht hätte er dann auch nicht mehr seiner persekutorischen Phantasie freien Lauf gelassen, derzufolge »bisexuelle Männer mehr und mehr ›safer sex‹ praktizieren, indem sie Intimkontakte mit den noch weniger durchseuchten Frauen bevorzugen«.[4] Einfach empörend, wie hier von einem Wissenschaftler an allen epidemiologischen Befunden vorbei aus dem hohlen Bauch »argumentiert« wird.[5] Herr Frösner behauptet, wir könnten über das Sexualverhalten nicht mehr sagen als die Illustrierten und nichts Neueres als Kinsey. Tatsache ist, daß wir seit 20 Jahren immer wieder empirische Studien zum Sexualverhalten durchgeführt haben. Deshalb sind wir ja auch zu Aussagen in der Lage, die Herrn Frösners »Modellrechnungen« zum Einsturz bringen. Beispielsweise: Im letzten Jahrzehnt hat es keine nach Alter, Sozialschicht oder Familienstand definierbare Gruppe von Frauen und Männern mit fünf oder mehr heterosexuellen Partnern in einem Jahr gegeben, die mehr als 5 Prozent ausmachte. Und hätten nicht Dannecker und Reiche (1974) vor Jahr und Tag das Sexualverhalten homosexueller Männer untersucht, schmorten heute noch alle Epidemiologen in ihren Phantasien. Weil das, wie uns Herr Frösner demonstriert, nicht gut ist, hat der Sexualforscher Ulrich Clement bereits 1986 in einer umfangreichen Expertise mit dem etwas verunglückten Titel *Sexualepidemiologie* dargelegt, was über das Sexualverhalten bekannt ist.

Könnte Aids-Experten wie Herrn Frösner mit Hilfe von empirisch-sexualwissenschaftlichen Studien der Wind aus den überblähten Segeln genommen werden, würde ich Tag und Nacht empirisch forschen. Ich fürchte jedoch, gegen die Phantasien, die ich genannt habe, ist kein rationales Kraut gewachsen. Wir werden also weiterhin »hü« sagen und Herr Frösner »hott«; wir werden mit den »Modellrechnungen« leben müssen, die unterstellen, heterosexuelle Bundesbürger praktizierten den besonders riskanten Analverkehr so häufig wie homosexuelle (oder ließen beim Drogenspritzen die Nadel kreisen). Und wir werden auch die immer präsente Phantasie ertragen müssen, Sexualwissenschaftler und Ärzte könnten das Sexualleben »safe« machen, hätten die Macht, das Riskante abzustellen, und wenn sie es nicht tun, seien sie »mitschuldig an Infektionen und Todesfällen«, wie Frösner zu sagen wagt.

Den Teufel werden wir tun. Wir werden den Subjekten sagen, immer und immer wieder, wie sie sich vor einer Infektion wirksam schützen können. Wir werden aber nicht statt der Diktatur der Virologie eine Diktatur der Sexologie installieren und den Menschen einblasen, wir wüßten, wie das anständige und gesunde und richtige Sexualleben beschaffen ist. In unserer Kultur sind schließlich Monogamie und Promiskuität gleich weit entfernt von einem freien Sinnesleben, das niemand kennt. Als Sexualforscher haben wir das, was ist, so wie es ist zu kritisieren, um das »Bild besserer Zeiten«, von dem Hegel sprach, in den Seelen und Köpfen zu halten. Gleichzeitig versuchen wir zu *verstehen,* warum sich ein Mensch so und nicht anders verhält. Da kritische Sexualwissenschaft die Subjekte auch als Sexualsubjekte ernst nimmt und niemandem ein Sexualverhalten vorschreibt, ist eine »verbissene Verteidigung der Promiskuität als Lebensstil«, die Herr Frösner frei erfindet, das Gegenteil dessen, was diese Subjektwissenschaft will. Hätte der Herr Kollege nur einen meiner Aufsätze in dieser Zeitschrift gelesen, wüßte er, wie schamlos seine Unterstellung ist.

Aus meiner Kritik an der Aufklärungsparole der Bundesregierung, Treue sei für Jugendliche der beste Schutz, herauszulesen, ich würde »Jugendliche heute weiter zur Promiskuität ermuntern«, macht mich beinahe desperat. Kann Herr Frösner keinen Text verstehen, der seiner Linie widerspricht? Da ich die Kritik an diesem Slogan nach wie vor wichtig finde, sei noch einmal mit anderen Worten gesagt, worum es geht: Nach allen Untersuchungen, darunter unseren eigenen, plädieren Jugendliche in typischer Weise für sexuelle Treue in einer Beziehung und praktizieren sie auch ganz überwiegend. Da sie sich aber tatsächlich »sequentiell monogam« verhalten, das heißt nacheinander Beziehungen haben, in denen sie treu sind, ist die Parole »Treue ist der beste Schutz« insofern *gefährlich*, als Jugendliche ja ohnehin davon überzeugt sind, *immer* treu zu sein — obgleich sie die Partner wechseln. Auch hier geht es also um das Gegenteil dessen, was Herr Frösner unterstellt.

Meine These, daß mehr als 99,9 Prozent der Allgemeinbevölkerung bei uns nicht mit dem HIV-1 infiziert seien, haben jetzt sogar der Aids-Beauftragte des Freistaates Bayern und das deutsche Nachrichtenmagazin bestätigt.[6] Recht hat Herr Frösner natürlich, wenn er schreibt, niemand kenne »die derzeitige Durchseuchung« ganz genau. Das wüßten wir nur, wenn die Gesamtbevölkerung kontinuierlich, spätestens erneut nach jeder Risikosituation mehrfach auf Antikörper getestet würde, wobei selbst dann Unsicherheiten blieben, allein weil einige Testbefunde falsch wären oder einige Infizierte aus verschiedenen Gründen mittels Antikörper-Tests nicht erkannt werden könnten. Es bliebe also selbst bei einer ständigen Durchtestung Spielraum genug für Aids-Desperados, die alles immer noch viel schlimmer finden.

Da Herr Frösner meine These nicht entkräften kann, greift er in die Trickkiste. Während ich von der hiesigen Allgemeinbevölkerung gesprochen habe, spricht er von »einigen Großstädten« und zitiert Zahlen, die für »very-high-prevalence counties« in den USA[7] oder für zu etwa 94 Prozent schwarze Patienten von »inner-city clinics for sexually transmitted diseases in Baltimore«[8] mitgeteilt worden sind. Trick eins: Von dem durchgehend höheren Vorkommen in Großstädten wird auf das ganze Land geschlossen. Trick zwei: Von den USA, in denen sich der Erreger seit längerer Zeit ausbreitet, wird direkt auf die Bundesrepublik projiziert. Trick drei: Von Schwarzen mit anderen Risikosituationen in einer anderen Lebenssituation wird auf Weiße übertragen. Trick vier: Von Partienten mit einer oder mehreren Geschlechtskrankheiten wird auf die gesamte Bevölkerung geschlossen. Trick fünf: Von Menschen, die nie Kondome benutzt haben, wird auf die projiziert, die manchmal oder immer Kondome anwenden. Trick sechs: Von Probanden, die homosexuell aktiv waren und/oder Drogen intravenös gespritzt haben, wird auf Herrn und Frau Jedermann geschlossen.

Entsprechend unseriös sind die sonstigen Zahlenspiele. Daß von einer »exponentiell steigenden Zahl der Gesamterkrankungen« Gott sei Dank nicht mehr gesprochen werden kann, haben die korrekt berichtenden Centers for Diseases Control (CDC) der USA schon 1986 festgestellt.[9] Die Zeit, innerhalb derer sich die Anzahl der Erkrankungen verdoppelt hat, nahm im Laufe der Jahre zu. Während Frösner eine »im Mittel etwa 8- bis 10jährige Inkubationszeit« postuliert, sprechen Habermehl, Maxeiner, Deinhardt und Meinrad Koch sehr viel vorsichtiger von einer Latenzzeit, die »zwischen einigen Monaten und mehr als sieben Jahren« betragen könne.[10] Dieselben Forscher teilen in der zitierten Arbeit mit, daß in den vergangenen Jahren in der Bundesrepublik und in West-Berlin insgesamt 14 898 »seropositiv bestätigte Fälle« bekannt geworden sind. Herr Frösner dagegen beginnt mit seinen Spekulationen bei 100 000.

Das, was er zu sehen glaubt, deutet er als »eine Explosion des Virus in den heterosexuellen Bereich«. Auch dazu muß er sich von den Zahlen der Regierungsbehörden und der seriösen Forscher frei machen. Denn seit etwa zwei Jahren ist jener Anteil stabil, der, bezogen auf die kumulierten Erkrankungsfälle, auf eine heterosexuelle Übertragung zurückgehen soll. Bei uns betrug er nach den offiziellen Angaben 3,4 Prozent (Ende Februar 1986), 3,6 Prozent (Ende Februar 1987) bzw. 3,2 Prozent (Ende Februar 1988). Werden nur die Neuerkrankten betrachtet, sank dieser Anteil von 3,9 Prozent (März 1986 bis Februar 1987) auf 2,7 Prozent (März 1987 bis Januar 1988). In den USA stieg er von 1,5 Prozent (1985) über 2,2 Prozent (1986) auf 2,7 Prozent (1987). Nach wie vor ist aber, wie ich in dem Editorial angedeutet habe, zu bezweifeln, ob die als »heterosexuell« verbuchten Übertragungen tatsächlich solche sind. Bis zum 30. September 1987 sind den CDC 2059 Aids-Kranke *ohne* eines der bekannten Risiken gemeldet worden. Eine Nachuntersuchung, die bei 1138 Patienten möglich war, ergab, daß bei 825 (72 Prozent) *doch* eine Risikosituation vorlag und daß 32 (3 Prozent) gar kein Aids hatten. 438 der 857 Patienten hatten homosexuelle Kontakte gehabt, 128 Drogen gespritzt.[11]

Da ich die HIV-Infektion und Aids weder verharmlosen noch dramatisieren möchte, sage ich abschließend: Eine »Explosion« in die Allgemeinbevölkerung hinein hat offensichtlich nicht stattgefunden. Von Entwarnung kann aber allein schon deshalb *nicht* gesprochen werden, weil der Erreger beim heterosexuellen Verkehr übertragen wird. Die heterosexuelle Majorität ist angesichts der geringen Verbreitung des Erregers und angesichts ihres Verhaltens kaum gefährdet. Um so bedrohter sind homosexuelle Männer und Drogenabhängige. Diese Minderheiten haben die meisten Toten zu beklagen. Ihre Lage ist dramatisch.

(Mai 1988)

Der anti-erotische Komplex

Ein Gespräch

Psychologie Heute: Läßt sich über Aids nur im Extremen sprechen? Verharmlosung oder Panikmache wechseln sich ab, wobei im Augenblick die Panikmache das Übergewicht zu haben scheint, wenn man an *Spiegel, Stern* und andere denkt. Wie solide ist die Informationsbasis für Auskünfte über Aids? Wie gefährlich ist Aids wirklich?

Volkmar Sigusch: Ich glaube, es ist außerordentlich schwierig, sich sachlich anhand der vorliegenden wissenschaftlichen Studien zu informieren, weil die allgemeine Stimmung paranoid ist und wir alle Angst haben. Selbst jemandem, der Medizin studiert hat und der in der Lage ist, wissenschaftliche Abhandlungen methodenkritisch zu lesen, wird die Anspannung aller Kräfte der Vernunft abverlangt, wenn er sich, ich spreche jetzt über mich selber, nicht verrückt machen lassen will. Die Basis für eine vernünftige Beurteilung ist aber heute relativ fest, relativ gesichert. Ich sage »relativ«, weil noch viele Fragen offen sind. Leute wie ich äußern sich übrigens nicht, nachdem sie irgendeine Studie in einem Journal gelesen haben, sondern sie warten ab, bis sie ausreichend informiert sind, bevor sie behaupten, was ich zuletzt behauptet habe: Dieser Erreger scheint ganz offenbar *nicht* in die heterosexuelle Majorität hineinexplodiert zu sein. So etwas sagt man also nicht nach fünf Wochen oder einem halben Jahr, sondern — in meinem Fall — nach zwei Jahren. Mit anderen Worten: Die Ergebnisse in dieser Richtung sind seit etwa zwei Jahren stabil.

PH: Die Ergebnisse über die Aids-Verbreitung muß man ja messen an dem, was vorhergesagt worden ist. Vorhergesagt wurde eine

»Explosion«, jetzt muß das zwar relativiert werden, aber immer noch behaupten etwa Masters und Johnson oder auch der *Spiegel*, diese Explosion stünde noch bevor. Heute scheint klar, daß hauptsächlich die primären Risikogruppen betroffen sind: Homosexuelle, Fixer, Bluter. Die geben aber das Virus an eine Zwischengruppe, an »Sekundärgruppen«, weiter — Prostituierte, bisexuelle Männer —, und diese Gruppen scheinen dann das gefährliche Potential zu sein für die eigentliche »Explosion«: Sie sind das Bindeglied zu den Heterosexuellen, zu den sogenannten Normalgruppen.

Sigusch: Richtig ist, daß nach wie vor *drei Viertel* der Erkrankten — in den USA wie bei uns — homosexuelle Männer sind. Außerdem sind insbesondere drogenabhängige Männer und Frauen existentiell betroffen, die das sogenannte Needle sharing praktiziert haben oder noch praktizieren. Die Gruppe, die als auf heterosexuellem Wege infiziert verbucht worden ist, ich drücke das bewußt so aus, ist, wie ich schon andeutete, in den letzten Jahren stabil geblieben. Nach Angaben des Bundesgesundheitsamtes sollen etwa drei Prozent aller bisher kumulativ aufgeführten Erkrankungsfälle auf eine heterosexuelle Übertragung zurückgehen. Nun muß ich als Sexualforscher sofort hinzufügen, daß die als »heterosexuelle Übertragung« registrierten Fälle nach unserem Dafürhalten keineswegs immer solche Fälle sind. Inzwischen hat man in den USA erfreulicherweise nachuntersucht. Es hat sich ergeben, daß fast alle von der US-Armee untersuchten Soldaten, die zunächst als über den heterosexuellen Verkehr infiziert galten, sich tatsächlich durch Fixen oder homosexuellen Analverkehr infiziert hatten. Aus diesem Grund glaube ich heute keinen einzigen derartig als »heterosexuell« deklarierten Fall, bevor ihn nicht erfahrene Sexualforscher nachuntersucht haben.

PH: Als besonders gefährliche und gefährdete Gruppe gelten die bisexuellen Männer, die ja sozusagen das Bindeglied darstellen zwischen den eben genannten Risikogruppen und den anderen. Was weiß man eigentlich über diese Gruppe?

Sigusch: Will man das Problem der Bisexualität verstehen, muß man zunächst differenzieren zwischen einer psychostrukturellen Bisexualität und bisexuellem Verhalten. Ersteres gibt es offenbar gar nicht, weil der Druck, die Gewalt in unserer Kultur immer zu der einen oder anderen Struktur zwingt, also entweder Hetero- oder

Homosexualität. Offenbar ist es in dieser Kultur nicht möglich, »in der Schwebe« zu bleiben, psychoanalytisch gesprochen: Objekte beiderlei Geschlechts gleichermaßen libidinös besetzen, begehren zu können. Ich habe jahrelang solche »echten« Bisexuellen gesucht, einmal in einem gemeinsamen Projekt mit Herbert Marcuse vor vielen Jahren. Und ich bin zu dem Schluß gekommen, daß es sie gar nicht gibt. Etwas ganz anderes sind Menschen, die sich bisexuell *verhalten*, die gibt es selbstverständlich. Aber nach allem, was wir wissen, auf gar keinen Fall in der Größenordnung, die von manchen Sexologen in die Illustrierten gebracht worden ist. Aber es gibt sie. Und sie sind tatsächlich — neben *fixenden* Prostituierten — das Bindeglied zwischen den Randgruppen, die zunächst vom Virus heimgesucht worden sind, und den Heterosexuellen.

PH: Bisexuelle Männer sind oft »Verdränger«, es wird behauptet, daß sie zum Beispiel mit Prostituierten ohne Kondome verkehren. Was macht diese Gruppe über ihre statistische Größe hinaus so gefährlich?

Sigusch: Ich glaube, es ist unter dem Aspekt der Aids-Verhütung problematisch, daß ein eigentlich psychostrukturell homosexueller Mann, der sich selbst als Bisexueller deklariert, verheiratet ist oder fest mit einer Frau zusammenlebt und gelegentlich »ausbricht«, daß dieser Mann also ein Doppelleben führt. Da er nicht selten die eine Hälfte seines Trieblebens verbirgt und verschweigt, unterläuft er die Aids-Aufklärung, mißlingt die Verhütung. Hinzu kommt, und das finde ich wirklich gefährlich: Bisexuelle Männer präferieren nach jüngsten Untersuchungen beim Verkehr mit Frauen den Analverkehr, und höchstwahrscheinlich ist diese Praktik nicht nur — wie methodisch einwandfrei nachgewiesen — für Homosexuelle, sondern auch für Heterosexuelle die mit weitem Abstand gefährlichste Praktik. Insbesondere im Vergleich zum Vaginalverkehr.

PH: In der Darmschleimhaut wurden sogenannte »Marker« gefunden, die ein entscheidender Faktor bei der Infektion sein sollen. Es scheint aber noch nicht sicher zu sein, ob es diese Marker auch in der Vagina gibt . . .

Sigusch: Ich sehe dies persönlich als eines der wesentlichsten experimentellen Forschungsresultate in Sachen Aids an. Man weiß jetzt, daß die Darmschleimhautzellen den $CD4^+$-Oberflächenmarker enthalten, auf den der Erreger, der ja selbst keine Energie produzieren kann und keinen Bewegungsapparat hat, beim Eindringen in die menschliche Zelle angewiesen ist. Dieses Resultat könnte naturwissenschaftlich erklären, warum der Analverkehr so riskant ist — das kann ja nicht aus moralischen Gründen der Fall sein. Nun hat die Medizin, die in Sachen Aids ebenso glorreich wie dumm dasteht, es bis heute skandalöserweise versäumt zu untersuchen, ob die verschiedenen Partien des inneren Genitales der Frau diesen Oberflächenmarker enthalten oder nicht. Wenn er *nicht* da ist, bin ich recht sicher, daß es für eine Infektion beim Scheidenverkehr zu Verletzungen oder zu einer Öffnung der Blutbahn kommen muß, weil der Erreger dann höchstwahrscheinlich direkt in die Blutbahn eintreten muß und nicht über eine sogenannte Inokulation in den menschlichen Organismus eindringen kann. Dafür sprechen übrigens einige Befunde, insbesondere die, daß es bei lesbischen Frauen dann zu einer Übertragung gekommen ist, wenn entweder eine der Frauen menstruierte oder wenn durch die sexuellen Praktiken die Scheide verletzt worden war.

PH: Der *Spiegel* schrieb, daß hier in Frankfurt die Zahl der heterosexuell infizierten Frauen in zwei Jahren von vier auf 41 gestiegen sei. Die hatten keinen Kontakt mit den sogenannten Risikogruppen, sondern nur mit ihren Ehemännern und heterosexuellen Geschlechtspartnern. Diese Zahl ist doch sehr erschreckend.

Sigusch: Ich glaube keine einzige Zahl, die im *Spiegel* steht. Keine einzige! Wir haben bereits vor vier Jahren seitens unserer Fachgesellschaft die Statistiken des *Spiegel* auseinandergenommen und als haltlos nachweisen können. Seither werden wir verunglimpft wie einige besonnene Aids-Forscher auch. Der zweite Punkt ist: Die Frankfurter Infektiologen, die nun diese Mitteilung gemacht haben, die ich natürlich kenne, sind jene, die uns zusammen mit Gauweiler, seinem Berater Koch und jenem Nachrichtenmagazin Apokalypsen ausmalen, nach denen wir im Jahr 2000 mit Millionen Toten zu rechnen haben. Deshalb sage ich, und ich biete es diesen Frankfurter Kollegen an: Erfahrene Sexualforscher müssen nachuntersuchen und klären, was diese als auf heterosexuellem Wege infiziert Verbuchten tatsächlich getan haben. Haben sie Drogen gespritzt, haben sie Analverkehr gehabt, sind sie in Afrika medizinisch behandelt worden, oder was lag sonst vor? Noch ein Satz zu den Frankfurter Zahlen: Die Behauptungen der Frankfurter Infektiologen Helm und Stille laufen beinahe regelmäßig den auf internationalen Kongressen über Aids mitgeteilten Ergebnissen zuwider.

PH: Solange es also keine solide Empirie in der Aids-Forschung gibt, bleibt ein Nährboden für Kampagnen und Spekulationen. Der *Spiegel* hat »worst case«-Szenarien dargestellt, und der *Stern* hat mit Masters und Johnson nachgezogen. — Sie haben einmal geschrieben, die bürgerliche Presse sei weder hysterisch noch paranoid. Was ist sie denn?

Sigusch: Geschäftstüchtig. Es ist ein in Branchenkreisen kursierendes »Geheimnis«, daß vor der ersten Aids-Titelgeschichte die Auflage des *Spiegel* unter eine Million gerutscht war. Das konnte man dann sogar später in der Presse lesen. Nach der ersten Titelgeschichte, die übrigens von einer hervorragenden Titelgeschichte in *Newsweek* abgekupfert war und speziell die schon tödlich betroffene Randgruppe der homosexuellen Männer ins Lächerliche, Gemeine und Perverse zog, nach dieser Titelgeschichte also ging die Auflage wieder hoch, und da sagt jeder für den Gewinn Zuständige: »Weiter so, Jungs!« Und diese »Jungs« heizen dann paranoid die allgemeine Paranoia an.

PH: Die Angst, sich schon durch einen einzigen Kontakt tödlich zu infizieren, ist jedenfalls inzwischen weit verbreitet . . .

Sigusch: Dazu muß zweierlei gesagt werden: Erstens ist auch bei einmaligem Kontakt eine Übertragung nicht auszuschließen, das kann kein Mensch. Zweitens aber ist von außerordentlicher Wichtigkeit, daß der Erreger HIV Gott sei Dank sexuell geradezu *extrem schwer* zu übertragen ist. Man kann das zum Beispiel vergleichen mit dem Heptatits-B-Virus, das viel leichter übertragen wird, oder mit den Erregern von Syphilis und Gonorrhö, die gar nicht selten schon bei einem Kontakt übertragen werden. Ich erwähne das, weil in der internationalen Literatur kein Streit darüber besteht, daß, und das sagen selbst die, die eher dramatisieren, im Durchschnitt mindestens 1000 Mal Vaginalverkehr stattgefunden haben muß, bevor es zu einer Infektion kommt!

PH: Der schwule Filmemacher Rosa von Praunheim meint aber nun, jede Art von Entwarnung sei kriminell. Denn ob die Infektion nun beim tausendsten Mal passiert oder schon beim ersten Mal: Tödlich ist sie immer.

Sigusch: Von Entwarnung kann auch gar keine Rede sein. Ich habe diesen Vorwurf auch gehört. Es wäre selbstverständlich fahrlässig, »Entwarnung« zu signalisieren, weil wir doch alle darin übereinstimmen, daß es sich um eine schreckliche Erkrankung handelt, die bei vorwiegend jungen Menschen, die gesund waren, zum Tode führen kann. Deshalb ist auch der extreme Fall der Infizierung über nur *einen* Kontakt sehr ernst zu nehmen. Wichtig ist hervorzuheben, daß alle Infizierten in *unmittelbarer* Verbindung zu den zunächst heimgesuchten Randgruppen stehen. Das gilt nach wie vor — trotz der Zahlen von Helm und Stille, die Sie erwähnt haben. Das ist ein weiterer Beleg für die Aussage, daß die heterosexuelle Majorität eben nicht infiziert ist. Wer jedoch in eine Situation kommt, in der er flüchtige Sexualkontakte zu Personen hat, die er nicht weiter kennt und die ihrerseits Kontakt zu Risikogruppen haben könnten, muß sich schützen, ob er nun einmal oder häufig Verkehr hat.

PH: Entwarnung ist also auf keinen Fall angesagt. Zur Zeit laufen Kampagnen über »richtiges« Verhalten und über die Eindämmung von Aids. Grob gesprochen lassen sich da zwei Richtungen ausmachen: Die eine wird repräsentiert durch die Herren Gauweiler und Koch, die also auf staatliche Zwangsmaßnahmen vertrauen: Meldepflicht, Quarantäne für »Uneinsichtige« und so weiter. Die andere, die Sie vielleicht als Sexualtechnokraten oder Entsorger bezeichnen würden, wird repräsentiert durch die Herren Haeberle und Rosa von Praunheim, die vor allem »Safer sex« propagieren.

Sigusch: Jeder Hygieniker oder Infektiologe, der nicht durchgedreht ist und der die Medizingeschichte ein wenig kennt, weiß, daß jede Prävention, auf die etwas draufgesattelt wird, schiefgehen muß. Das schlagende Beispiel sind die Kampagnen gegen die alten Geschlechtskrankheiten: Wenn man im Zuge einer Kampagne auch noch eine bestimmte Moral durchsetzen wollte, scheiterte die Prävention. Zunächst muß sich jeder, der solche Kampagnen veranstaltet — auch Frau Süssmuth —, entscheiden, was er eigentlich will: Soll die Jugend geschützt werden, *oder* soll eine wie auch immer zu beurteilende Sexualmoral gekräftigt werden. Geht es ihnen tatsächlich um den Schutz der heranwachsenden Jugend vor Aids, dann haben sie nichts weiter zu sagen, als wie man sich in welcher Situation zuverlässig schützt. Und die Antwort kann gegeben werden. Die lautet nämlich: Kondome benutzen.

Und damit bin ich beim zweiten Problem. Die erste Safer sex-Kampagne, die nicht von uns angezettelt worden ist, sondern aus den USA hierher transportiert wurde, hatte zum Inhalt, daß wir, ich sage es mal sexualwissenschaftlich, Partialtriebe, also etwas Unvollständiges, benutzen sollten. Das heißt, daß wir uns voyeuristisch, exhibitionistisch, pseudolistisch und so weiter verhalten sollten. Ich halte es nach wie vor für ungeheuerlich, daß etwa Herr Haeberle Telefonsex propagierte und forderte, daß entsprechende Dienste ausgebaut werden sollten. Dadurch könnte man sogar Arbeitsplätze schaffen, meinte er allen Ernstes. Auch wollte er Masturbationsclubs einrichten und so weiter. Das Resultat war verheerend. Die präventive Botschaft, die, wenn sie wirken soll, immer klar und für jedermann verständlich sein muß, war so verwirrend, daß niemand mehr wußte, was er unter »Safer sex« zu verstehen hatte: Sollte er nun telefonieren oder onanieren, mit Mundschutz und Gummihandschuhen verkehren oder seine Freundin fesseln? Auf diese Weise wurde die *entscheidende* Phase der hiesigen Aids-Aufklärung verquatscht und verknödelt.

PH: Haeberle reklamiert für sich, daß in San Francisco, wo er arbeitet und seine Safer sex-Kampagne durchführt, die Verbreitung des Virus gestoppt werden konnte. Sie führen das nicht auf diese »alternativen Sexualpraktiken« zurück?

Sigusch: Daß die Kampagnen zur Prävention in San Francisco erfreulicherweise positive Resultate gehabt haben, ist allein ein Verdienst der dort aktiven Schwulen. Damit hat Herr Haeberle überhaupt nichts zu tun. Fragen Sie mal jemanden, der in San Francisco tatsächlich Aids-Forschung betreibt. Und die Erfolge sind nur eingetreten, weil man nicht diese dämliche – unsere erste – Safer sex-Kampagne mitgemacht hat, nach der ja die Menschen ihr doch lebensgeschichtlich verankertes, je spezifisches Sexualleben aufgeben und nun etwas tun sollten, was bruchstückhaft ist und sie gar nicht befriedigen könnte. Sondern indem sich die homosexuellen Männer bei den riskanten Praktiken, und das ist in erster Linie der ungeschützte Analverkehr, also indem sie sich bei diesen Praktiken insbesondere durch das Anwenden des Kondoms, oder auch zweier Kondome auf einmal, geschützt haben.

PH: Sie haben in einem Vortrag gesagt, man müsse jedem die Freiheit zubilligen, sich selbst zu entscheiden, ob er nun das Kondom benutzt oder nicht. Ist das nicht auch mißverständlich und deshalb gefährlich?

Sigusch: Zunächst einmal: Nicht der Staat macht Prävention oder irgendein Experte, sondern die Subjekte. Denn das Sexuelle ist Gott sei Dank nur individuell *wirklich.* Die Freiheit aber, die Sie meinen, ist begrenzt. Ich sehe keine Freiheit für mich, darüber zu entscheiden, wenn ich schon infiziert bin, ob ich nun jemanden anstecke oder nicht. Was ich in diesem Vortrag gesagt habe, bezog sich konkret auf Menschen, die weder infiziert sind noch sich in eine Risikosituation begeben — also vor allem junge Menschen, die jetzt heranwachsen und noch nie in einer riskanten Situation waren, weil sie noch gar keinen Beischlaf gehabt haben. Die haben natürlich die Freiheit zu sagen: Nein, das machen wir nicht, weil wir gar nicht gefährdet sind. Und noch ein Wort zu den »hehren Freiheiten« der 68er Zeit, die oft spöttisch belächelt werden: Ich denke, daß wir nicht zu Lasten einer notwendigen Prävention theoretisiert und herumspintisiert haben, wir haben vielmehr zu bedenken gegeben, daß um die so mühsam erkämpften Liberalisierungen (ich sage ausdrücklich nicht »Freiheiten«) nicht *getrauert* wird: daß Leute wie Rosa von Praunheim apodiktisch erklären, nun sei Schluß mit den »schwulen Freiheiten« und ein Abgesang auf die bisherige Sexualität müsse stattfinden, weil alle tödlich bedroht sind.

PH: Zum Thema »Aufklärung über Aids« haben Sie einmal gesagt, sie könne nicht funktionieren, wenn sie sich nur an das Bewußte richtet. Und Sie haben die Kampagne von Frau Süssmuth kritisiert. Aber auch Sie sprechen doch jetzt das Bewußtsein an, wenn Sie appellieren: »Benutzt Kondome«.

Sigusch: Aufklärung, wenn sie mit Informationsvermittlung einhergeht, ist natürlich immer ein bewußter Vorgang. Aber dieser bewußte Vorgang hat immer einen unbewußten Anteil. Wenn die, die Aufklärung betreiben, nicht die unwillkürlichen, ungeordneten, sprich unvernünftigen Reaktionen der Menschen mitbedenken, dann kommen sie zu Aussagen wie der, daß bestimmte Menschen uneinsichtige, unbelehrbare Desperados seien. Folglich habe man das Recht, diesen Menschen gegenüber mit Zwangsmitteln vorzugehen. Man muß aber auch denen, die schon aufgeklärt worden sind, *ein Versagen zubilligen.* Das entspricht der Beschaffenheit der Menschen und einer menschlichen Haltung. Um es plastischer zu machen: Bei der Empfängnisverhütung, mit der es millionenfach Erfahrung gibt, kommt es trotz nahezu perfekter Mittel andauernd zu Fehlern, zum Versagen, zu Reinfällen, weil das Unbewußte den Menschen einen Streich spielt. Die unbewußten Wünsche gehen oft in eine andere Richtung, als das, was die Person, die Empfängnisverhütung praktiziert, bewußt gedacht hat. Wenn das nicht der Fall wäre, wäre zum Beispiel die sogenannte Schwangerschaftskonfliktberatung überhaupt kein Problem. Dann könnte eine Frau ja einfach sagen, was sie möchte, was sie wünscht. Aber mit der Wortwahl ist schon gesagt, daß es keine reine Vernunftangelegenheit ist, weil entscheidende Wünsche ja weitgehend unbewußt sind. So kommt es zu dem schweren Konflikt, daß eine Frau bewußt sagt, ich will auf gar keinen Fall das Kind austragen, sich unbewußt aber nichts sehnlicher wünscht als ein Kind. Das ist ja, psychologisch gesehen, das größte Problem der Schwangerschaftskonfliktberatung. Und so ähnlich ist es bei der Empfängnisverhütung generell und bei der Aids-Prävention.

PH: Wenn man sich die Reaktion auf das Aids-Problem ansieht, dann wird im Grunde der Satz bestätigt: »Aids lag in der Luft«. Es kam manchen sehr gelegen. Die bescheidenen Liberalisierungen der siebziger Jahre wurden ja schon *vor* Aids wieder bekämpft. Ist Aids das Vehikel für bestimmte gesellschaftliche Ordnungsvorstellungen, die über das Sexuelle weit hinausgehen?

Sigusch: Ich bin noch zu keinem endgültigen Eindruck in dieser Sache gekommen, ich bin immer wieder verwundert über das, was passiert, weil ich es anders erwartet habe. So bin ich als ja nun inzwischen altgedienter Sexualforscher sehr beeindruckt von dem Ausmaß der Sexualangst in dieser Kultur, von der ich angenommen hatte, daß sie nicht mehr einen solch hohen Pegel habe. Wir sind da eines Schlechteren belehrt worden. Die Sexualangst ist gewaltig, wie es Aids als ein Brennglas deutlich macht. Ich denke auch, daß wir eine sexuelle Restauration bekommen hätten, nein, daß wir sie schon vom Anfang der siebziger Jahre an bekommen *haben,* daß aber das einmalig geeignete Medium Aids die Restauration verschärft, wobei es gleichgültig ist, welche Einzelpersonen dieses Rollback nun formulieren, ob sie Gauweiler heißen oder anders. Entscheidend ist, was im gesellschaftlichen Maßstab passiert. Und das ist keine Angelegenheit von Personen, das kann man auch nicht personifizieren, das entzieht sich ja in unserer Gesellschaftsformation dem Zugriff einzelner Menschen, ist etwas, was hinter unserem Rücken passiert.

Ich stehe der gesamten Entwicklung eher ambivalent und zerrissen gegenüber, denn die *allgemeine* Reaktion auf Infizierte und Erkrankte ist bei weitem nicht so unmenschlich, herabsetzend und von Gewalt und Zwang geprägt, wie man sie sich gerade in unserem Land ausmalen muß. Das ist auch mal zu sagen: Es hat viele Zeichen der Menschlichkeit gegeben, selbst von Personen, die höchste Ämter innehaben. Das entbindet uns nicht von der Kritik gerade an diesen Personen, aber es muß fairerweise auch mal ausgesprochen werden.

Noch genereller gesprochen, wäre aus meiner Sicht zu überlegen, ob die Arbeit als *der* beherrschende Vergesellschaftungs-Modus nicht allgemein zurücktritt. Vielleicht sind wir schon in einer Phase, in der andere Modi der Vergesellschaftung gesucht und gefunden werden. Und da könnte man fürchten, daß die Sexualität zusammen mit dem Bereich der Freizeit »in den Blickpunkt« der Gesellschaftsformation gerät. Über diese Modi könnten die heute Heranwachsenden gesellschaftlich ausgerichtet und eingefügt werden, wenn die Arbeit zunehmend an Bedeutung verliert.

Daß man sich in diesem Ausmaß, auf allen Kanälen, auf allen Ebenen auf Aids gestürzt hat, obgleich die große Mehrheit, mehr als 99,9 Prozent der Menschen überhaupt nicht infiziert sind, das kann man nicht *allein* erklären mit den Geschäftsinteressen, dem Durchsetzenwollen von tradierter Moral, dem hohen Pegel der Sexualangst oder der brisanten Verbindung von Eros und Tod. Offenkundig aber ist: Es ist in unserer Kultur nach wie vor gefährlich, ein Wagnis ersten Ranges, sich erotisch fallen zu lassen, weil unser Ich so schwach ist und unsere Autonomie aufgesetzt.

PH: Dieses Szenario der Sexualität in den neunziger Jahren oder im Jahr 2000 erscheint uns noch etwas undeutlich: Auf der einen Seite wird Sexualität immer mehr vermarktet — Peep shows, Telefonsex, Surrogat-Sex und so weiter —, auf der anderen Seite steigen die Triebangst und die Sexualangst wieder an. Es gibt verblüffende Widersprüche und Fronten: Alice Schwarzer beklagt die »Vernuttung« unserer Gesellschaft und macht — wie der eben zitierte *Spiegel* — ein gutes Geschäft mit einer moralisierenden Anti-Porno-Kampagne. Gerade bei der Pornografie-Frage sind ja seltsame Allianzen entstanden . . .

Sigusch: Der kleinste gemeinsame Nenner, auf den man vielleicht so unterschiedliche Persönlichkeiten wie Alice Schwarzer einerseits und Herrn Gauweiler andererseits bringen kann, lautet: *aktive Verfechter des anti-erotischen Komplexes dieser Kultur,* um nicht zu sagen, Feinde des Sexuellen. Was ich von Frau Schwarzer in der letzten Zeit gehört und gesehen habe, spricht leider dafür. Auch hat sich *Emma* »feministisch« darüber gefreut, daß nun die Kerle an Aids verrecken, nicht wissend, daß damals schon lesbische Frauen von dieser schrecklichen Erkrankung heimgesucht worden waren und nicht einmal bedenkend, daß die Kerle homosexuelle Männer sind . . . Einfach empörend.

PH: Enthält die Anti-Porno-Kampagne nicht auch einige Körnchen Wahrheit? Ist etwa die »Vernuttung« nicht zu beobachten in Werbung, Zeitschriften, Filmen?

Sigusch: Aber selbstverständlich. Was denken Sie denn, in welcher Gesellschaft wir leben? Alles und jedes wird benutzt, zuallererst die Frauen. Und die Pornografie, die wir haben, ist einfach erbärmlich. Deshalb bin ich aber noch lange nicht für neue Paragrafen, über deren Anwendung ja wohl im Patriarchat Männer und nicht Frauen entscheiden. Frau Schwarzer nun schnappt Dinge auf, vermarktet sie völlig oberflächlich und macht eine widerliche Pressekampagne daraus. Andere haben diese Probleme sehr viel profunder, theoretisch und experimentell, erforscht. Lesen Sie mal die Abhandlung von Rüdiger Lautmann in unserer neuen *Zeitschrift für Sexualforschung.* Eberhard Schorsch übrigens hat als erster von »Vernuttung« gesprochen, Frau Schwarzer hat das nur übernommen, ohne seine Reflexionen.

PH: Daß solche Kampagnen aber doch einen gewissen Erfolg haben, scheint mit der von Ihnen diagnostizierten Sexualangst zusammenzuhängen . . .

Sigusch: . . . und mit gestiegener Sexualfeindlichkeit.

PH: Inzwischen soll es ja ein Syndrom namens »*Inhibited Sexual Desire*«, ISD, zu deutsch: sexuelle Unlust, geben, und auch Askese und Jungfräulichkeit werden als »Alternativen« propagiert. Ist das alles auch Ausdruck von zunehmender Lustfeindlichkeit?

Sigusch: Mit der Liberalisierung Ende der sechziger, Anfang der siebziger Jahre waren auch Zwänge und Leistungsanforderungen entstanden, es gab neue Normen, etwa daß die sexuelle Aktivität möglichst früh im jugendlichen Alter zu beginnen habe. Die Menschen haben recht, wenn sie sich dem verweigern und eine andere Lebensweise suchen.

Das Sich-Aufbewahren-Wollen für den einzigen, richtigen Liebespartner, ist lange vor Aids wellenartig von den USA bis Neuseeland gelaufen und wird durch Aids nur verstärkt. Es kommt hinzu, daß sicher viele Menschen, die unter den Druck der sexuellen Liberalisierung und falscher Anforderungen geraten waren, sich jetzt auch entlastet fühlen. Bestimmte Dinge, die man von ihnen »eingeklagt« hat, brauchen sie gar nicht mehr zu tun.

Man muß leider beobachten, daß es da ein weiteres beunruhigendes Element innerhalb dieser Kampagne gibt, das unter den Stichworten »Hygiene und Gesundheit« läuft: Es hängt mit dem ökologischen Denken zusammen, das im Aids-Komplex eine nicht zu unterschätzende Rolle spielt. Ich erinnere daran, daß die GRÜNEN *als Partei* den deutschen Männern und Frauen verbindlich auf Papier mit dem Bundesadler mitgeteilt haben, wie sie sich nun *in sexualibus* richtig zu verhalten hätten, das heißt »gesund und ökologisch«. Der gierigen Presse haben sie mitgeteilt, daß nun nachgewiesen sei, auch der Schweiß sei infektiös und zu meiden. Also das ist wirklich eine ökologisch schwitzende Politisierung wissenschaftlicher Befunde. So etwas hat sich nicht einmal die CSU erlaubt. Ich halte das für einen unglaublichen Vorgang. Gott sei Dank ist es Vergangenheit.

PH: Die Angst vor Schweiß, vor Dreck, vor Schmutz, vor allem auch im Zusammenhang mit homosexuellen Sexualpraktiken — das ist ja nichts Neues. Besondere Reinheits- und Ordnungsvorstellungen haben sich schon öfter mit Politik vermischt, sind Politik geworden . . .

Sigusch: Diese Entwicklung muß man wirklich mit Argwohn betrachten. Mir fällt da immer ein Freud-Wort ein: Dort, wo es so schön sauber ist, stinken die Fäkalien zum Himmel! Wenn die Entwicklung so weiterläuft und man bedenkt, daß Sexualität als triebhaftes Geschehen *katexochen* als etwas Unsauberes gilt, etwas Schmutziges, Unvernünftiges, Ungeordnetes, Anarchisches und so weiter — dann muß das, was in Verdrängung gehalten wird, ja irgendwo wieder herauskommen. Und da kann ich nur sagen: »Gnade uns Gott!«

Einen Vorgeschmack dessen, was da kommen könnte, bietet folgendes Beispiel: Ein Gutachter, der einem Gerichtshof verstehbar machen wollte, warum ein Beklagter sich zu sexuellen Handlungen, wie die Juristen sagen, hinreißen ließ, wurde von Saubermännern und Sauberfrauen vor dem Gericht angegriffen, sein Auto wurde demoliert, es herrschte Lynch-Stimmung. Das ist das Resultat, wenn sich bestimmte Verdrängungen undurchschaut entladen. Über unsere Pornografie etwas Gutes zu sagen, ist kaum möglich. Aber Pornografiekonsumenten waren diese Lyncher bestimmt nicht, allenfalls voller Schuldgefühl.

PH: Was tut in dieser Situation die Sexualforschung, die Sexualwissenschaft, die Sie ja auf einem der wenigen Lehrstühle in der Bundesrepublik vertreten?

Sigusch: Die Sexualwissenschaft ist, Gott sei Dank, so schwach, daß sie nicht in die Versuchung geraten könnte, in einem allgemeinen Maßstab sexuelle oder sonstige Dinge »in Ordnung zu bringen«. Ich denke, das wäre entsetzlich. Die universitäre Sexualwissenschaft will kritisch sein: Sie sagt nicht, was richtig ist und wo es lang geht, sondern sie kritisiert das, was getan wird. Wer in dieser Kultur verbindlich sagt, was anständig und gesittet ist, verfällt in jedem Fall der Heuchelei. Nicht nur der verklemmte Kleinbürger mit dem sattsam bekannten Schaum vor der präfaschistischen Charaktermaske. Auch Alice Schwarzer. Die müßte begreifen, daß zunächst einmal der General im vollen Wichs pornografisch ist, daß Monogamie und Promiskuität und Pornografie gleich weit entfernt sind von einem freien Sinnesleben. Unser Liebesheld ist ebenso Index des falschen Lebens wie unser Sexualstraftäter. Und noch schwieriger ist zu begreifen, daß das gesunde und glückliche und anständige Sexualleben in unserer Kultur seit Jahrhunderten die *Ideologie seiner Verhinderung* ist. Daneben kehrt kritische Sexualwissenschaft vor der eigenen Tür und vor der der Medizin, innerhalb derer sie ihr Dasein fristet.

PH: Weiß denn die Sexualwissenschaft über »das Sexuelle« wirklich Bescheid? Über die Sexualität allgemein oder über spezielle »Sexualitäten« etwa von Homosexuellen? Gibt es denn noch Sexualforscher, die wie weiland Magnus Hirschfeld wirklich in die Szenen gehen und »vor Ort« ihre Erkenntnisse sammeln?

Sigusch: Aber selbstverständlich. Und wie Sie sich erinnern werden, haben das Hamburger Institut und wir in Frankfurt immer wieder empirische Studien vorgenommen, wobei wir ganz unterschiedliche soziale Gruppen beiderlei Geschlechts untersucht haben, Studenten beispielsweise, Industriearbeiter, Lehrlinge und Schüler. Und auch homosexuelle Männer. Meine Mitarbeiter Reimut Reiche und Martin Dannecker haben als erste in der Bundesrepublik eine umfangreiche empirische Untersuchung über das Sexualverhalten homosexueller Männer durchgeführt, die natürlich heute wieder zur Kenntnis genommen wird, von der aber der *Spiegel* behauptet, es gäbe sie gar nicht, obgleich er damals, vor Aids, aus unseren Untersuchungen Titelgeschichten gemacht hat. Jetzt verlangt er, daß man »von Amts wegen«, also seitens des Bundesgesundheitsamtes, das nun wirklich nicht in der Aids-Frage brilliert, solche Erhebungen durchführen sollte. Da kann ich nur lachen. Erstens liegen sie vor, zweitens werden sie in diesem Institut zur Zeit repliziert. Dannecker untersucht jetzt erneut, wie das Sexualverhalten der homosexuellen Männer beschaffen ist und wie es heute mit Aids im Zusammenhang steht.

PH: Manche Homosexuelle — etwa von Praunheim — meinen aber auch: Die wissen doch gar nichts über uns, das sind nur Katheder-Sexologen.

Sigusch: Das ist wirklich kühn, wenn ich an jemanden wie Martin Dannecker denke. Außerdem ist es eine Unsitte in diesem Land, von Wissenschaftlern, die theoretische Abhandlungen verfassen, zu glauben, sie forschten nicht wirklich, und das heißt ja wohl empirisch. In unserem Falle kann ich mit bestem Gewissen sagen, daß wir die Empirie immer geschätzt haben und immer wissen wollten, wie die *facta bruta* beschaffen sind, daß wir es immer getan haben und auch gegenwärtig tun. Was wir allerdings abgelehnt haben, und darauf zielt Ihre Frage ja auch ab, ist eine von der Bundesregierung gewünschte, als repräsentativ geplante — ich sage das gleich mal kritisch

— Durchforstung des Sexuallebens der Bundesbürger unter der *politisch* formulierten Zielvorgabe, Risikogruppen im heterosexuellen Bereich zu identifizieren. Das haben Gunter Schmidt, Ulrich Clement und ich in Bonn aus politischen und ethischen Gründen abgelehnt und übrigens auch aus fachlichen, weil wir diese »Risikogruppen« im heterosexuellen Bereich gar nicht sehen.

PH: Wird Sexualität in unserer Gesellschaft nun eher instrumentalisiert und in verschiedenen »Geschäftsbereichen« ausgebeutet, oder gewinnt eine reaktionäre Sexualmoral wieder die Oberhand? Stimmt Foucaults These, daß die Herrschenden die Sexualität im Grunde immer so benutzt haben, wie es ihnen nützlich schien — mal liberaler, mal repressiver, aber immer »im Dienste« der Macht?

Sigusch: Wenn man sich die Ausbildung unserer Sexualität ansieht, die ja etwa vor 200 Jahren geboren worden ist als eine, wie ich es gerne sage, gesellschaftliche *Sexualform* und als *Begriff,* dann — und da müßte ich Foucaults These etwas differenzieren — handelt es sich um einen dialektischen Prozeß mit eigener Dynamik: Immer geht ein Vorgang der Freisetzung Hand in Hand mit einem Prozeß der Repression und der Versachlichung: Die Repression ist logischerweise auf die Freisetzung angewiesen, denn wo nichts freigesetzt worden ist, kann auch nichts unterdrückt werden, kann etwas nicht mal in Erfahrung gebracht werden. Ich denke, daß Foucault in dieser Hinsicht die Entwicklung nicht ganz treffend charakterisiert hat. Entscheidend ist nun, als was der Prozeß der Freisetzung verstanden wird. Und da, denke ich, hat Herbert Marcuse recht gehabt, daß dieser Vorgang in unserer Kultur heutzutage einer der *repressiven Entsublimierung* ist.

Und weil das so ist, ist die ganze Entwicklung von Widersprüchen geprägt, und aus diesen Gründen haben wir es seit 200 Jahren mit einander widersprechenden Strömungen, Tendenzen, Reaktionen zu tun: Auf der einen Seite wird den Menschen etwas gestattet, was wirklich ihre Freiräume erweitert und sie von sexueller Schuld und Angst zumindest etwas befreit. Auf der anderen Seite aber — wie wir es am Beispiel der Liberalisierung der 60er Jahre illustriert sehen — sind neue Diktate formuliert, neue Anforderungen gestellt worden, und so widersprüchlich verläuft der ganze Prozeß. Man muß immer mit allem rechnen, eine bestimmte Entwicklung läßt sich nicht vorhersagen. Man kann auch damit rechnen, daß irgendwelche Gruppierungen sagen, dies oder jenes wird zugelassen, das ist für uns überhaupt kein Problem. Manchmal kann man nur staunen: Das Oberste Gericht der DDR hat vor kurzem beispielsweise entschieden, daß es keine Verführung eines Heranwachsenden zur Homosexualität geben kann. Das muß man sich mal vorstellen! Das Oberste Gericht der DDR, die ja nun wirklich bisher kein Eldorado für Homosexuelle war, entscheidet in diesen Tagen so. Das heißt, ich rechne mit allem, mit solchen positiven Überraschungen, namentlich aber mit Repressionen.

(Die Fragen stellten Heiko Ernst und Ursula Nuber im Februar 1988)

Kann und soll uns der Staat über Aids aufklären?

Zugleich ein Nachruf auf die Politik der Bundesgesundheitsministerin Rita Süssmuth

Die Frage, ob der Staat über Aids aufklären soll, wird von beinahe allen Bundesbürgern bejaht. Daß aber auch wir das Verhältnis von Leviathan und Aids-Komplex bisher kaum problematisiert haben, irritiert mich. Denn wenn etwas neu ist am Aids-Komplex, dann ist es das Ausmaß der Verstaatlichung und Vergesellschaftung einer Krankheit, dann ist es die Bündigkeit, mit der bestimmt wird, wie Kranke ihre Krankheit, die ja immer nur individuell wirklich ist, zu erleben haben, dann ist es die Selbstverständlichkeit, mit der der Staat auf allen Ebenen, von der kleinsten Kommune bis hin zur Bundesregierung, und auf allen Kanälen der Mediengesellschaft zu bestimmen sucht, nicht nur wie HIV-Prävention, sondern wie ein sowohl hygienisch und gesundheitlich als auch moralisch einwandfreies Sexualleben aussehen soll — nach den unsäglichen Devisen »Vertrauen ist gut, Vorbeugung ist besser« oder »Liebe ist Zärtlichkeit«, eine Devise, die Rita Süssmuth mit Beate Uhse vereinte, die aber ihre sexualideologische Gewalttätigkeit nicht ganz verschweigen kann. Denn wenn Liebe zärtlich ist, was ist dann Sexualität? Aggressiv, gefährlich, brutal?

Generelle Eingriffe in immer noch als privat angesehene Lebensbereiche können in ihrer Schwere nur erkannt werden, wenn die gesellschaftliche Lage, in der sie erfolgen, analysiert wird. Dazu wenige Sätze. Der »Arbeitsgesellschaft« geht zunehmend die Arbeit aus. Unsere Gesellschaft ist bereits gespalten in Arbeitslose und Arbeitsbesitzer. Der Kampf um die ökonomische Nützlichkeit und die politische Gültigkeit des Sozialstaatsprinzips, um neue Arbeitstugenden und die Inhalte jener Zeit, die bisher die arbeitsfreie hieß, ist bereits voll entbrannt. Im ersten Fall geht es darum, ob sich der kulturelle Egoismus durchsetzt oder ein politischer Wille zur Solidarität mit den Herausgefallenen. Ich denke, die sogenannte Aids-Aufklärung der Bundesregierung stößt nicht nur deshalb auf so breite Zustimmung bis hinein in die politische Linke, weil viele befürchtet haben, auch ich, daß es hätte sehr viel schlimmer kommen können, oder weil diese Politik in Relation zu der verbrecherischen Aids-Politik des Freistaates Bayern besonnen und aufgeklärt imponieren muß, sondern weil in der angedeuteten gesellschaftlichen Situation der Schein errichtet wird, die Regierung habe sich, jedenfalls hier, fürs Sozialstaatsprinzip, für Solidarität und gegen Egoismus entschieden, ja sie respektiere das Sexualleben als letztlich privaten Bereich.

Im Fall der Werte geht es darum, daß die »postindustrielle Informationsgesellschaft« dabei ist, ihre Tugenden zu bestimmen. Platon kannte vier Kardinaltugenden: Weisheit, Maß, Tapferkeit und Gerechtigkeit. Das Christentum fügte drei »göttliche« hinzu: Glaube, Liebe, Hoffnung. Diesen sieben Kardinaltugenden standen bisher sieben Laster oder Todsünden gegenüber: Hoffart, Gier, Wollust, Neid, Völlerei, Wut und Müßiggang. Welche Umwertungen die sogenannte Informationsgesellschaft letztendlich vornehmen wird, kann niemand wissen. Staatsregierungen und Konzerne sagen uns aber immerhin schon, welche »instrumentellen« Werte in Zukunft einzuüben sind: »Frustrationstoleranz«, »Fähigkeit zum Befriedigungsaufschub«, »Fähigkeit zur angemessenen Situationserkennung«, »Flexibilität bei der Auffindung äquivalenter Befriedigungsmöglichkeiten«.

Werden vor diesem Hintergrund die staatlichen Aids-Kampagnen betrachtet, so scheinen sie mir zugleich traditionell wie postindustriell zu sein. Einerseits ist Sexualität brutal und Monogamie moralisch, andererseits verteilen Minister Kondome an Passanten, sprechen öffentlich, gewissermaßen postindustriell schamlos, von Samenschlucken oder »Geschlechtsverkehr im Analbereich«. Das hat es noch nicht gegeben. Einerseits wurde vor der Katastrophe von Ramstein gesagt, das Risiko einer solchen Veranstaltung sei »so groß wie bei einer Schnitzeljagd«, andererseits, als das zur schwarzen Lüge verbrannt war, wurde der Trauergemeinde eröffnet, daß das moderne Leben solche Risiken nun einmal enthalte. Das ist konsequent und logisch. Denn Risikobereitschaft, ja die Lust am Risiko, ist für alte wie neue Konservative unabdingbare Voraussetzung des Erfolgs im Wirtschaftssystem, das nicht umsonst Risikogesellschaft genannt wird. Wer zum Risiko nicht bereit sei, bleibe auf den Müllhalden der Gesellschaft liegen oder falle dem Wohlfahrtsstaat auf die Tasche. Bei Aids dagegen, sagen dieselben Denker, sei alles ganz anders: Risikobereitschaft, ja die Lust am Risiko bringe den sicheren Tod.

Sind die Sphären ideologisch und real so sauber zu trennen? Ich denke, die Gefahr des Absturzes, die im kapitalistischen System immer präsent ist, wird heute mit Vorliebe auf das vermeintliche Gegenteil, das sexuelle System, projiziert. Dadurch kann der Ideologe als der Bewahrer von Menschenleben erscheinen, der er doch nach zweihundert Jahren humanitären Geredes auch einmal gerne wäre, und als der Kritiker des Geistes des Kapitalismus. Denn wenn das Risiko die Chance ist, ist die höchstens fifty:fifty, das heißt einer kommt durch, und 99 beißen ins Gras; aber nur dann politisch ruhiggestellt, wenn die Individuen das tötende Risiko in eine andere Sphäre verschieben: persönliches Schicksal, menschliches Versagen, technische Pannen, Nerven- und Geistesschwäche, Triebhaftigkeit.

Die meisten neokonservativen Denker führen die gegenwärtige Krise auf eine »Revolution« der Ansprüche, auf eine »Vorherrschaft« des Hedonismus, auf moderne Genußsucht und verlotterte Lebensführung zurück, also auf das Versagen der Individuen, *nicht* des Systems. Denn in der Risiko*gesellschaft* kriegt jeder seine Risikochance. Wer jedoch eine Risiko*person* ist, verspielt sie selber und gefährdet andere. Deshalb müssen im Frieden Risikopersonen aussortiert werden wie Panikpersonen im Krieg. Gleichzeitig weht durchs Loblieb auf persönliche Zurückhaltung, sorgfältige Risikoabwägung und im Zweifelsfall Triebverzicht der Geist des frühen, irgendwie persönlich zurechenbaren Kapitalismus, dessen der späte, wie die Süssmuths und Finks wissen, so sehr entbehrt. Deshalb sind die staatlichen Aids-Kampagnen ebenso anachronistisch wie *up to date: Safer* Gomorrha.

Der doppelzüngige Umgang mit den Risiken für Leib und Leben ist konsequent, weil im Fall sogenannter Aids-Aufklärung die ideologische Hauptrichtung und die ökonomischen Interessen *nicht* tangiert werden, in Fällen wie Tschernobyl oder Ramstein aber sehr wohl. Der Slogan »Gib Aids keine Chance« kostet nichts; ein Slogan »Schluß mit der Kriegswaffenproduktion« ginge ans Eingemachte, nämlich Daimler-Benz. Auch in sich ist die Aids-Politik der Bundesregierung doppelzüngig. Einerseits will die Regierung nicht dramatisieren, andererseits hält sie entdramatisierende Daten monatelang zurück. Einerseits ist sie gegen ein Durchtesten der Bevölkerung, andererseits propagiert sie Reihentestungen. Frau Süssmuth sagte überall: »Jede Person, die meint, ein Risiko zu haben, sollte sich testen lassen!« Da wir im Kopf mittlerweile alle mit Aids infiziert sind, ob promisk oder abstinent, sind wir alle gemeint.

Die Regierung will sachlich informieren. Doch in ihren Anzeigen stehen die Halbwahrheiten: »Der HIV-Antikörper-Test ist der sogenannte Aids-Test« und »Wenn der Text ›positiv‹ ausfällt, hat er die Ansteckung mit HIV nachgewiesen.« Daß Wissenschaftler davon sprechen, solche Tests hätten in 50 Prozent der Fälle negative Auswirkungen bis hin zur Selbsttötung, bleibt bei dieser Propaganda natürlich ungehört. Die Regierung will »unnötige Ängste« bekämpfen, doch sie schürt die Angst, nicht nur bei der Test-Propaganda. In den TV-Spots, die nach den Regeln der Waschmittelreklame fabriziert sind, wird Alltägliches gezeigt — arbeiten, spielen, schwimmen, joggen —, als lauere dort die Gefahr. Die Kamera fängt Kranke ein wie Schwerverbrecher, läßt sie visuell sterben. »Virus« heißt Gift; die TV-Spots sind viral. Nach jedem Spot sagt eine Stimme vernichtend: »Gib Aids keine Chance!« Doch die Frau Ministerin arbeitete mit doppeltem Boden: »Sehen wir diese Krankheit auch als eine Chance, Zärtlichkeit und Sexualität neu zu thematisieren!« Vielen kommt die amtliche Aids-»Aufklärung« sexualfreundlich vor, in Wirklichkeit aber ist sie durch und durch sexualfeindlich. »Im Umgang mit Sexualität«, sagte Frau Süssmuth, haben wir einen »solchen Nachholbedarf«, was »Behutsamkeit und Zärtlichkeit betrifft«.

Einerseits kämpft die Regierung um jedes Menschenleben, doch dort, wo sie unmittelbar segensreich wirken könnte, bei den Drogenabhängigen, schweigt sie seit Jahren oder spricht nur hinter vorgehaltener Hand. Alle Kranken sollen gleich behandelt werden, doch die einen sind »unschuldige Opfer«, die anderen verhielten sich »sittenwidrig«. Einerseits sprach die Ministerin mit homosexuellen HIV-Infizierten persönlich, andererseits bleibt ihr die Homosexualität etwas Minderwertiges. Überwachung und Zwang lehnt die Bundesregierung in Sachen Aids angeblich immer wieder ab, doch in der Praxis wendet sie sie immer wieder an oder droht damit. Ich erinnere an den Grenzschutz-Erlaß des Bundesinnenministers, an das Einspeichern HIV-Infizierter in Fahndungscomputer, an den Testangriff auf Stipendiaten des Bundes und Angehörige des diplomatischen Dienstes. Als der Aids-Berater der bayerischen Regierung die Internierung HIV-Infizierter forderte, meinte das Bundesgesundheitsministerium, eine »pauschale (sic!) Politik der Internierung« gefährde das bisher Erreichte. Offen doppelzüngig und drohend äußerte sich Frau Süssmuth, wenn es um »seuchenrechtliche Maßnahmen« ging: Die, sagte sie, sollten getroffen werden, wenn sich Personen »unbelehrbar und rücksichtslos über die Gesundheitsinteressen anderer Menschen hinwegsetzen«. Kein Wort mehr vom notwendigen Vertrauen der Infizierten in Ärzte und staatliche Beratungsstellen, vom *immer* widerspruchsvollen Verhältnis von Sinnlichkeit und Vernunft, vom *immer* konflikthaften Verhältnis von Trieb und Realität.

Lassen wir uns doch nicht mehr von den Spots einlullen, in denen der sympathische »Tagesthemen«-Moderator mit einem dummen Spruch auf den Lippen (»Ob jemand infiziert ist oder nicht, darauf kommt's nicht an . . .«) aus dem angeblichen Glas eines HIV-Infizierten trinkt, oder gar davon, daß sich der eine Minister verstrahlte Molke auf der Zunge zergehen läßt, der nächste Nordseewasser trinkt und der dritte unter Absingen des Liedes »O du wunderschöner deutscher Rhein« durch eine Jauche schwimmt. Alles Roßtäuscherei. Während der Moderator beruhigend aus einem Glas trank, warnte die Bundeszentrale für gesundheitliche Aufklärung über ihre Standleitung vor Zungenküssen, die ungefährlich sind, erfaßte unser Leviathan die, die sich vertrauensvoll an ihn wenden sollen. Dazu hat die so herrliche Frau Süssmuth bisher geschwiegen, obgleich die Infizierten nach wie vor gespeichert sind, ohne daß es dafür einen *sachlichen* Grund gibt, sofern die angeblich zu schützenden Polizeibeamten nicht vorhaben, sich von Demonstranten oder Kriminellen anal koitieren oder Drogen spritzen zu lassen. Können wir dieser Politik trotzdem Vertrauen entgegenbringen?

Die Bundesregierung ist für den Frieden auf der Welt. Die Bundesrepublik, Nachfolger eines Kriegsverbrecherstaates, rückte 1987 zum fünftgrößten Waffenhändler der Welt auf. Die Bundesregierung ist gegen jeden Rassismus und für alle Menschenrechte. Sie erklärte Asylbedürftige als vogelfrei, weil wir zu arm sind, sie zu ernähren, behandelt die Ausländer, die sie selber angelockt hat, seit 33 Jahren als Fremdarbeiter, benutzt das Ausländerrecht als Instrument der Gefahrenabwehr. Der Rechnungshof des US-Kongresses teilte gerade mit, Südafrika erziele etwa 80 % seiner Ein- und Ausfuhren mit sechs Ländern, darunter der BRD. Edward Kennedy sagte dazu: »Unser Land und einige unserer engsten Verbündeten halten die Apartheid am Leben.« Da ist es Augenwischerei, wenn unser Bundespräsident die südafrikanische Apartheid als »pervers« bezeichnet. Außerdem ist es unwillkürlich selbstentlarvend, weil »Perversion« kein politischer und kein ökonomischer Begriff ist und nach einiger Reflexion auch kein Schimpfwort.

Die Politik der Regierung verdiene Vertrauen? Sie orientiere sich an Werten, die moralisch genannt werden können? Nicht einmal der Krieg der Nationalsozialisten gegen Kranke und Behinderte, gegen »Angeseuchte« und »Arbeitsscheue« ist konsequent als Unrecht gebrandmarkt worden; faktisch sind die Gesetze und »Maßnahmen« der Nazis nach wie vor rechtens. Ganz offensichtlich gelten die Devisen: So diskret und verschwiegen bei Nationalsozialismus, Waffenproduktion und leviathorischen Rechtsbrüchen, so indiskret und leutselig ausgerechnet beim Mundverkehr. So skrupulös bei Schwangerschaftskonfliktberatung, so skrupellos beim HIV-Antikörper-Test. So verharmlosend die Risiken des Supergaus von Tschernobyl für alle, so dramatisierend die Aids-Risiken für alle. Während die Beratung schwangerer Frauen vom Zustandekommen bis zum Ziel unfrei sein soll, also mit Beratung in unserem Sinne überhaupt nichts mehr zu tun hat, wird die staatliche Aids-Beratung als verständnisvoll und zwanglos hingestellt. Da vertraue, wer ein Spiel mit gezinkten Karten mag. Ist der Staat für Risiken und Elend verantwortlich, stellt er sich dumm; ist er nicht verantwortlich wie beim Aufkommen von Aids, nimmt er die Herausforderung an, bis hin zum »Weltwirtschaftsgipfel« — als sei diese Krankheit das politisch-ökonomische Problem Nr. 1.

Wie Sexualwissenschaftler auf den Gedanken verfallen können, ein Staat, der im Sexualleben herumfuhrwerkt, tue das ehrlich und besonnen und verdiene Vertrauen, ist mir uneinsichtig. Alle Staaten beschneiden, kriminalisieren, verfolgen das Liebes-, Sexual- und Geschlechtsleben. Das gehört zu ihrem Wesen. Da sie nicht im Besitz von Erkenntnis, sondern des Gewaltmonopols sind, ist vertrauensvolle Beratung ein Unding. Bei uns sollte der Hinweis auf die fortbestehende Sonderbehandlung der Homosexuellen, auf die zynische Mißachtung der Prostitutions-Gesetze durch staatliche Instanzen selber oder auf die von einigen Teilstaaten rechtswidrig betriebene Ausschaltung der geltenden Vorschriften über eine Schwangerschaftsbeendigung eigentlich genügen, die Illusion über eine besonnene staatliche Aids-Politik zu zerstören. Die sozialliberale Phase, in der Recht und Moral getrennt werden sollten, ist als Zwischenspiel passé. Schlimmes ist zu befürchten, wenn es Rechtsgeschichte macht, daß jetzt Gerichte darüber entscheiden, ob Liebe da war oder nicht, ob der Beischlaf riskant war oder nicht. Und übersehen wir nicht: Die Kooperation des Staates mit Aids-Hilfen kommt nicht aus Respekt vor dem individuellen Triebschicksal, sondern aus kalter Berechnung. Schließlich können die Sexualsubjekte nur selber ihr Verhalten ändern.

Der Staat muß raus aus der sogenannten Aids-Aufklärung, weil dazu nichts ungeeigneter ist als er. Wir sollten allen Regierungen in Sachen sogenannter Aids-Aufklärung das Mißtrauen aussprechen. Wir sollten das Bundesgesundheitsministerium auffordern, endlich mit dem ideologischen Draufsatteln, genannt Moral, aufzuhören, weil das jede wirksame Prävention verhindert, wie die Geschichte der Infektionskrankheiten lehrt. Vom Staat wollen wir wissen, im Gegenwert wie vieler »Tornados« Gelder an jene geflossen sind, die nicht auf die »einmalige ärztliche Belehrung« setzen, die auf der Seite der Schwachen und Verfemten stehen, für die das Unbewußte zum menschlichen Leben gehört und damit auch in jede Aufklärung hinein, die verstehen wollen, warum sich Individuen so und nicht anders verhalten, denen perfekte Präventionisten eher Maschinen sind denn Menschen mit Triebschicksalen, Konflikten, Vorlieben, Schwächen und Fehlern. Mit einem Satz: Wer von der Subjekthaftigkeit des Sexuellen nicht reden will, sollte von Aids-Aufklärung schweigen.

Daß es die Möglichkeit verständnisvoller Aids-Beratung heute nicht selten gibt, geht nicht zuletzt auf die 68er Revolte zurück, die einen Prozeß der Liberalisierung, die Emanzipationsbewegungen angestoßen hat. Keine Frage: Im Moment ist die abfragbare Haltung der Mehrheit in der Aids-Frage eher liberal als repressiv. Aber wie stabil ist sie? Ich persönlich gestehe nach über fünf Jahren Aids-Kampagne: Stabiler als ich vorher gedacht hätte. Selbstverständlich, es hat Verfolgung, Diskriminierung und andersartige Unmenschlichkeiten gegeben. Aber. Das ist in dieser Gesellschaft, in der es kein menschenfreundliches Gesamtinteresse gibt, gewissermaßen das Normalste von der Kultur. Doch bisher ist uns die große Nagelprobe auf die Liberalität des Staates und auf unsere eigene erspart geblieben. Was wäre, wenn die Hochrechnungen einiger Aidsologen wahr würden? Ich denke, niemand kann voraussehen, wie es dann zugehen wird: Apathie wie bei den Bergen von Verkehrstoten oder Lynche?

Gegenwärtig scheint mir die Gefahr, daß der Eigenart der Homosexuellen, die sich historisch ja zum ersten Mal in den 70er Jahren kollektiv entwickeln konnte, daß dieser noch ganz unfertigen Eigenart von Aids der Garaus gemacht wird, größer zu sein als die der organisierten Verfolgung der Homosexuellen durch eine rechte Mehrheit. Mit einer Formel: die Gefahr der Heterosexualisierung der Homosexualität. Trotzdem fände ich es fahrlässig, nicht mit dem Schlimmsten zu rechnen. Reflektiert man Meinungsumfragen zu Aids, ahnt man, wie dünn die Decke der Toleranz ist. Macht man sich klar, daß in dieser Kultur Homosexualität generell unerwünscht ist – nicht einmal kritische Sexualforscher möchten, daß ihr Kind so wird –, macht man sich klar, daß alle drei, Schwule, Fixer, Huren, der moralischen Mehrheit die Maske der Wohlanständigkeit vom Gesicht reißen, so daß deren Fratze grinsend zum Vorschein kommt, dann kann einem schon angst und bange werden beim Gedanken: daß sich die angeblich anständige und angeblich suchtlose und angeblich unkäufliche Mehrheit wirklich einmal von den Perversen und Süchtigen und Käuflichen als »anonyme tödliche Infektionsquelle« oder »Todesbombe«, wie es die Staats-Desperados sagten, in Gut und Leben bedroht fühlt.

Weil Besonnenheit und Rage, Kalkül und Lynche in dieser Gesellschaft ineinander liegen, muß damit gerechnet werden, daß eine deutschfaschistisch schäumende Mehrheit zustande kommt. Diese Nagelprobe werden wir alle dann zu bestehen haben, wenn es den

Sozialtechnologen angesichts vervielfachter Krankenzahlen nicht mehr effizienter und billiger erscheint, traditionelle Werte zu propagieren und das Denken zu verbieten, ansonsten aber Hilfe zur Selbstabstellung des Sexualvollzugs zu leisten. Dann kommt die große Stunde der Spranger und Zehetmair und wie sie heißen mögen. Dann kann durchexerziert werden, was es heißt, »naturwidrige« Gruppen »auszudünnen« (Zehetmair); was es bedeutet, wenn ein Innenstaatssekretär sagt, Recht und Freiheit seien nicht »in erster Linie« (Spranger) für Perverse da. Kurzum: Dann kann dieser Leviathan endlich demonstrieren, wie »ansteckungsverdächtige« Subjekte auf rechtlich und sozial einwandfreie Weise behandelt werden, das heißt erfaßt, gekennzeichnet, sterilisiert, isoliert, verdünnt, saniert. Die Bereitschaft jedenfalls ist massenhaft gegeben, und die medizinischen Theorien des Vernichtens sind aufgestellt, lange vor den Nazis und danach.

Ich denke, daß es Moral nur noch als jenen kategorischen Imperativ gibt, den die menschliche Geschichte materialistisch denen aufgenötigt hat, die alles tun wollen, daß sich das unbeschreibliche Leiden der Individuen nicht wiederhole. Doch der überaus erfolgreiche Neokonservatismus führt nicht nur bei Aids »Moral« ins Feld. Fatal ist es, wenn Fragen, die den Gang der Gesellschaft betreffen, nicht mehr politisch umstritten sind, wie noch die Computer-Informationstechnologien, sondern, wie seit einigen Jahren, lediglich »ethisch normiert« werden sollen. Ich nenne als ein Beispiel die Gen- und Reproduktionstechnologien. Weil es eine allgemein verbindliche Moral gar nicht gibt, weil den Sachzwängen jener Rang eingeräumt wird, den sie zwar als Mystifikation gesellschaftlich haben, der aber politisch außer Kraft gesetzt werden könnte, ist das Hantieren mit Moral fatal, können sich Technikkritik und neokonservative Werte-Ideologie ebenso heuchlerisch wie effektiv vermählen. So kommt es, daß dieselben ethisch gestimmten Reproduktionswissenschaftler, die Abtreibung Kindstötung nennen, sexuelle und reproduktive Sphäre auseinanderreißen oder überzählige Feten produzieren, an denen sie dann »segensreich« experimentieren. Während sich gerade in solchen Dissoziierungen die allgemeine Verstofflichung durchsetzt, reden alle politisch bedeutsamen Kräfte von Anstand und Sitte, die es nicht gibt. Damit läuft die Kritik ins Leere, ist die Falle des Machen-Müssens zugeschnappt, auch bei Aids. Fallen wir also nicht auf persönliche Integrität, die ich Frau Süssmuth zuallerletzt absprechen würde, auf humane Obertöne und Gesten herein, stellen wir die sogenannte Aids-Aufklärung des Staates in den allgemeinen Zusammenhang, in dem sie sich realisiert: subjekt-, minderheiten-, fremden- und sexualfeindlich, gewalttätig, doppelzüngig, mystifikatorisch, unaufgeklärt und ganz und gar unmoralisch.

Ich möchte mit einigen Empfindungen und Gedanken schließen, die im wissenschaftlichen Betrieb oft zu kurz kommen: Wir wissen, daß alle Homosexuellen, die in den vergangenen Jahren sexuell aktiv waren, daß alle Männer und Frauen, die gefixt haben, existentiell bedroht sind. Ihre Lage ist so katastrophal wie sie von Infektiologen und Politikern fälschlicherweise mit Blick auf Jugendliche und Heterosexuelle dargestellt wird. Alle Homosexuellen sind beunruhigt, viele sind infiziert, erkrankt, bereits verstorben. Wir trauern um die Toten. Wir bewundern die, die wissen, daß sie infiziert sind, den Mut aber nicht verloren haben. Wir verachten jene Mediziner, die ihnen diesen Mut wider besseres Wissen nehmen wollen. Wir spukken jenen Journalisten ins Gesicht, die sie als »Tote auf Urlaub« verstofflichen. Wir betrachten die Errungenschaften der Emanzipationsbewegungen und auch der kritischen Sexualwissenschaft als ein kostbares Gut, das immer wieder erinnert, bewahrt, entfaltet werden muß. Für uns ist der Umgang mit den Drogenabhängigen schon jetzt eine Nagelprobe auf die Liberalität des Staates. Er hat sie nicht bestanden. Weil die Fixer keine Lobby haben, keine Selbsthilfe, müssen wir alles tun, daß sie entkriminalisiert und nicht einem mörderischen Abstinenzparadigma ausgeliefert werden.

Wir sind angesichts der Risikopersonen- und Gesundheitsideologie versucht, eine Lanze für das saufende, qualmende, verkommene, wild in der Gegend herumoymelnde Subjekt zu brechen. Doch wir wissen, daß Alkohol, Autoraserei, Heroin, Lohnarbeit, Nikotin und Arbeitslosigkeit nur unterschiedlich lange und unterschiedlich dicke Nägel für ein und denselben Sarg sind, daß Abstinenz und Maßlosigkeit, Monogamie und Promiskuität gleichweit entfernt sind von einem allgemeinen Verhältnis, in dem die Vernunft sinnlich vermittelt ist und die Sinnlichkeit vernünftig — einem Verhältnis, das niemand kennt. Wir wissen, daß die Parole vom glücklichen Sexualleben immer die Parole seiner Verhinderung war. Der gesunde Menschenverstand macht krank, weil er so unverschämt gesund ist. Wir werden deshalb nicht zulassen, daß Sexualaufklärung für Jugendliche mit Aidsprävention zusammenfällt, daß die Kranken in Schuldige und Unschuldige, daß die Homosexuellen in Vernünftige und Desperados zerlegt werden, weil nur Einheit stark macht. Für uns ist Homosexualität, so schmählich sie auch daherkommen mag, eine einzigartige Bildung, die die Gattung Mensch auszeichnet. Der Analverkehr bleibt, so riskant er auch physisch sei, eine der köstlichsten Vereinigungen, homo- wie heterosexuell. Das Andere der Homosexualität bleibt trotz allem ein Index der Hoffnung auf bessere Zeiten.

Wir wähnen uns nicht im Besitz der Wahrheit, schon allein deshalb nicht, weil jedes Expertentum jene Herrschaft in sich selber und durch sich selber reproduziert, die es doch überwinden will, weil auch die Aufklärung, die ihren humanen Impuls beschwört, aufs Allgemeine gezogen wird, weil auch dem theoretischen Bewußtsein, dem die Widersprüche keine Hirngespinste sind, sondern solche der Sache selber, immer wieder so uneinsehbar ist, daß es selber ein Moment dessen ist, was es seiner Einsicht nach auf gar keinen Fall sein will. Diese Spannung, unerträglich, haben wir weiter zu ertragen. Das können wir aber nur, wenn wir trotz aller Versachlichung, trotz Gefährdung und Verstofflichung auf Geistdurchbruch wie Triebdurchbruch setzen, wenn wir so uneinsichtig bleiben, im Sexuellen aller Sphären jenen humanen Impuls zu suchen, der die Abgründe überbrückt, der opponiert und transzendiert – leibhaft mit geringstem Schein. Tun wir das nicht, erliegen wir dem Aids-Komplex, der Geist und Trieb ohnehin betäubt. Dann hat es der oft so tumb und machtlos erscheinende Leviathan noch leichter, uns ein individuelles Leben voller Sicherheiten zu versprechen, es uns aber tatsächlich Maßnahme um Maßnahme auszutreiben.

(Oktober 1988/August 1989)

Bisexuell, heterosexuell, homosexuell

1

Was Homosexualität sei, meinen alle zu wissen. Was Heterosexualität ist, sowieso. Bei der Bisexualität aber ergeht es uns wie bei der Pornographie: Wie bekommen wir sie in den Griff? Wird von Bisexualität gesprochen, geraten mindestens drei Dimensionen des Betrachtens und der Realität durcheinander: die der unbewußten Wünsche, die des manifesten Verhaltens und die des Geschlechts. Spricht ein Psychoanalytiker, meint er im Zweifel die erste Dimension; spricht ein Sexuologe, meint er die zweite; sprechen Philosophen oder Anatomen, meinen sie die dritte Dimension. Zunächst wäre also zu differenzieren zwischen der seelischen Struktur eines Menschen, die man nicht beseitigen kann, ohne die Person zu zerstören, und dem sexuellen Verhalten, das der Person mehr oder weniger äußerlich bleibt. Ein strukturell homosexueller Mensch kann sich heterosexuell verhalten, ein strukturell heterosexueller Mensch kann sich homosexuell verhalten. In diesem Sinne sind alle Menschen potentiell bisexuell. Sie sind es prinzipiell aber auch insofern, als Männer weibliche und Frauen männliche Körpermerkmale besitzen und selbst dann, wenn die beiden Geschlechter kulturell trennscharf ausgestanzt sind, über Eigenschaften des jeweils anderen Geschlechts verfügen. Während kaum bestritten wird, daß die Geschlechtlichkeit einer Person immer zugleich »männliche« wie »weibliche« Elemente umfaßt, und das bisexuelle Sexualverhalten mittlerweile als Tatsache hingenommen und »epidemiologisch« erörtert wird, entsetzt die psychoanalytische These von der Bisexualität als dem seelisch »Ursprünglichen«

heute wie vor siebzig Jahren die Gesunden und Normalen. Freuds Behauptung, »daß alle Menschen der gleichgeschlechtlichen Objektwahl fähig sind und dieselbe auch im Unbewußten vollzogen haben«, ist in der psychotherapeutischen Praxis regelmäßig bewiesen worden. Trotzdem bleibt diese Auffassung von der Bisexualität irritierend: weil nun einmal heterosexuelles Begehren in unserer Kultur das Selbstverständlichste von der Welt ist, homosexuelles Begehren dagegen unnatürlich, ängstigend und fremd.

2

Homosexualität ist generell unerwünscht. Nicht einmal reflektierte Sexualforscher möchten, daß ihr Kind homosexuell wird; und natürlich wollen es auch antiautoritär, alternativ oder links gestimmte Eltern nicht. Die Bundesgesundheitsministerin Rita Süssmuth hat in Aids-Zeiten manche Lanze der Humanität für homosexuelle Männer gebrochen. Sie hielt aber die Homosexualität nach wie vor für etwas Minderwertiges, das einer strafrechtlichen Sonderbehandlung unterzogen werden muß, obgleich sie ahnen mochte, daß die Streichung des immer noch vorhandenen Paragraphen 175 eine wirksame Aids-Prävention wäre. Die offiziellen Vertreter der ständischen Psychoanalyse in der Tradition der Leibeszucht und des Lichtheils lassen sich bis heute trotz Freuds Einsicht nicht davon abbringen, Homosexuelle, Männer wie Frauen, mit einem verfassungswidrigen Berufsverbot zu belegen. Ein »bißchen bisexuell« dürfen die sein, die Psychoanalytiker werden möchten, um des dumpf grollenden gesunden Volksempfindens willen aber auf gar keinen Fall offen homosexuell. Denn schließlich fragt kein normaler Mensch nach den »Ursachen« der Heterosexualität. Alle normalen Menschen aber fragen nach den »Ursachen« der Homosexualität. Diesen Spieß, den nicht zuletzt Psychoanalytiker auf die Homosexuellen richten, hat Freud umgedreht: Der Psychoanalyse ist »auch das ausschließliche sexuelle Interesse des Mannes für das Weib ein der Aufklärung bedürftiges Problem und keine Selbstverständlichkeit«. Empörend ist Freuds Einsicht, weil er die »gleichgeschlechtliche Objektwahl« nicht als ein eher äußerliches bisexuelles Verhalten aus Not, Neugier, Tollerei oder bewußtem Kalkül begriff, sondern als eine innere Realität, mit der »alle« Menschen konfrontiert sind, weil »die Bindungen libidinöser Gefühle an Personen des gleichen Geschlechts« im »normalen Seelenleben« keine geringere Rolle spielen als die, welche dem anderen Geschlecht gelten.

3

In unserer Kultur entwickelt sich die erwachsene Sexualität, wie Freud sagte, »durch Einschränkung nach der einen oder anderen Seite«. Die eine Seite ist die Heterosexualität, die andere die Homosexualität. Bisexuelles gibt es zwar als Verhalten, nicht aber als gesellschaftliche Sexualform und wohl auch nicht als seelische Struktur. Jedenfalls ist die »Bisexualität« derer, welche die klinische Sexualwissenschaft sieht, bei tieferer Betrachtung der unbewußte Versuch, dem Grauen der Homosexualität zu entgehen. Unfrei wie die Bisexualität sind aber auch Hetero- und Homosexualität. Beide gründen auf der Drosselung der jeweils entgegengesetzten libidinösen Strebungen. Als Sexualformen sind sie unvollständig und überzeichnet wie die Geschlechtsrollen. Während die Unfreiheit der Homosexuellen für die Heterosexuellen ungefährlich ist, weil sie über keine gesellschaftliche Macht verfügen, hat die Unfreiheit der Heterosexuellen zu den grausamsten Verfolgungen der Homosexuellen geführt, die sich Menschen überhaupt ausdenken können. Weil die bisherige Geschichte der Homosexuellen eine Geschichte der Verfolgung ist, weil das Verdrängen der homosexuellen Wünsche für die Heterosexualität konstitutiv ist und damit die unbewußte Angst der Normalen vor den »Perversen« unabstellbar, sind die Liberalisierungen der siebziger Jahre ein ebenso bewundernswertes wie kostbares Gut. Damals konnten Homosexuelle historisch zum allerersten Male ihren Eigensinn kollektiv entfalten, eine Lebensweise, die zwar schon eigen, aber notgedrungenerweise unfertig ist.

4

Zum Wesen der Homosexualität, die wir kennen, gehört ihre in Relation zur Heterosexualität größere Triebnähe. Strukturell Homosexuelle, jedenfalls Männer, sind seelisch stärker auf sexuelle Erlebnisse angewiesen, bringen diese sozial leichter zustande und haben sie im Durchschnitt auch tatsächlich häufiger als strukturell Heterosexuelle. Homosexuelle sind in erster Linie genötigt, einen Sexualkampf zu führen, Heterosexuelle dagegen einen Geschlechterkampf. Der Prozeß der Homosexualisierung ist einer der sexuellen Aufpeitschung und der Stabilisierung auf einem hohen Niveau, jedenfalls ist er es in den Jahren vor dem Einbruch von Aids gewesen. Der Prozeß der Heterosexualisierung ist einer der sexuellen Verödung. Während heterosexuelle Männer bereits um die Pubertät herum quantitativ im Sinne der Kinseyschen »Gesamttriebbefriedigung« den Gipfel der sexuellen Potenz erreichen, halten homosexuelle Männer dieses hohe Niveau oft über Jahrzehnte. Zum Wesen der Homosexualität, die wir kennen, gehört aber nicht, daß mindestens tausend Sexualpartner verbucht werden, und schon gar nicht, daß es zu einer Infektion mit dem HIV kommt.

5

Unter dem Eindruck des Aids-Komplexes muß gesagt werden: Die Homosexualität ist keine Krankheit und führt auch nicht zu einer Krankheit, wie die Ideologie heute lautet. Krank macht ein Erreger. Nicht die Homosexualität ist gefährlich, sondern eine sexuelle Praktik, die zu einer wirksamen Infektion mit dem HIV führt und bei allen Menschen vorkommt, die sexuell aktiv sind. Es geht also wieder um die Differenzierung zwischen einer seelisch-sozialen Verfaßtheit einerseits, die mit der Person zusammenfällt, und einem eher äußerlichen Verhalten andererseits. Daß die Gefahr, sich anzustecken, mit der Anzahl der infektionseffektiven Sexualkontakte zunimmt, ist trivial und beweist nicht mehr, als daß das Virus beim sexuellen Verkehr übertragen wird. Deshalb ist ganz entschieden zu trennen zwischen präventionsmedizinischen Urteilen und allen anderen, ob nun moralischer, politischer oder sonstiger Natur, die nicht den Erreger und die Krankheit bekämpfen wollen, sondern die Homosexualität und die Homosexuellen. Wird Aids als »Folge einer Weltanschauung beziehungsweise Lebenseinstellung« betrachtet, wie es ein Mitglied der Enquête-Kommission des Bundestages zu Protokoll gab, dann steht die Homosexualität als solche zur Disposition und das heißt zur Prävention. Die Verdrehung hierbei ist, daß aus der blinden Naturalität, derzufolge dieses Virus beim sexuellen Verkehr übertragen wird, eine Weltanschauung gemacht wird, als sei die Lebensweise der homosexuellen Männer eine Ideologie, die tödliche Viren erzeugt, während die guten Sitten standpunktlos, a priori antiseptisch, keimtötend, gesund sind. Es ist so, als würfe man jemandem, der Nahrung zu sich genommen hat, vor, daß sein Magen verdaut. Es ist so, als seien die Kranken nicht an einem Virus gestorben, sondern am falsch gelebten Leben. Vorzuwerfen wäre also, daß überhaupt gelebt wurde. Überzeugend ist dieses Quidproquo, weil das Sexuelle in unserer Kultur schon seit Jahrhunderten unter den Verdacht der Infektiosität gestellt ist.

6

Die Heterosexualität wird mit der Gewalt eines Naturgesetzes auf dem Weg von der Kindheit zum Erwachsenenalter desexualisiert: durch das Gebot der Monogamie, dem sich schon die meisten Jugendlichen vorwegnehmend und die meisten Unverheirateten kopierend unterwerfen, durch Schwangerschaften und Kinderaufzucht, aber auch durch die Erotik, die viele Heterosexuelle mit ihren Kindern verbindet. Wegen ihrer größeren Nähe zum sexuell Triebhaften sind Homosexuelle und Perverse für jene Sexualforschung das Kraftzentrum des *mundus sexualis,* der Welt des Sexuellen, die am Begriff des Triebes trotz aller Sublimierung und Versachlichung festhält, die die Subjekthaftigkeit des Sexus wie die gewalttätige Kürze ihrer eigenen Begriffe an dem erkennt, was aus der Reihe tanzt, den Kontrollnormen beileibe nicht genügen kann, überschießt und überfließt. Homosexuelle, Perverse und Sexualforscher haben eines gemeinsam: Sie reden sich unablässig ein, das sexuell Triebhafte sei das Wichtigste von der Welt, und veranstalten um es einen Tanz wie ums Goldene Kalb, und wenn sie es nicht finden, fühlen sie sich wie Kinder, die in der Nacht aufwachen: geschockt, verwirrt, verlassen. Auf der Suche nach diesem einzigartigen Lust- und Glücksspender machen sie entweder aus ihm, was er in dieser Kultur ohnehin ist, »einen toten Hund«, wie Hegel gesagt hätte, oder sie bringen die gesellschaftliche Form Sexualität zum Glühen, indem sie sie maßlos überschätzen oder den libidinösen Impuls maximal verdichten. Dann geraten sie auf den Weg der Subversion. Denn subversiv wäre das, was Antisexualität ist, ohne es zu wissen; denn sexuell wäre erst das, was nicht dem allgemeinen Kommando »It's funny« folgt, sondern transzendenten Reizen.

7

Da Heterosexuelle nicht an Monogamie, an fleischlose Kost aus den Konserven der Kulturindustrie, an den Verzehr von Illustrierten, Versandhauskatalogen oder Heftromanen gewöhnt werden müssen, wird Aids diesen Zustand und dieses Empfinden nicht unterbrechen, sondern verstärken. In der Tat: Ohne die Homosexuellen und ihre Bewegungen hätten wir alle schon lange vor Aids nur noch von *safer sex* und *safer love* gesprochen und von den Maßnahmen und Eingriffen, die sie konstituieren, also nicht eigentlich vom Sexuellen. Deshalb stand Homosexualität im Zentrum jener Sexualforschung, die sich nicht nur mit der Kontrolle und den Kosten sexueller Aktivitäten befassen wollte. Jetzt aber sind die homosexuellen Männer auf existentielle Weise genötigt, flankierende Maßnahmen zu ergreifen, auf Nummer Sicher zu gehen. Zu befürchten ist, daß die Homosexuellen durch Aids aus dem Kraftzentrum des *mundus sexualis* vertrieben werden. Dort hat sich ein todbringendes Virus eingenistet, das als naturaler Zwang zumindest tendenziell zustande bringt, was der gesellschaftliche Zwang allein nicht schaffte. Würden im Zuge einer solchen Trieb- und Affektmodellierung die bisherige sexuelle Flexibilität, der Erlebnisdrang und die Erfahrungsfreude der Homosexuellen abgebaut, würde die feste Beziehung auch sexuell eindeutig in den Mittelpunkt gerückt und der bisher lockere Umgang mit flüchtigen und häufigen Sexualkontakten beseitigt, müßte wohl von der Heterosexualisierung der Homosexualität gesprochen werden, von ihrer Integration ins Reich der herrschenden Sexualform, die bisher nicht gelingen konnte, von nicht wenigen Homosexuellen aber immer erwünscht worden ist.

8

Die Tendenzen zur Normalisierung der Homosexualität lassen sich vielleicht besser verstehen, wenn wir uns daran erinnern, daß das bunte Treiben der siebziger Jahre gar nicht so bunt und triebhaft war. Es lief in der Regel nach Schema F ab, war also vergegenständlicht, und die dort erzielten Höhepunkte waren nicht selten kalkulierter als der Aufschrei der Heterosexuellen beim Fußballtor. Wird nicht nach dem Subversiven am Homosexuellen gefragt, sondern nach dem Ausmaß der Konformität der Homosexualität, kann man sich des Eindrucks nicht erwehren, daß die homosexuellen Männer als Gruppe in der Phase der Liberalisierung nur gehorsamer und umfangreicher und gewiß einfallsreicher als die heterosexuellen dem gesellschaftlichen Kommando der Versachlichung folgten, unter dem sich alles Sexuelle zu formieren hat. Doch nicht jede Flexibilisierung war nichts als Anpassung, und unter der Maske des *gay gay life* rumorte die Trauer um die Dinghaftigkeit der sexuellen Aktion, um die Versagungen: kein Freund fürs Leben; keine Familie; abgerissene Generationenfolge; Geschichtslosigkeit; kein Kind, das einmal weinen wird am Grab; und dieses notwendig doppelte Leben trotz aller Liberalisierung: hier außer Rand und Band, dort geordnet und adrett. Doch wenn eine der Sexualformen in den siebziger Jahren nicht nur konform war unter der Maske des bunten Treibens, sondern auch kreativ, dann war es die Homosexualität. Jedenfalls gab es etliche, die das bunte Treiben antrieben, ohne daß man den Eindruck gewann, sie täten es nur, um das Unglück gerade dadurch wirksamer abzuwehren; nein, sie waren triebhaft, und sie waren zugleich liebes- und arbeitsfähig und erfüllten damit sogar den Gesundheitskatalog der ständischen Psychoanalyse — und mehr. Die Unsitten und die Maßlosigkeit dieser Schwulen haben bewiesen, daß die Sitten und Maße der Normalen nicht alles sind: weil sie überwunden werden können. Das aber ist leibhafte Subversion, die politisch wird.

9

Kritischer Sexualwissenschaft sind Bi-, Hetero- und Homosexualität gleich weit entfernt von einem freien Sinnesleben, das niemand kennt. Zu verteidigen sind also weder Monogamie noch Promiskuität. Kritische Sexualwissenschaft will verstehen, warum sich Menschen so und nicht anders verhalten. Sie weiß, daß das gesunde und glückliche Sexualleben seit Jahrhunderten die Ideologie seiner Verhinderung ist. Der Satz »Diese Randgruppe muß ausgedünnt werden, weil sie naturwidrig ist«, von einem Minister in Aids-Zeiten auf homosexuelle Männer gemünzt, präsentiert schlagartig das Kontinuum der Barbarei. Es gibt kein natürliches Sexualleben, weil der Mensch von Natur gesellschaftlich ist. Es gibt keine in sich harmonische Möglichkeit des Sexuellen, weil die Sphären des Sexuellen nicht in Harmonie verbunden sind, sondern in ungelösten Widersprüchen. Weil die zusammenzudenkenden Sphären als gesellschaftliche Sexualformen getrennt gehalten werden, läßt jede für sich Möglichkeiten erahnen, die Heterosexualität eher still, die Perversion durch Schock. So bleibt das Andere der Bi- wie der Hetero- wie der Homosexuellen ein Index der Hoffnung auf bessere Zeiten. Die Verdrängungsbisexualität, die Zwangshetero- und Zwangshomosexualität, die Helden der Liebe und des sexuellen Vollzugs aber sind Indices des falschen Lebens. So wenig sie zu verteidigen sind, so sehr ist der humane Impuls zu suchen, der in der Aufklärung steckt und in Emanzipation und, wie wir seitdem wissen, in der Sache selber, im Sexuellen, das uns, Ort der Opposition, Subversion und Transzendenz, Physisches und Metaphysisches lehrte, wenn es nicht gezwungen wäre, Heterosexualität oder Homosexualität und damit Sex und *safer sex* zu sein, der Verhütung wegen, der Sicherheit wegen, der Form wegen: zum Schein.

Geist und Geschlecht

Auf den Redaktionstisch kommt ein Buch: Karl Hauer, *Vom Unzüchtigen im Sittlichen. Essays zu Kultur und Erotik,* herausgegeben von Gerd Kimmerle, Edition Diskord 1987. Ich bin zunächst irritiert, weil der Name Karl Hauer gar nichts wachruft, dann deprimiert, weil die Essays vor achtzig Jahren geschrieben wurden, nach wie vor aber aktuell sind. (Wie wenig hat sich doch seit 1900 zum Besseren geändert! Die allgemeine Heuchelei dauert an, das sexuelle Elend, der kulturelle Sexualdemokratismus, der Kampf Anteros gegen Eros). Schließlich aber überwog die Freude am radikalen Denken, an der Entdeckung. Dem Herausgeber sei gedankt!

Das Bändchen, das gewichtiger ist als mancher Wälzer der Großverlage, versammelt vier Essays: *Wie werde ich moralisch? oder: Die Kunst, sich sittlich zu entrüsten* (angefügt ist ein Essay über *Pornographie); Heilig ist die Leidenschaft!; Erotik der Keuschheit* sowie *Erotik der Kleidung.* Schauen wir einmal hinein: »Während dieses (das Laster, V. S.) immer schärfere Reizmittel suchen muß (. . .), genügt der Keuschheit schon der Gedanke, daß der Mensch nackt in seinen Kleidern steckt, um ein wonniges Gruseln zu empfinden. (. . .) Der Wüstling betätigt sich in der Wirklichkeit des Lebens, und diese Wirklichkeit ist nicht nur oft recht rauh und unerfreulich, sie ist auch eng und begrenzt; keusche Herzen aber leben im holden, unbegrenzten Reich der *Phantasie.* An der genauen Kenntnis der leidigen Wirklichkeit scheitert die Phantasie, zerstiebt jede Illusion. Von dem aber, was man nicht genau weiß, was mit pochendem Herzen sich nur ahnen läßt, davon kann man köstlicher träumen, als alle Wirklichkeit je zu gestalten vermag. (. . .) Ich wünschte mir schon oft, eine höhere Tochter zu sein, um einmal die Wonnen des Lasters aus der schrankenlosen Phantasie eines standhaft entbehrenden keuschen Herzens kennen zu lernen!« (S. 16ff.) »Ich denunziere hiemit die stolzeste und gepriesenste der christlichen Haupttugenden, die Tugend der Keuschheit (. . .) als verhaltene, ins Geistige vertriebene Begierde, als eine sublime Art der Erotik, als Anbetung der Sünde in der Form des heroischen Widerstandes.« (S. 52)

Die Tugend ist ohne das Laster nicht zu denken, das Laster nicht ohne die Tugend; Pornographie und Sittlichkeit gehören untrennbar zusammen wie Promiskuität und Monogamie; das Verbot macht das Sexuelle groß, nicht der reale sexuelle Vollzug: Gedanken, die uns durch de Sade und Nietzsche vertraut sind, tauchen bei Karl Hauer auf, aber auch solche, die uns erst sehr viel später Bataille nähergebracht hat.

Gerd Kimmerle, der Herausgeber, schreibt in einem kurzen Vorwort, über das Leben des 1875 in Gmunden/Oberösterreich geborenen Hauer sei »sehr wenig bekannt«, dessen Spur verliere sich »am Beginn des ersten Weltkriegs« (S. 7). Immerhin teilt er mit, Hauer habe zum literarischen Kreis um Georg Trakl und zum publizistischen Kreis um Karl Kraus gehört und sei von Freud gelesen und geschätzt worden, wie ein Brief vom 7. Oktober 1906 an Kraus beweise. Das animierte mich, den Kampf mit der Furie des Verschwindens aufzunehmen. Doch 17 Literaturgeschichten und -lexika, die beschworen wurden, blieben stumm. Endlich eine Notiz im IX. (Ergänzungs-) Band des Hayn/Gotendorf: Hauer hat das von Wilhelm Heinse übersetzte *Satyrikon* von Gaius Petronius 1909 bei Sutter in München herausgegeben und eingeleitet. Zwei Jahre später erschien seine Essay-Sammlung *Von den fröhlichen und unfröhlichen Menschen* bei Jahoda & Siegel in Wien und Leipzig.

Beim Blättern in der *Fackel* von Karl Kraus fällt die Ankündigung dieser Sammlung auf und dann, Heft um Heft: wie das Elend eines Kulturkritikers angezeigt wird: »Schriftsteller, 31 Jahre, sucht eine Stellung als Privatsekretär, Reisebegleiter, Lektor einer Verlagsanstalt oder in sonstiger literarischer Tätigkeit im In- oder Auslande. Anerbieten wolle man an die Adresse: *Karl Hauer, Wien, I. Ledererhof 2* gelangen lassen.« Davor, dazwischen und danach finden sich Hauers Essays, als erster *Lob der Hetäre* (Nr. 188/1905), noch unter dem Pseudonym Lucianus veröffentlicht, dann Bemerkungen zu Gott und der Welt: über Geld, Erotik der Keuschheit (hier abgedruckt), Klassiker, Erotik der Kleidung (hier abgedruckt), Ibsen, Petronius, Gilles de Rais, de Sade, Sozialdemokratie (ganz besonders hellsichtig!), Weib und Kultur (ganz besonders problematisch!), über den Wert der Arbeit, die Voraussetzungen des Theaters, über Erotik der Grausamkeit, Kinder, Journalisten, Sinne, Musik, staatliche Kunstpflege, Pornographie (hier abgedruckt) und Macht. Als letzte Veröffentlichung in der *Fackel* (Nr. 287/1909) findet sich schließlich der hier ebenfalls abgedruckte Essay *Heilig ist die Leidenschaft!*

Offenbar erkrankte Hauer danach so schwer, daß er nicht mehr schreiben konnte. Karl Kraus sah das Dahinschwinden und schrieb dagegen an: »Wer der Fackel glaubt, möge *Karl Hauer* nicht vergessen, dem der Vorsprung der beweglichen Unfähigkeit noch immer den Platz weggenommen hat, auf den ihn die Lebenssorge anwies. Da im weiten Gebiet literarischer Existenzen alles besetzt und bestellt war (. . .), blieb jenem nur noch übrig, in schwere Krankheit zu verfallen.« (Nr. 339-340/1911:46) Neun Jahre später teilt Kraus in einer Fußnote mit, daß Karl Hauer »nun auch« verstorben sei: »Für seine dürftige Körperlichkeit hatte diese drangvolle Erde nicht Raum und für seine reiche Geistigkeit so wenig Zeit, daß in einem Literaturbezirk, in dem der flachste Optimismus noch heute seinen sogenannten Mann nährt und die Schwindler jenen Hochflug nehmen, den dem Mann die Last einer geistigen Ehre verwehrt, sein Tod so wenig Beachtung wie sein Leben gefunden hat.« (Nr. 521-530/ 1920:117)

Geistigkeit, Ehre, Mann und sogenannter Mann — das läßt mich an eine Abhandlung über Karl Kraus und die Erotik der Wiener Moderne denken: *Geist und Geschlecht* von Nike Wagner, 1982 bei Suhrkamp in Frankfurt am Main erschienen. In ihr kommt Hauer tatsächlich vor, wird auf wichtige Quellen hingewiesen (insbesondere Briefe Hauers im Kraus-Archiv der Stadtbibliothek Wien), ja es finden sich sogar Interna (Hauer besorgte die erste Auswahl für den Krausschen Sammelband *Sittlichkeit und Kriminalität,* der zunächst *Eros und Themis* betitelt war) und Intimitäten (Hauer, Kraus und Erich Mühsam teilten sich offenbar die Liebe einer Irma Karczewska). Es drängt sich der Eindruck auf, Hauer habe trotz dürftiger Körperlichkeit und

Flucht in die Krankheit nicht zu jenen hypersensiblen und femininen Weibdeutern gehört, die, wie Altenberg, Hofmannsthal oder Schaukal, von der *femme fragile* angezogen wurden, sondern viel eher zu jenen, die sich, wie Kraus, Wedekind, Heinrich Mann oder Soyka, von der *femme fatale* entzünden ließen. Die Lektüre seines *Fackel*-Essays *Weib und Kultur* (Nr. 213/1906) bestätigt diesen Eindruck. Die »Koitus-Kultur« (Otto Weininger) verachtete er. Wie sein Förderer war er ganz offensichtlich ein richtiger, kein sogenannter Mann, und falls er so viril war wie der Herausgeber, dann konnte er sich auch selber erniedrigen: vor der Venus im bestialischen Pelz, vor dem perversen Kindweib, vor der »großen« Hure, aber selbstverständlich nicht vor den vielen kleinen Hürchen des »vaginalen Zeitalters« (Karl Kraus).

Der Protagonist hat Farbe bekommen, ist voller Schwächen und Irrtümer wie seine und unsere Meister. Ich kann mich endlich beruhigen, muß ich doch auch noch die Wälzer aus den Großverlagen lesen, von denen immer so viel versprochen wird. Zwei Hoffnungen aber will ich noch äußern: daß die Edition Diskord alle kulturkritischen Essays Karl Hauers eines baldigen Tages versammelt und sich ForscherInnen für Leben und Werk des Vergessenen interessieren, um ihn und damit auch sich selber zu promovieren.

Perversion als Kunstwerk

Sexualforscher wie ich stoßen seit einhundert Jahren immer wieder auf eigentümliche Photographien, die Knaben und Jünglinge in Pose zeigen, antikisierend, aber mit präzisen Genitalien. Eines Tages schließt sich der Kreis. Begonnen hatte er in *Der Eigene, Die Schönheit, Die Insel* und *Die Freundschaft* (alles Titel, die der Botschaft des Photographen offensichtlich äquivok sind), erfaßte dann *American Magazine Queen's Quarterly, La Voce Repubblicana, homosexuelle emanzipation* und *him applaus* und schließt sich gegenwärtig in Büchern und Ausstellungen. Jetzt wissen alle, was die *Sexualmedizin* endlich in ihrem Augustheft von 1987 gefragt hat: Der Mann, der nach der Lektüre Homers und Theokrits »das alte klassische Leben im Bilde wiedererstehen« lassen, der Kunstwerke mit der Photomaschine herstellen wollte, der Pionier der *plein air*-Photographie und der »homosexuellen Sehweise« in ihr, der Verkünder des ewig Ephebophilen und des *fin de siècle*-Androgynen heißt Wilhelm von Gloeden.

Der Kreis habe sich geschlossen? Nein, noch lange nicht. Aber dank einiger Studien, die sexuelle Liberalisierung und Homosexuellenbewegung der 70er Jahre möglich machten und verlangten, wissen wir jetzt ein wenig mehr über Person und Werk als die Bilder ohnehin verraten. Zu nennen aus der Fülle der Abhandlungen sind vor allem die Bücher von Michele Falzone Barbarò, Marina Miraglia und Italo Mussa[1] sowie von Ekkehard Hieronimus[2], ganz besonders aber das kürzlich erschienene Werk von Ulrich Pohlmann.[3]

Etwas muß immer wieder fasziniert haben. Im Gästebuch Gloedens fanden sich Namen aus Hochfinanz (Krupp, Rothschild, Stinnes, Morgan, Vanderbilt) und Hochadel (Edward VII., König Paramandra von Siam, der deutsche Kronprinz August und einige Hohenzollernprinzen). Nur Wilhelm II. lief tumb an Gloedens Studio vorbei. Dafür kam 1897 Oscar Wilde, kam 1898 Alexander Graham Bell, kam 1908 Anatole France zu Besuch. Dafür figurierten Sarah Bernhardt, Francesco Paolo Michetti und Marcel Proust im persönlichen Erinnerungsbuch des Jünglingsverehrers. Der hatte sich um die Jahrhundertwende an internationalen Photographie-Ausstellungen beteiligt und einige Auszeichnungen erhalten. Dann kamen die Weltkriege, und der Sonderbare wurde vergessen. Endlich, 1949, erzählte Roger Peyrefitte in *Les amours singulières* die vermeintliche Geschichte des »Barone di Taormina«. Dreißig Jahre später interessierten sich Roland Barthes, Michelangelo Pistoletto und Joseph Beuys für ihn[4], und Andy Warhol, der »Pope of Pop Art«, interpretierte den »Baron of Kitsch«.[5] Heute gilt er als einer der großen der Photographie.[6]

Während Barthes und Warhol aussprachen, was viele Betrachter, auch wenn ihnen Epheben keineswegs erotisch gleichgültig sind, bei der ersten Konfrontation mit den Kunstwerken des Herrn von Gloeden gedacht haben: eher Kitsch als Kunst, eher Camp als Künstler, reinigt Pohlmann den Pionier zwar nicht von diesem Verdacht, behandelt ihn aber so liebevoll ernsthaft, daß Gloedens Inszenierungen nicht abgeschmackter erscheinen als unsere eigenen ohnedies. Die meisten »Abhandlungen« über Gloeden sind nur ein Vorwand, Sexographie »seriös« an den Mann (und neuerdings auch die Frau) zu bringen. So auch das 1987 erschienene »bibliophile Taschenbuch« von Schickedanz[7], das sich klappenmäulig »eine repräsentative Auswahl aus dem weit verstreuten »Œuvre Gloedens« nennt, aber nicht einmal angibt, aus welchen Sammlungen die Bilder stammen. Pohlmann dagegen beweist erstmalig überzeugend, daß diese Person nicht mit ihrer Obsession zusammenfällt. Bei ihm gibt es Bilder von Mädchen und Frauen, bekleideten Arabern und Mönchen, Truthähnen und Landschaften. Allerdings wird die nun einmal wesentliche Obsession des Pioniers im Bildteil, nicht im Text, so heruntergespielt, wie es selbst dem Frankfurter Kunstverein 1988 geboten schien: die nackten Knaben ins Souterrain, nach hinten und unten, wo es dunkel ist und immer etwas klamm.

Berechtigt ist Pohlmanns Präsentation, weil sie ganz offensichtlich der Verknödelung einer Obsession — Stichwort: der Baron und die Boys — widersprechen will. Gloeden war nicht nur Akt-, sondern auch Genre-, Porträt- und Landschaftsphotograph.[8] Unberechtigt ist diese Präsentation, weil Gloeden heute noch der C. H. Stratz der Ephebophilen ist. Man könnte sagen, daß »Forscher« wie Stratz, bewußt oder unbewußt, einen Weg gesucht und gefunden haben, wie heterosexuelle Männer in prüder Zeit ihre Schaulust milde befriedigen konnten, ohne Scham und Schuld zu empfinden. *Die Rassenschönheit des Weibes* hieß eines seiner Werke, das 1901 herauskam und zahllose Auflagen erlebte.[9] Nichts anderes hat auf den ersten Blick Wilhelm von Gloeden getan: ein sexuelles Interesse anziehen, leicht ablenken und zur Not befriedigen. Dem zweiten Blick aber ist die Differenz wesentlich. Auf der Darstellung des Pädophilen und Ephebophilen lastet nach wie vor ein Tabu, das ungleich virulenter ist als das, das nach wie vor auf der Abbildung des Heterosexuellen lastet. Deshalb ist Stratz fast überholt, Gloeden aber nicht. Mit der »Rassenschönheit des Weibes« jedenfalls lockt niemand mehr einen Heterosexuellen von den Illustrierten weg. Ein Ephebophiler aber muß noch immer mit Gloedens stilistisch eklektizistischen Verrenkungen versuchen, seinen voyeurstischen Trieb zu befriedigen, oft sogar noch sehr viel mehr. Denn geändert hat sich für ihn nur wenig.

So allgemein erstarrt und sexuell unerregt die Modelle des wilhelminisch-taorminesischen Lebenskünstlers durch zensierte Empfindung und photographische Technik sind, so allgemein hektisch und sexuell pseudoerregt sind die Modelle der rezenten Videokassettenproduzenten. Was der Herr von Gloeden vielleicht nach dem Posieren mit den jungen Bauern, Hirten und Fischern veranstaltet hat, wenn das Dorf schlief, wird heute vor der Kamera exekutiert. Daß das Jahrhundert, das uns von ihm trennt, keine Möglichkeit erregter und befriedigender Ephebophilie gebracht hat, beweist nicht nur die Pseudoaktivität der pornographischen Produktionen, in denen die Heranwachsenden verzweifelt nach Bildern nackter Frauen greifen, sondern am Ende die ungestillte und vielleicht unstillbare Sehnsucht derer, die nach Süden reisen und von den »sicilian boys« schwärmen — womit denn auch beinahe schon alles gesagt wäre.

Mir imponiert, wie ein Sexualsubjekt Interesse und Sache produktiv zusammenbringt, obgleich alles dagegen spricht. Wilhelm von Gloeden wurde 1856 als Sohn eines Forstmeisters in Volkshagen bei Wismar geboren. Das Studium der Malerei mußte er wegen eines »Lungenleidens« aufgeben. (Tbc? Bronchitis? Asthma? Es wird wohl eine psychosomatische Erkrankung gewesen sein.) Da fügte es sich, daß ihm sein Arzt den Süden dringlich empfahl. »Er erklärte mich für verloren, falls ich in unseren Provinzen bliebe«, läßt Peyrefitte, dessen Fiktion Schickedanz als bare Münze nimmt, ihn sagen. Auf den Wegen Winckelmanns und des Grafen Platen wandelnd, gelangt Gloeden nach Taormina. Er ist 21 oder 22 Jahre alt. Nach eigenem Zeugnis findet er dort sein Paradies auf Erden, und das sind die Anmutung der Antike und die Anmut der Sizilianer. Er gesundet von dem Leiden, das ihn »daheim« schon ein Jahr ins Sanatorium verbannt hatte. Wahrscheinlich hat Peyrefittes Doktor recht: In den wilhelminischen Provinzen wäre diese Seele erstickt.

Natürlich findet Gloeden auf Sizilien keine paradiesische oder sonstige Harmonie, sondern überall Widersprüche. Unverdrossen inszeniert er klassische Schönheit, doch die Körper seiner Modelle sind von der Kinderarbeit zerschunden. Die Armut steht ihnen im Gesicht wie im Genitale. Der Adlige stellt Vertrautheit her, doch zwischen ihm und den Dorfbewohnern klafft ein sozialer Hiatus. Im Bild sind die Knaben passiv, unschuldig, androgyn und traumverloren, doch in der Wirklichkeit müssen sie das Gegenteil dessen sein. Widerspruchsvoll ist auch die Methode. Einerseits sind die Photographien symbolisch überladen, ungenau und auch sublim, andererseits beim Festhalten der Geschlechtsmerkmale unvermittelt und klar. Schwoll aber einmal unnatürlicherweise ein männliches Glied an, kratzte es der Pionier im Negativ heraus[10], damit der Schein einer Badehose entstehe. Deshalb fanden die italienischen Faschisten nicht, wonach sie gelüstete, als sie nach Gloedens Tod (1931) seine Glasnegative und Abzüge konfiszierten. Das hinderte sie natürlich nicht, Tausende zu zerstören.

Die Widersprüche aber können das, was Gloeden zustande brachte, nicht schmälern, weil erregte Harmonie sowieso ein Unding ist. Ob Gloeden als Photograph und Künstler bedeutend ist, kann ich nicht beurteilen. Als Sexualforscher jedoch, der sexuelles Elend gesehen hat, bewundere ich die Kreativität dieses Sexualsubjekts. Eberhard Schorsch wird mir recht geben, wenn ich sage, hier geht es nicht um »Perversion als Straftat«, über die er immer schreiben muß, sondern um »Perversion als Kunstwerk«. Genauer: als Kunst-Lebenswerk, nicht als Kunst-Kunstwerk.

Dieses Sexualsubjekt brachte vor einhundert Jahren sizilianische Frauen dazu, sich vollkommen nackt zu zeigen. Jungen posierten vor ihm als Mädchen. Die Nacktheit wirkt weder heroisch noch entblößt noch demonstrativ. Die Schönheit beschönigt nicht, wie es Brecht irgendwo sagt. Dieses Sexualsubjekt fing das polymorph Perverse der Unschuld ein. Es schaute fetischistisch auf Genitalien wie normale Leute allenfalls in Gesichter. Wilhelm von Gloeden versteckte seine persönliche Neigung nicht. Deshalb schneidet ihm auch der Reinwaschungsversuch von Ekkehard Hieronimus[11] im Katalog der Kunsthalle Basel die Subjektivität ab: Er habe »keine homoerotischen Fotos schaffen« wollen, »sondern ästhetische Abbildungen jugendlicher Schönheit, Ausdruck eines Traumes von Freiheit, Adel und Natürlichkeit«. So in »das geistige Gefüge seiner Zeit gestellt«, erweise sich »das Werk von Gloedens nicht als das Werk eines erotomanischen Einzelgängers, sondern als das eines Künstlers, der auf seine Weise bestimmte Tendenzen und unbewußte Sehnsüchte seiner Umwelt aufnahm und versuchte, sie in der Fotografie als Realität darzustellen«. Gloeden sei zwar »homosexuell« gewesen; »doch sein homerischer Traum ist männlich wie das antike Vorbild«. Geistiges Gefüge, Adel, Ästhetik und Natürlichkeit – auf daß Trieb, Begierde, Manie, Einzelgängerei, Wohllust und Wollust verblassen. Antike als heres Vorbild – nur nicht als parates Mittel zum schnöde perversen Zweck. Unbewußte Umweltsehnsüchte – bloß nicht seine eigenen. Und da man heute mindestens zwei Pfund Tomaten auf den Augen hat, wenn man die Homo-Sexualität des Protagonisten immer noch übersieht, muß sie eben traumhaft, homerisch und vor allem männlich sein. Zur Zeit der westdeutschen Schwulenbewegung gibt Hieronimus mit solchen Klimmzügen seine Schwulenverachtung zu Protokoll, auch dann, wenn er meint, das Gegenteil zu sagen: Gloeden »als nur homosexuell abzuwerten (sic!), ist eher ein Werturteil über die Kritiker als ein moralisches (sic!) über ihn«. Papperlapapp.

Wenn es eine gelungene Ephebophilie geben sollte, dann liegt sie bei jener Verstellung in großer Nähe, die dieser deutsche Heimatvertriebene in der Fremde in Szene setzte – vertrieben im mehrfachen Sinn von Trieb bis Abtreibung, von Treiben bis Betrieb. »Est-ce qu'il est ›camp‹, ce baron von Gloeden?«, fragte Roland Barthes.[12] Jedenfalls war er einer, der sachlich und distanziert beobachtete und sich doch teilnehmend akut selbst leidenschaftlich verzehrte. Wäre er nur ein preußischer Freilandphotograph gewesen, dann wären höchstens die ersten erheiternd kitschigen Bilder aus einem Freikörperkulturcamp herausgekommen. Gloedens Bilder sind aber mehr. Ihnen ist anzusehen, daß es dem Animateur nicht nur um *plein air*-Antike ging, sondern um ein *tertium,* das beiden, dem Modell wie dem Drapeur, einen ungewußten, geheimen oder verbotenen Wunsch erfüllt, ohne daß Reue, Ekel oder Scham seiner Erfüllung folgt.

Gloedens Meisterschaft war, den Knaben sehr nahe gekommen zu sein, aber nicht *zu* nahe. Co-itus, aber keine Penetration, kein Verschlingen. Die Körper der Jungen rieb er mit einer Emulsion aus frischer Milch, Olivenöl, Glyzerin und Duftstoffen ein[13], um ihrer Haut eine einheitliche Farbe, einen Schimmer zu verleihen. Doch sie blieben die, die sie nun einmal waren, arme Dorfbewohner voller Makel, keine seligen Lichtgestalten, die der Klarist Elisàr von Kupffer zur gleichen Zeit an die Wand malte. Es war, klagte Gloeden, »oft nicht leicht, den Arbeitern und aus dem Volk herausgegriffenen Typen das Verständnis für meine Absichten beizubringen und sie zu bewegen, den Ausdruck anzunehmen, der meine Absicht möglichst verwirklichen sollte. Schöne Bilder zogen an meinen Augen vorüber, und nur schwach vermochte mein guter Wille diese wiederzugeben.«[14] Diese Schwäche war Gloedens Stärke. Sie klärte auf, nicht ab. Sie machte die objektiven Widersprüche erst richtig objektiv. *Fragments d'un discours amoureux,* müßte Roland Barthes dazu eigentlich sagen: nicht nur ein Diskurs über die Liebe, sondern auch ein »liebender« Diskurs.

Die Meisterschaft der Knaben war, die Verrücktigkeiten des norddeutschen Adeligen als das zu behandeln, was sie waren: endlich etwas Anderes und doch ein ganz selbstverständliches Übereinkommen der passiven Schaulust des aktiven Künstlers mit der aktiven Zeigelust des passiven Modells. Hat Beuys[15] über sechs Gloedensche *ragazzi* »La Rivoluzione siamo Noi« geschrieben, weil er mit dem Knie spürte, daß die Porträtierten Eigene waren, ohne und mit Verstellung?

Mehr kann ein Erwachsener von einem Heranwachsenden nicht erwarten und ein Kind nicht von Mann oder Frau, soweit unser Auge reicht. Gelungenes ephebophiles Leben meinte also: keine *zwanghafte* Sexualisierung wie heute nicht selten und keine *zwanghafte* Erotisierung wie damals bei den bürgerlichen Knabenhelden, die nach Gloeden kamen, sondern ein Drittes, das der Pionier erfolgreich gesucht, wenn auch nicht gefunden hat. Theoretisch wäre das *tertium* nicht mehr in den Perversionslehren unterzubringen und schon gar nicht als innere sexuelle Szene zu erledigen, die immer wieder externalisiert werden muß, um, psychoanalytisch gesprochen, die blutende Lücke im Selbst zu verplomben. Und auch nicht nur als ein mimetischer Umgang mit der Natur wäre das Dritte zu begreifen: sondern der Menschen miteinander. Adorno, in solchen Dingen doch einmal affirmativ, hätte Eichendorff zitiert, der wie Gloeden bis heute verkannt ist: »ferne Nähe«.

Hoffen wir, daß Gloedens *differentia specifica* vor allem darin bestand, ein Knabenfreund und ein ephebophiler Voyeur zu sein. Dann hat er womöglich doch sein Orplid, sein Arkadien gefunden. Verdient hätte er es. Für seine jungen Freunde oder deren Bräute legte er von jeder Einnahme, die ihm die Krupps und Ladendorfs verschafften, etwas zurück, so daß später eine Existenz gegründet werden konnte. So bekam jeder, was er zum Überleben brauchte: die Modelle ein kleines Geschäft und der Lebenskünstler zu seinen Bildern noch ein ganz anderes Drittes, das ihn vor der Geschichtslosigkeit bewahrte. Kein Wunder also, aber enorm, daß die Taorminesen dieses Sexualsubjekt bis heute verehren.

Zwanzig Jahre Sexualmedizin und Sexualberatung

Eine Bestandsaufnahme

Es ist kaum zu glauben, aber wahr: Die sogenannte Sexualmedizin wird gegenwärtig 20 Jahre alt. Höchste Zeit also, wieder einmal darüber nachzudenken, was wir uns zugemutet und aufgeladen haben, welche Geister wir riefen und was aus ihnen geworden ist.

Ein Notstand

Sexualmedizin als eine Idee, die nicht nur einzelne Ärzte beschäftigt, sondern die Medizin insgesamt, ist bei uns eine Frucht des gesellschaftlichen Liberalisierungsprozesses der 60er Jahre. Damals reflektierten junge Ärzte das Verhältnis von sexueller Sphäre und Medizin äußerst kritisch[1], legten die mangelhaften Kenntnisse und zweifelhaften Haltungen von Medizinstudenten[2] und Allgemeinärzten[3] durch empirische Forschung offen — und proklamierten einen Notstand. Nachdem immer mehr Patienten von den Massenmedien auf die sexuelle Frage gestoßen worden waren, konnten und wollten sich viele Ärzte der neuen Herausforderung nicht entziehen. Der Topos »Sexualmedizin« begann seine Reise durch die Disziplinen der Medizin. Es kam zu zarten und grobschlächtigen Berührungen: Gynäkologie und Psychoanalyse, Chirurgie und Sexualwissenschaft, Urologie und Psychosomatik.

Die grenzenlose Bereitwilligkeit der sogenannten Sexualmedizin barg jedoch Gefahren, die schon bald erkannt wurden: bloß andere Vokabeln, bloß neue Kleider überm siechen Leib, theorielose Kühnheit, das Auf-allen-Hochzeiten-tanzen-Syndrom, das Mißverständnis, Sexualmedizin könne man erlernen und betreiben wie »kleine Chirurgie«, überhaupt die Mode, das eigene, traditionsreiche Fachgebiet zugunsten einer kursgängigen Marke zu verschweigen, sobald es ums Sexuelle ging. Psychosomatiker beispielsweise nannten auf einmal das, was sie schon lange vorher vertreten hatten, nicht mehr Neurosenlehre und Psychotherapie, sondern »Sexualmedizin«.

Eine Betrachtungsweise

Trotz dieser Bereitwilligkeit ist Gott sei Dank aus der Sexualmedizin keine neue Disziplin gezimmert worden. Jene Sexualwissenschaftler, die den Notstand theoretisch und empirisch beschrieben hatten, lehnten die damit verbundene Isolierung des Sexuellen immer ab. Sie wußten, daß den psychosozialen Sexualstörungen weder krankheitstheoretisch noch behandlungstechnisch eine Sonderstellung zukommt. Sexualstörungen sind grundsätzlich so zu verstehen und zu behandeln wie andere Konflikte und Störungen auch. Wer Patienten mit neurotischen oder psychosomatischen Erkrankungen behandeln kann, kann *prinzipiell* auch Patienten mit sexuellen Störungen behandeln. Sehr früh sahen jene Sexualwissenschaftler in der Sexualmedizin keine irgendwie sinnvoll abgrenzbare medizinische Disziplin mit eigenständiger Theorie und Methodik, sondern eine Betrachtungsweise. Angesichts der praktischen Aufgaben stuften sie den sexualmedizinischen Aspekt als einen Unteraspekt des psychosomatisch-psychotherapeutischen Hauptaspektes ein. Diese Dimension existiert in beinahe allen medizinischen Fächern. Insofern läuft der sexualmedizinische Aspekt quer durch die Disziplinen. Das Einrichten eines Spezialgebietes hätte nur dazu geführt, diesen Aspekt wieder aus den anderen Disziplinen, wohin er gehört, abzuziehen, ihn an Ort und Stelle wieder absterben zu lassen. Außerdem wäre die medizinische Unsitte bestärkt worden, den Patienten dem auffälligsten Symptom entlang zu überweisen. Ein sexuelles Symptom sticht aber, hat es sich erst einmal gezeigt, immer hervor.

Wird nur nach der Disziplinierung der Sexualmedizin gefragt, könnte die Entwicklung der letzten 20 Jahre als gelungen bezeichnet werden. Die konservative Kraft der Medizin hat verhindert, daß wir jetzt Ärzte für Sexualmedizin haben oder gar sexualmedizinische Universitätskliniken. Angesichts der Dummheiten, Lüsternheiten und Rohheiten, die heute »Sexualmedizin« genannt werden, kann man für diese Reserviertheit nur dankbar sein.

Das heißt nicht, Spezialabteilungen an einigen Universitäten könnten kein Gewinn sein. Da es in der Bundesrepublik nach wie vor nur zwei Abteilungen für Sexualwissenschaft gibt, eine in Hamburg und eine in Frankfurt, müssen diese Abteilungen, die sich nie als »sexualmedizinische« verstanden haben, jene Aufgaben übernehmen, die auch dann unabweisbar sind, wenn die Sexualmedizin nicht als Disziplin angesehen wird: das Sammeln, Ordnen und vor allem Tradieren der Erfahrungen und Ergebnisse in Theorie, Therapie, Forensik und Lehre ohne zeitliche Begrenzung und unabhängig von einzelnen Forschern.

»Sexualtherapie« als Irrweg

Als die erste sexualmedizinische Euphorie Mitte der 70er Jahre in eine heilsame Ernüchterung hätte umschlagen können, weil etliche Ärzte bereits am eigenen Leib erfahren hatten, daß es keine schnellen Rezepte gegen Sexualprobleme gibt, daß die »Therapie sexueller Störungen«[4] vielmehr eine anstrengende und komplizierte Angelegenheit ist, erreichte der sogenannte Psychoboom die Medizin, den die Schulpsychologie dazu benutzte, als »Heilkunst« aufzutreten. Es war schon verrückt: Ende der 60er Jahre konnten wir nicht genug Psychologie in die Medizin holen, Ende der 70er Jahre mußte oft vor ihr gewarnt werden. Die »Psychotherapisten«, wie ich sie damals nannte, redeten unablässig vom Menschen und seiner Freiheit. Doch sie hatten ihre »Erkenntnisse« an Spulwürmern gewonnen, rissen die in ihre »Funktionsteile« zerlegten »Klienten« in ein Schattenreich von Verhaltens- und Kommunikationsimmanenz, erteilten ihnen Ratschläge, die immer Schläge sind. Objektives, das nicht dem Seelenleben entspringt, wurde subjektiviert, Gesellschaftliches wurde psychologisiert, soziale Konflikte wurden therapeutifiziert – als sei die Gesellschaftsformation eine Krankheit, die man behandeln könnte. Insgeheimes Ziel des Therapismus war jener Typus, der wie geölt funktioniert, der weder ein Ich hat noch unbewußt handelt, vielmehr dem objektiven Zug entlang reflexartig reagiert.

Jedes Jahr wurden damals »neue« Therapien auf den Markt geworfen (vgl. auch S. 26 ff.), darunter zahllose sogenannte Sexualtherapien. Doch was konnten diese »Therapien«, die versuchten, das Sexuelle zu isolieren, eigentlich meinen? Den Kampf ums Geschlecht, um Sinn und Bedeutung der Unterschiede und Rollen, um eine geschlechtliche Identität? Lustgewinn aus verschiedenen Quellen an verschiedenen Objekten mit verschiedenen Resultaten? Triebregungen aus einer Quelle, die sich solchen aus anderen Quellen anschließen und deren weiteres Schicksal teilen? Triebbefriedigungen, die durch andere ersetzt werden? Die Abänderungen in Richtung und Gegenstand? Die Aufschiebbarkeit der Befriedigungen, das Haltmachen auf halbem Weg? Zärtlichkeit, Liebe, Verhältnis, Verbindung oder Beziehung? Ehe und Familie? Dazu all die Affekte, Gefühle, Sensationen, Vorstellungen, Phantasien? Und Symptome, die ganz unsexuell scheinen, aber sexuelle Wunscherfüllungen darstellen, die sich durch Kompromißbildung mit den Abwehrformationen modifiziert, gewissermaßen verschoben realisieren? Und umgekehrt, und immer so weiter...

Wird all das gemeint und dann natürlich mit Herkunft, Werdegang und Bedeutung, bedarf es einer elaborierten Theorie und Praxis mit Tradition, wenn sich mehr als kurzlebige Übertragungs-, Suggestions- oder Spontanremissionen einstellen, wenn mehr als Geschwätz, Astrologie und Agitation betrieben werden sollen. Das gilt auch dann, wenn die Optik, wie bei den üblichen »Sexualtherapien«, scheinbar nur auf gestörte sexuelle Funktionen eingestellt ist. Solche Symptome mögen zwar wie ein Fremdkörper im Seelenkörper liegen, freischwebend sind sie aber gewiß nicht. Sie sind das äußere Zeichen für einen verborgenen Konflikt, der eine Trieb- und eine Abwehrseite hat und vor allem eine Genese; sie haben Bedeutungen und nehmen Aufgaben wahr, die einmal mehr nach innen weisen, in den seelischen Haushalt, einmal mehr nach außen, auf die Bezugspersonen und die Umstände des Lebens.

Paartherapie nach Masters und Johnson

Sehr schnell waren die »Sextherapeuten«, wie sie sich entlarvenderweise selbst nannten, mit ihrem Latein am Ende. Es wurden zwar noch Therapiecocktails gemixt, es wurde zwar noch zusammengeschustert, ein bißchen von jener Theorie, ein Stück von dieser Apparatur, ein wenig soziale Taktik dazu – doch die erhofften Erfolge blieben aus.

Das Sexualleben verändern und Störungen beseitigen konnte schon damals nur ein breitgefächertes Verfahren, welches weit übers vermeintlich als Funktion dingfest gemachte Sexuelle hinausreicht. Ich meine die Masters-Johnson-Therapie[5], für mich bis heute die einzige diskutable »Sexualtherapie«. Sie gab Informationen und beseitigte störende Umstände und behindernde Vorstellungen, sie enthielt allgemein-psychotherapeutische sowie speziell verhaltens- und kommunikationstherapeutische Elemente. Nachträglich konnte man in ihrer ursprünglich ganz und gar naiven Form vor allem lernpsychologisch begründbare Techniken – Desensibilisierung in vivo, Entspannungsübungen, *sexual responses, assertive training,* besonders *feeling talk* – wiederfinden und das Prinzip der reziproken Hemmung am Werk sehen. Heute verfügen wir über »psychodynamisierte« Formen der Paartherapie[6], die mit Gewinn angewandt werden.

Voraussetzungen der Sexualberatung

Spätestens Anfang der 80er Jahre konnte jeder interessierte Arzt wissen, welche Voraussetzungen erfüllt sein müssen, wenn es um kompetente Sexualberatung geht. Auf vielen Fortbildungsveranstaltungen, insbesondere in Heidelberg, Hamburg und Frankfurt, in zahllosen Veröffentlichungen waren die Minimalanforderungen immer wieder genannt worden. Ich fasse sie hier noch einmal knapp zusammen.

Sich Zeit nehmen, über Sexualität sprechen können und dem Patienten zuhören, das Sexuelle in das ärztliche Gespräch integrieren und seiner falschen Sonderstellung berauben – das sind die ersten Schritte, wenn die Fähigkeit entwickelt werden soll, die Interaktion von Arzt und Patient in ihrer Bedeutung für Diagnostik und Therapie erkennen zu können. Alte Fragen nach einem Anamneseschema, nach der Nosologie sexueller Störungen, nach Zahlen und Daten treten dann zurück. Balints Einsicht[7], daß man auf Fragen nur Antworten bekommt, weiter aber auch nichts, kann lebendig werden. Eine neue Sichtweise drängt sich auf: Wie behandelte der Patient den Arzt? Wie waren die Gefühle des Arztes beim Gespräch? Wer behandelte eigentlich wen? Wessen Bedürfnisse wurden befriedigt? Der Arzt, der den dynamischen Aspekt der Arzt-Patient-Beziehung erleben lernt, der ein Gefühl dafür bekommt, was »Angebot des Patienten«, »Droge Arzt«, Übertragung und Gegenübertragung meinen, der kann seinen Patienten besser verstehen, der kann besser entscheiden, wann es richtig ist, mit dem Patienten zusammen ein Stück weit an dessen Problem zu arbeiten, und wann nicht, weil das Problem zu kompliziert oder eigene Hindernisse zu groß sind.

Ohne dieses Verstehen wird auch der Arzt mit großem Faktenwissen nicht in der Lage sein, »Fakten«-Fragen des Patienten angemessen zu beantworten, Fragen, die sich beispielsweise auf eine Hormonbehandlung, eine Zeugungsverhütungsmethode oder die Aufnahme einer Psychotherapie beziehen. Beratung ist immer mehr, als organmedizinische Fachkenntnisse direkt anzuwenden oder sozialmedizinische Maßnahmen zu ergreifen. Fakten und Daten erhalten gerade bei sexuellen Störungen ihre Bedeutung erst aus dem psychosozialen Zusammenhang, aus dem sie ursprünglich abgehoben worden sind. Selbstverständlich können Faktenkenntnisse auf den ersten Stufen der Beratung helfen, ärztliche Fehler, für den Patienten nutzlose bis schädigende Eingriffe zu vermeiden, beispielsweise wenn bekannt ist, daß das Symptom »ausbleibende Ejakulation« durch bestimmte Medikamente hervorgerufen wird. Ob der nächste Schritt aber in angemessener Weise und Richtung erfolgt, ist nicht mehr vom sogenannten Faktenwissen abhängig, sondern davon, ob der beratende Arzt im Wahrnehmen der affektiven und vielfach dem Bewußtsein entzogenen Bereiche trainiert ist, in denen sich die Krankheit des Patienten in der Arzt-Patient-Beziehung ausdrückt. Dieses Training steht im Zentrum sogenannter Balint-Gruppen.

Ein Arzt, der das Problem seines Patienten in diesem Sinn verstehen will, wird nicht nach einer organischen Ursache so lange fahnden, bis das Symptom endlich fixiert ist. Er wird bemüht sein, äußere und organische Faktoren der jeweiligen Störung in schonendster Weise auszuschließen. Killerphrasen wie »Wissen Sie, das hat jeder mal« werden ihm nicht mehr über die Lippen kommen. Er wird sein eigenes Liebes-, Sexual- und Geschlechtsleben nicht mehr als konfliktfrei, als durch und durch gelungen ansehen und zum Maßstab erheben. Er wird seine eigenen Schwächen, Abneigungen, Vorlieben und Realitätsverzerrungen kennen. Er wird nicht »lieber Gott« spielen und existentielle Fragen, wie die nach Heirat, Trennung, Sterilisation, Abtreibung oder Adoption, entscheiden, Fragen, die nur die Subjekte selbst beantworten können. Er wird nicht alle und alles »heilen« wollen, sondern die Grenzen seiner Profession, seiner Kompetenz und seiner Kraft kennen. Er hat nicht das Ziel, alle Patienten sexuell tüchtig oder gar glücklich zu machen. Gerade weil er über fundierte Fachkenntnisse verfügt, verbirgt er Nichtwissen nicht. Lehnt er aus ethischen oder persönlich-biographischen Gründen ein Verhalten, ein Begehren oder einen Eingriff ab, spricht er mit dem Patienten offen darüber. Diese Wahrhaftigkeit wird immer belohnt.

Es ist sehr viel besser, wenn Ärzte, die ihre Grenzen reflektiert haben, die Hände von Sexualberatung und Sexualmedizin lassen, als wenn Alleskönner den neuesten Schrei oder das, was sie in zweifelhaften Gazetten aufgeschnappt haben, an ihren Patienten exekutieren.

Gewinn und Verlust

Ärzte, die all das erfahren und erkannt haben, nahmen die Strapazen einer Selbsterfahrungs- oder Balint-Gruppe, einer eigenen Analyse oder einer psychotherapeutischen Ausbildung auf sich. Nicht selten diente der Besuch sexualmedizinischer Fortbildungsveranstaltungen als jener Induktor, auf den Mediziner vielleicht besonders angewiesen sind, weil ihr Studium so seelenfern angelegt ist. Daß heute sehr viel mehr Ärzte für die sexuellen Nöte ihrer Patienten aufgeschlossen sind als vor 20 Jahren, daß heute einige Ärzte psychotherapeutisch tätig sind, die über die sexualmedizinische Diskussion und Orientierung dazu gekommen sind — darin sehe ich den Gewinn, den die Sexualmedizin als Idee der Medizin insgesamt gebracht hat. Das ist quantitativ nicht viel, qualitativ aber eine Verbesserung.

Ansonsten ist die Lage kaum besser als vor zwei Jahrzehnten. Nach wie vor sind die Fachkenntnisse erschreckend gering[8], weil es keinen sexualwissenschaftlichen Pflichtunterricht gibt an unseren Universitäten und weil die zwei psychosozial-psychosomatischen Kurse während des gegenwärtigen Medizinstudiums nicht mehr sind als ein Tropfen auf den heißen Stein. Entsprechend fragwürdig ist auch heute im allgemeinen der Umgang mit sexuellen Problemen in der ärztlichen Praxis.[9]

Als die Sexualmedizin aufkam, sah ich zwei Chancen. Zum einen, daß die Versorgung der Patienten in dieser Hinsicht *allgemein* verbessert werden würde. Daraus ist nichts geworden. Zum anderen, daß bisher getrennt gehaltene oder noch gar nicht wahrgenommene Erklärungsgitter und Betrachtungsweisen zusammengeführt werden könnten. Auch daraus ist *allgemein* nichts geworden. Wie vor 20 Jahren ist die Medizin gespalten in zwei Lager, hier das Gros der Somatiker, dort die kleine Gruppe der Psychiker, die in der Körpermedizin kaum Bedeutung und Würde erlangen konnte.

Diesen Hiatus hat das bunte Treiben der Sexualmediziner nicht ernsthaft in Frage gestellt. Eher im Gegenteil. Die einen unterzogen sich in den letzten zehn Jahren einer Ausbildung in Psychotherapie und traten nicht selten ganz ins Lager der Psychiker über; die anderen verfeinerten ihr körpermedizinisches Instrumentarium und verließen sich wieder ganz und gar auf Medikamente und Operationen. Damit ist der Riß, der durch die Medizin läuft, wieder beinahe total. Mein Fachkollege Eberhard Schorsch[10] hat kürzlich die Entwicklung der Sexualmedizin zurück zur Somatik als Reduktion der Sexualität auf die bloße Körperfunktion analysiert und an den Beispielen Theorie und Therapie sexueller Perversionen, Medikalisierung der reproduktiven Sphäre, invasive somatische Diagnostik bei funktionellen Sexualstörungen sowie gegenwärtiger Trend zu operativen Verfahren, darunter Implantationen von Penisprothesen, im einzelnen belegt.

Obgleich es in der Theorie einen deutlichen Erkenntnisgewinn gegeben hat, stehen wir doch in der Praxis, von kleinen Erfolgen abgesehen, am Ende der 80er Jahre wieder dort, wo wir Ende der 60er

Jahre angefangen hatten. Offenbar ist es in unserer Medizin unmöglich, Sexualmedizin als ein Allgemeines *nicht* organisch zu betreiben. Jedenfalls scheint mir das in der Medizin vorherrschende somatische Denken letztendlich dafür verantwortlich zu sein, daß sich die Hoffnungen, die an die Idee der Sexualmedizin geheftet worden sind, nicht erfüllen konnten, ganz unabhängig davon, ob im gesellschaftlichen Maßstab gerade sexuelle Liberalisierung oder sexuelle Restauration angesagt ist.

Somatisches Denken als Haupthindernis

Das Gros der sexualmedizinisch interessierten Ärzte mißversteht unverändert gesellschaftlich-seelische *Tat*bestände wie sexuelle Appetenz, Geschlechtsidentität oder Liebe als letztlich naturale Ereignisse, möchte »rein kausal« vorgehen und den Mechanismus der Sexualität zentral und peripher als neuroendokrinen bestimmen, ist auf der Suche nach dem organisch faßbaren Sexualstoff, produziert erst ein sexuelles *artificium,* um danach dessen natürliche Natur zu suchen, die es nicht gibt. Der Mensch ist schließlich von Natur gesellschaftlich, und seine Sexualität ist es auch. Ohne den gesellschaftlichen Lebensprozeß existierte die Gattung Mensch nicht einmal biologisch.

In der gegenwärtigen Sexualmedizin aber wuchern morphologische, pathophysiologische, letztlich naturalistische Fragestellungen und Methoden, so daß es nicht verwundert, wenn heute beispielsweise behauptet wird, 70 bis 90 Prozent der impotenten Männer seien organisch krank und müßten körperlich behandelt werden, am besten operativ. Solche Aussagen werden gemacht und in die Praxis umgesetzt, ohne daß ein einziges Mal in einer kontrollierten Studie überprüft worden wäre, wie viele Männer *ohne* sexuelle Funktionsstörungen gerade die organischen Veränderungen zeigen, die die Impotenz verursacht haben sollen.

Entsprechend schlicht und ergreifend geht es zu, wenn das erfaßt und behandelt werden soll, was auf den ersten Blick mehr ist als eine gestörte Sexualfunktion. Dann sollen hochkomplexe, seelisch ebenso wie gesellschaftlich bestimmte Bildungen nach dem Modell der

Infektionskrankheit des letzten Jahrhunderts von einer einzigen körperlich faßbaren Ursache hervorgerufen worden sein: Kriminalität durch XYY, männliche Homosexualität durch pränatalen Androgenmangel, Transsexualismus durch HY-Antigen, Pädophilie durch LD 4$^+$ usw. Wem die Menschen mehr sind als dekapitierte Frösche, der kann solche mit großem Aufwand betriebenen und mit wissenschaftlicher Inbrunst vorgetragenen Positionen, die oft innerhalb weniger Jahre in sich zusammenbrechen, nur als absurd erleben. Offenbar aber ist der Wille zur Reduktion des Komplizierten, zur einfachsten Lösung, ja auch zur Endlösung so gewaltig, daß er die, die sich nicht an der Suche nach der Ursache oder der Noxe beteiligen, mit Erfolg als ungenau und unlogisch, letztlich unwissenschaftlich hinstellen kann: Die Kausalisten stehen dann als die wahren Forscher, die Hermeneutiker als Schwätzer, die kritischen Theoretiker als Ideologen da. Weil reine Unmittelbarkeiten gesucht werden, letzte Gründe, desavouiert sich jedoch die Frage nach den Ursachen als idealistische Metaphysik und als somatologische Bemächtigungsphysik, weil der Boden der Relationen als Noxe dingfest gemacht und als Isolat ausgerottet werden soll. Da sich die somatologisch-kausalistische Bewältigungsphysik, die von den Hau-ruck-Relationen Anlage/Umwelt oder Ursache/Wirkung, in den Naturwissenschaften längst theoretisch überwunden, nicht loskommt, mit Vorliebe auf das von der Norm Abweichende richtet, fragt sie ihrer eigenen Logik zum Trotz nicht nach den Ursachen der Heterosexualität, aber »natürlich« (und das meint in unserer Kultur immer »gesellschaftlich«) nach den Ursachen aller anderen Sexualitäten.

Dem widerspricht fortschrittlich gesonnene Sexualmedizin kategorisch, aber nicht kategorial, indem sie einfach invers naturalistisch meint. Insbesondere dann, wenn sie sich außerstande sieht, den Angehörigen verpönter Minoritäten die vollen Menschenrechte mit Vernunftsgründen oder solchen einer menschenfreundlichen Ethik zuzusprechen, ist »Biologie« gefragt — als liefere die äußere Natur aus sich heraus die Maßstäbe für menschliche Freiheit und Gerechtigkeit, als sei sie nicht unfrei (richtiger: freiheits*los*) und ungerecht (richtiger: gerechtigkeits*los*), weil sich diese Kategorien an sie gar nicht anlegen lassen. Doch die fortschrittlichen Sexualmediziner, ob nun in West oder neuerdings Ost, versammeln sich hinter der gutgemeinten, aber wissenschaftlich falschen und politisch defätistischen Parole, derzufolge dieses oder jenes Sexualverhalten »eine natürliche Variante menschlicher Sexualität« sei. Indem diese Sexualmediziner die Natur hypostasieren, befördern sie, auch gegen ihre erklärten Absichten, die naturwissenschaftliche Suche nach irgendeiner Ursache irgendeiner Sexualität. Der Versuch, unkonventionelles Sexualverhalten mit dem Verweis auf natürliche Gegebenheiten zu exkulpieren, geht mit dem Versuch, dasselbe Verhalten mittels scheinbar naturwissenschaftlich begründeter Eingriffe wegzutherapieren, Hand in Hand. Beide operieren mit einer Letztbegründung, stellen sich von menschlicher Geschichte frei.

Die Furie des Somatischen, die die heutige Sexualmedizin wieder so sehr fasziniert, kommt immer erst dann zum durchschlagenden Erfolg, wenn die Prozesse des Lebendigen entflochten oder stillgestellt sind. Werden die Nerven durchtrennt, ist eine Erektion nicht mehr möglich. Solche Eingriffe folgen den Gesetzen der Mechanik, nicht den Bedingungszusammenhängen des Lebendigen. Der chirurgische Eingriff, durch den die Genitalien entfernt werden, »beweist« nicht mehr, als daß nur das entfernt werden kann, was da ist. Ebenso vorwissenschaftlich ist die Meinung, in der anatomischen oder hormonellen Ausstattung des Menschen habe man das »Radikal« der Sexualität vor sich, als sei es nicht ein Ungedanke, sich den Menschen ohne Blut und ohne Hände vorzustellen und die Erektion fleischlos, als begönne das Menschsein nicht erst an jenem Punkt, an dem Menschen ihre Hände mit Blut beflecken und die Erektion mehr ist als Reflex oder als mehr genommen wird. Daß ein Kind, dem bei einer Operation aus Versehen der Penis verbrannt wurde, durch Erziehung die Gewißheit erlangen kann, eine Frau zu sein, obgleich alle körperlichen Merkmale, die ganze Chemie und die ganze Genetik, »männlich« sind, ist in diesem Denken ebensowenig unterzubringen wie die Zeugungsphantasien von Frauen oder die Empfängnisphantasien von Männern.

Subjektmedizin

Auf die Arbeit der Körpermedizin herabsehen kann nur, wem das sexuelle Geschehen körperlos scheint. Es mag noch so psychosomatisch zugehen, dem Patienten ist nur geholfen, wenn der Operateur die Technik beherrscht. Verstehen à la Balint hat dort seine Grenze, wo der Chirurg das Gefäß schonend präparieren soll und sonst gar nichts. Fragt er sich und den Patienten, wie dessen Kindheit beschaffen war, überreizt er, bricht den Vertrag, wechselt von der einen Technik zur anderen. Das ist gefährlich, weil er in der nichtsomatischen Technik nichts als ein Mann von der Straße ist, während er sich als Somatiker an dem gewachsenen Können seiner Profession messen muß. Indem der Körpermediziner sein somatisches Handeln mit dem somatischen Denken des Kranken zusammenfallen läßt, tut er nicht selten unwillkürlich das einzig Mögliche und auch Richtige. Besser von einem kompetenten Arzt zum Objekt gemacht werden als zur Risikoperson. Fragen nach dem Vorleben, nach persönlichen Neigungen, Lüsten und Süchten irritieren alle; das somatische Setting dagegen kann beruhigen. Diese Beruhigung darf Sexualmedizin im allgemeinen nicht bieten, weil sie sonst ihr theoretisches Corpus verriete, zu dem das Erforschen der Biographie gehört. Corpus und Biographie: Auch kritische Sexualmedizin kommt um Affirmation, Isolation und Durchleuchtung nicht herum. So richtig es ist, die Krankheit des Patienten in Genese, Verlauf und Exazerbation verstehen zu wollen, so berechtigt ist dessen Wunsch, in dieser Hinsicht unverstanden, aber mit großer Freundlichkeit und hoher Kompetenz operiert zu werden.

Jedes wissenschaftliche Corpus tendiert zum Terror. Je entfalteter es ist, desto unentrinnbarer: bio-sozio-psycho-somatisch, auf daß die letzte Ritze, durch die das Individuelle blinzelt, wissenschaftlich zugekleistert werde. Schlüge das Individuum nicht so viele unvorhersehbare Haken, überlebte es nicht so viele Drahtseilakte, überstünde es nicht psychosoziale Therapie besser als körperliche, wären die Systeme der Wissenschaften vom Menschen nicht so lückenhaft und unwahr, dominierte nicht das somatische Denken in Medizin wie Gesellschaft, müßte sich die Kritik nicht nur immer wieder, sondern in erster Linie mit dem psychosozialen Denken auseinandersetzen.

Da im somatischen Denken aber das Subjekthafte überhaupt keinen Ort hat, da es mit den *facta bruta* identisch ist, unterliegt selbst der banalste chirurgische Eingriff der Kritik.

Selbstgefälligkeit ist aber zu vermeiden. Keine Seite ist im Besitz von Wahrheit und Menschlichkeit, und geholfen werden kann den Patienten nur, wenn die Vertreter aller Denkschulen unendlich geduldig sind und, zerfallen wie das Ganze nun einmal ist, Alleinvertretungsansprüche bei den anderen wie in den eigenen Reihen bekämpfen. Nur dann bleibt dem Leidenden vielleicht der schmale Spielraum, »selbst« zu entscheiden, ob für ihn Moxibustion, Psychoanalyse oder eine Operation das angemessene Mittel zur Linderung ist.

Anmerkungen

Ruchlose Sorge

1 Dieser Text, im Oktober 1984 als Leitartikel der Ärzte-Zeitschrift *Sexualmedizin* veröffentlicht, wurde mehrfach nachgedruckt, insbesondere von der Humanistischen Union, die dazu schrieb: »Dieser Bericht von Prof. Sigusch war Anlaß für den Landesverband der HU in Nordrhein-Westfalen, sich beim Landesjustizminister für Alexander Ebbinghaus einzusetzen. Im November kam die Nachricht vom Justizminister — ›. . . Die Strafvollstreckungskammer des Landgerichts Münster hat zwischenzeitlich beschlossen, Herrn Ebbinghaus mit Wirkung vom 30.11.1984 aus der Unterbringung zu entlassen‹« (*Mitteilungen*, 25. Jg., Nr. 110, S. 4, Februar 1985). Entscheidend war offenbar eine gutachterliche Stellungnahme, um die der Hamburger Sexualforscher und Psychiater Prof. Eberhard Schorsch gebeten worden war. Später lese ich in der Schwulen-Zeitschrift *Nummer* (25. Ausgabe, November/Dezember 1986, S. 14): »Alexander Ebbinghaus ist tot. Noch zwanzig Monate in Freiheit. Zwei Monate nach Erscheinen des Artikels von Professor Sigusch wurde Alexander Ebbinghaus als fast 81jähriger (. . .) aus der JVA Münster in Westfalen entlassen. Er kehrte in seine Heimatstadt Hückeswagen bei Wuppertal zurück. Die neugewonnene Freiheit gab ihm Auftrieb, sein Gesundheitszustand verbesserte sich — er wollte viel erledigen, doch stieß er dabei sehr schmerzvoll auf seine Grenzen (. . .). Er starb am 19. September 1986. Unser Zorn wird uns Kraft geben, sein extremes Leben zu dokumentieren (. . .).«

Der Therapismus und die Not des Lebens

1 Die vier Bücher, die erwähnt werden, sind 1982 bei Kösel in München erschienen: (1) Keleman, S.: *Leibhaftes Leben. Wie wir uns über den Körper wahrnehmen und gestalten können;* (2) Dropsy, J.: *Lebe in Deinem Körper. Kreativität und menschliche Beziehungen durch »expression corporelle«;* (3) Figge, P. AW: *Dramatherapie bei Kontaktstörungen. Spielräume erlebensbezogener Verhaltenstherapie;* (4) Howe, J. (Hrsg.): *Therapieformen im Dialog. Anwendung und Integration von Gesprächspsychotherapie, Psychoanalyse und Verhaltenstherapie.*

Magnus Hirschfeld und die Hirschfeld-Renaissance

1 Magnus Hirschfeld (1868 bis 1935) war der bekannteste Sexualforscher der Weimarer Republik. Er gründete 1919 (nicht 1918, wie der *Spiegel* im Vorspann schrieb) in Berlin ein Institut für Sexualwissenschaft und gab im Auftrag des Wissenschaftlich-humanitären Comitées von 1899 bis 1923 das *Jahrbuch für sexuelle Zwischenstufen unter besonderer Berücksichtigung der Homosexualität* bei Max Spohr in Leipzig heraus. Eine zweibändige Auswahl legte 1983/84 der Qumran Verlag Frankfurt a.M. und Paris vor. Die Neuedition besorgte Wolfgang Johann Schmidt. Für den 1. Band hat Martin Dannecker ein Vorwort, für den 2. Band Peter Gorsen ein Nachwort geschrieben.

2 Vgl. *Mitteilungen der Magnus-Hirschfeld-Gesellschaft*, Nr. 1, Juli 1983. Dort ist auch die Satzung der Gesellschaft abgedruckt. § 2.1. lautet: »Der Verein hat den Zweck, eine Gedenkstätte für Dr. Magnus Hirschfeld zu errichten und zu unterhalten, das wissenschaftliche Werk Hirschfelds und seiner Mitarbeiter zu erforschen und der Öffentlichkeit bekannt zu machen und das von den Nationalsozialisten zwangsweise aufgelöste Berliner ›Institut für Sexualwissenschaft‹ wiederzuerrichten.«

3 Diese Äußerungen machte Hirschfeld gegenüber der in Prag erscheinenden Zeitschrift *die wahrheit* (Jg. XII, Nr. 17, 19. August 1933, S. 16). Der gesamte Text, der »zum Zionistenkongreß« unter dem Titel »Magnus Hirschfeld: Zur Sterilisation« angekündigt worden war, hat folgenden Wortlaut: »Dr. Magnus Hirschfeld, der vor Hitlers Machtergreifung Leiter des Institutes für Sexualwissenschaft in Berlin war, äußerte sich über die Erfolgsmöglichkeiten der Sterilisation in einem Gespräch folgendermaßen: In Kalifornien hat man die Sterilisation angewendet. Ich hatte Gelegenheit mich zu überzeugen, daß Jene, die diese Maßnahme einführten, aus den idealsten Motiven handelten. Sie hatten ihre Versuche an vielen tausend Objekten gemacht, bevor sie sie auf den Menschen übertrugen. Diese Versuche ergaben in den meisten Fällen ein günstiges Resultat *für* die Sterilisation. Trotzdem bin ich noch skeptisch und bleibe der Ansicht, daß man jenes Thema mit größter Vorsicht behandeln sollte, solange die Geheimnisse der Erblichkeit und die damit verknüpften Gesetze nicht restlos gelöst sind. Es ist bis jetzt noch keinesfalls bewiesen, daß geistig und körperlich gesunde Menschen auch immer vollwertige Nachkommen zeugen. Wieviel geniale Männer hatten Kinder von absolut mittelmäßiger Intelligenz. Wievele Durchschnittsväter zeugten bedeutende Menschen. Es genügt allein, an Beethoven zu erinnern, dessen Vater Alkoholiker war. Man muß die Hitlerschen Experimente abwarten, ehe man sich darüber äußert. Nicht nur aus wissenschaftlichen Gründen. Denn es ist keineswegs sicher, daß die Nationalsozialisten einzig und allein aus eugenischen Zwecken handeln. Man muß vielmehr befürchten, daß sie sich der Sterilisation bedienen werden, weniger um die ›Rasse aufzuzüchten‹, als um ihre Feinde zu vernichten. Die Ereignisse der letzten Monate bieten Anhalt genug für solche Befürchtungen.«

4 Dieser Satz ging in dem erbetenen Manuskript, das ich der Redaktion des *Spiegel* zusandte, folgendermaßen weiter: ». . . warum die Aids-Titelgeschichte des *Spiegel* (Nr. 23/1983) ruchlos war . . .« Natürlich wurde das nicht gedruckt.

Operation Aids

1 Sigusch, V. und H. L. Gremliza (Hrsg.): *Operation Aids*. Hamburg: Gremliza Verlags GmbH 1986 (= Sexualität Konkret, Heft 7). An der Schrift *Operation Aids* haben u.a. mitgearbeitet: Ingrid Klein, Gunter Schmidt, Edith Kohn, Sophinette Becker, Martin Dannecker, Rosa von Praunheim, Günter Amendt, Eberhard Hübner, Christel Dormagen, Paul Parin, Irene Stratenwerth, Michael Lukas Moeller, Eberhard Schorsch, Frank Rühmann, Gabriele Kreis und Nathan Fain. Ein Jahr später ist diese Schrift, aktualisiert und erweitert, als Buch herausgekommen: Sigusch, V. (Hrsg.), *Aids als Risiko*. Hamburg: Konkret Literatur Verlag 1987.

Die bayerische Aids-Politik ächten!

1 Vgl. *MABl.* 1987, S. 246ff.; *Aids-Forschung* 1987, S. 346ff.

2 Vgl. zur Weigerung der Stadt Nürnberg, Beamtenanwärter generell zu testen, und zu Verwaltungsgerichtsurteilen, die diese Position stützen, den Bericht der *Frankfurter Rundschau* vom 15.2.1988, S. 4

3 Vgl. jedoch die öffentlichen Stellungnahmen der Deutschen Gesellschaft für Sexualforschung gegen den bayerischen Maßnahmenkatalog vom März und vom Mai 1987, abgedruckt u.a. in *psychologie heute*, Heft 6/1987, S. 33; ferner z.B. Martin Danneckers Äußerungen in einem *Spiegel*-Streitgespräch mit Gauweiler (Nr. 3 vom 12.1.1987, S. 160-168) und meine Äußerungen in einem *Stern*-Interview von 1987 (hier nachgedruckt ab S. 66).

4 Bekanntlich wurde dem Zivilisten Gauweiler, nachdem er mit Hubschraubern und Blaulicht durchs Land gerast war und am Grab von F. J. Strauß »salutiert« hatte (vgl. *Frankfurter Rundschau* vom 16.7.1988, S. 3, sowie vom 6.10.1988, S. 4), wohl aus persönlichen Gründen, die Zuständigkeit für die Aids-Politik weggenommen. Deren Inhalt hat das nicht verändert. So verlangt die bayerische Staatsregierung nach wie vor drakonische Maßnahmen und beschimpft die Bundesregierung wegen ihrer »verfehlten« Politik. So bezeichnete Gauweilers Nachfolger, Staatssekretär Günther Beckstein, in einem Interview mit dem Nürnberger Rundfunksender »N 1« am 28.12.1988 HIV-infizierte Menschen als »Todesbomben«, die »man nicht entsprechend herumleben lassen« könne (zit. nach *Du & Ich*, Heft 2/1989, S. 45). Gauweiler selber gibt nach wie vor die Zeitschrift *Aids-Forschung* heraus und veröffentlichte Mitte 1989 unter dem Titel *Was tun gegen Aids? Wege aus der Gefahr* im Verlag R. S. Schulz (Percha am Starnberger See), in dem auch die SS-Memoiren des Franz Schönhuber erschienen sind, »unbelehrbar« und »uneinsichtig« seine Position. In diesem Buch sind vor allem seine bekannten öffentlichen Stellungnahmen nachgedruckt; Neues habe ich nicht gefunden. Indem aber Gauweiler all jene menschenverachtenden Äußerungen erneut und »überdacht« drucken läßt, Äußerungen, die dem Typus des von Angst überschwemmten Kleinbürgers, mit dem in der Diskussion die Rage durchgeht, zugerechnet wurden, sagt er uns, daß er es wirklich so meint. Beispielsweise über HIV-Infizierte: »Das sind halt Aussätzige.« Oder über den Schutz der Drogenabhängigen, den Politiker ausnahmsweise tatsächlich verbessern könnten: »Es ist nicht vertretbar,

durch die Abgabe von Einmalspritzen dem Drogenmißbrauch Vorschub zu leisten.« Oder generell: »Wir müssen diese Gruppen zum Auftauchen bringen und diese besonders schlimmen Ansteckungswege sichtbar machen. Wen ich da ermittele und aus dem Verkehr ziehe, der steckt keinen mehr an.« Das sind die Methoden eines Polizeistaates.Als ich diese Sätze noch einmal las, sagte der chinesische Politiker Deng nach den Massakern an den demonstrierenden Studenten: »In China kann sich niemand verstecken. Wir werden sie alle fassen.« Oswald Kolle hatte, als er Gauweilers Buch rezensierte (*taz* vom 15.4.1989), eine deutsche Erinnerung. Er schrieb, dessen Buch müßte nicht »Was tun gegen Aids?« heißen, sondern »Mein Kampf gegen Aids«.

5 Vgl. Sigusch, V. und H. L. Gremliza (Hrsg.): *Operation Aids*. Hamburg: Gremliza VerlagsGmbH 1986 sowie Sigusch, V. (Hrsg.): *Aids als Risiko. Über den gesellschaftlichen Umgang mit einer Krankheit*. Hamburg: Konkret Literatur Verlag 1987; zur Menschenverachtung von Juristen, die HIV-Infizierte als »amoklaufende MP-Schützen«, »Mördermaschinen« oder »Zeitbomben für die Öffentlichkeit« bezeichnen, mindestens und »weithin« aber als »Infektionstäter« vgl. insbesondere Frankenberg, G.: »Innere Sicherheit in Zeiten der Infektion«, in: *Kritische Vierteljahresschrift für Gesetzgebung und Rechtswissenschaft* 3, 344-364, 1988.

6 Zum Rückgang der Aids-Beratungen in Bayern und zur Abwanderung Infizierter und Kranker in andere Länder aus Angst vor Diskriminierung und Verfolgung vgl. z.B. *Frankfurter Rundschau* vom 8.4.1987, S. 1, vom 23.5.1987, S. 16, und vom 5.6.1987, S. 3; ferner *Du & Ich*, Heft 9/1987, S. 57, sowie Görgens, K., N. Kathke und H. Krahnke: »Erfahrungen und Ergebnisse der ›Anonymen Aids-Beratungsstelle‹ der Gesundheitsbehörde der Landeshauptstadt München«, in: *Aids-Forschung* 2, 104-109, 1987. Der bayerische Innenminister August R. Lang sagte dazu im Landtag: »Wenn einige unbelehrbare Verbreiter der Seuche aus Bayern tatsächlich abwandern sollten, so frage ich ernsthaft, ob wir uns hierüber grämen sollten?« (Zit. nach *Frankfurter Rundschau* vom 8.4.1987, S. 1)

7 Vgl. dazu im einzelnen und grundsätzlich Sigusch, V.: »Der Aids-Komplex und unser Leviathan. Kann und soll uns der Staat über Aids aufklären?«, in: *Psyche* 43, 673-697, 1989

8 Zit. nach *Süddeutsche Zeitung* vom 7.4.1987, S. 9. Nach öffentlichen Protesten versuchte Zehetmair, seine Äußerungen, die am 19.2.1987 in einer Fernsehdiskussion des Bayerischen Rundfunks gefallen waren, zu »differenzieren«. Diese »Differenzierung« ist ein Dokument der sprachlichen Verdrehung, der intellektuellen Verknödelung und der moralischen Verkommenheit (vgl. die Analyse in der *Süddeutschen Zeitung* vom 10.4.1987, S. 7 sowie von Scheel, K.: »Das Prinzip Bayern«, in: *Merkur* 41, 614-620, 1987). Die Auszüge, die die *Süddeutsche Zeitung* (4.4.1987, S. 9) aus dem Schreiben des Kultusministers veröffentlicht hat, sollten Satz für Satz gelesen und mit Äußerungen sogenannter Republikaner verglichen werden:

»Ich habe in dieser Sendung ausweislich des Protokolls ausdrücklich betont, daß es nicht darum gehe, jemanden zu verurteilen, wenn er homosexuell ist. Ich habe weiterhin erklärt, daß man für Homosexualität Verständnis aufzubringen hat, auch wenn man sie, wie ich persönlich, als naturwidrig und ein im Grunde krankhaftes Verhalten ansieht.

Meine Aufgabe kann und darf es nicht sein, um Verständnis für Homosexualität und damit für Randgruppen unserer Gesellschaft zu werben. Sondern sie muß vielmehr in erster Linie darin bestehen, dafür Sorge zu tragen, daß möglichst wenig junge Leute in diesen durch Aids besonders gefährdeten Randbereich hineingeraten. Wir müssen den Schutz der Vielen in der Bevölkerung als zentrales Ziel im Auge sehen und uns nicht nur darum bewegen, wer am Rand noch besser verstanden werden kann. Dieser Rand muß durch Aufklärung dünner gemacht bzw. ausgedünnt werden, denn er stellt für die Jugend keine Zukunftsperspektive dar.

Nur zur Ergänzung darf ich Sie auf die Erklärung des Vorsitzenden der Deutschen Bischofskonferenz, Kardinal Höffner, vom Freitag, den 13. März 1987, hinweisen. Darin heißt es, daß homosexuelle Verbindungen nicht mit der Lebensform Ehe und Familie gleichzustellen seien. Sie verstießen nicht nur gegen das Grundgesetz, sondern leisteten damit auch der Verbreitung der Immunschwäche-Krankheit Aids Vorschub.

Diese Erklärung steht in Einklang mit meiner Aussage, die rein gar nichts mit dem zu tun hat, was abwegig und unsinnig in sie hineininterpretiert worden ist.

Mit freundlichen Grüßen

Hans Zehetmair«

9   Zit. nach *Frankfurter Rundschau* vom 4.6.1987, S. 4

10 Zit. nach *Erdinger Neueste Nachrichten* vom 20.1.1983, S. 5

11 Ein Beispiel: Als in der Nähe des KZ Dachau eine Jugendbegegnungsstätte eingerichtet werden sollte, gab es erbitterten Widerstand von rechts. Ein führender CSU-Politiker wollte gegen dieses Projekt »bis zum letzten Blutstropfen« kämpfen, und ein Bürgermeister gab den Haß aufs Homosexuelle zu Protokoll: »Sie müssen bedenken, daß viele Kriminelle und Homosexuelle in Dachau waren. Wollen wir solchen Leuten eine Gedenkstätte errichten?« (zit. nach *Du & Ich*, Heft 5/1988, S. 5). Oder: Im fingierten Auftrag eines »Fachausschusses für Immunschwäche und Seuchenkrankheiten des Bundesgesundheitsministeriums« waren Mitarbeiter der Zeitschrift *Tempo* (vgl. Heft 8/1987) durch deutsche Gemeinden gezogen, um Baugelände für ein »geschlossenes Aids-Zentrum« zu suchen. Sie legten den Bürgermeistern den Plan des KZ Sachsenhausen vor, in dem die Wachtürme in »zentrale Sicherheitsstationen«, die Häftlingsbaracken in »Pavillons« und das Gelände für das Arbeitslager in »Fläche für die produktive Tätigkeit der Insassen« umbenannt waren. »Selbst Blocks für Prominente, wie seinerzeit in Sachsenhausen, sollte es geben. ›Ein Rock Hudson‹, so erläuterten die *Tempo*-Leute den interessierten Gemeindevorstehern, ›hätte natürlich in so einem Block für pips, d.h. prominent infected people, gelegen‹.« (Zit. nach *Du & Ich*, Heft 9/1987, S. 59) Acht von zehn Gemeindevorstehern sollen bereit gewesen sein, die Lager einzurichten.

12 Vgl. dazu z.B. Sigusch 1987, a.a.O.

13 Zit. nach *Frankfurter Rundschau* vom 3.6.1987, S. 4

14 Zit. nach *Frankfurter Rundschau* vom 18.12.1987, S. 24

15 Zit. nach *Frankfurter Rundschau* vom 4.7.1988, S. 20

Der Ratschläger oder Sexologie als Phrase

1 Vergleiche mit dem vorstehenden Text insbesondere Borneman, E.: *Das Patriarchat. Ursprung und Zukunft unseres Gesellschaftssystems,* Frankfurt a.M. 1975, S. 9-20, 545-550; ders.: *Die Urszene. Eine Selbstanalyse,* Frankfurt a.M. 1977, S. 22, 62, 81-89, 122-128, 142-146, 162, 174, 397

2 *Das Patriarchat,* S. 12

3 Ebd., S. 547

4 Borneman, E.: »Vom Kismet der Zwei«, in: U. Heider (Hrsg.), *Sadomasochisten, Keusche und Romantiker.* Reinbek bei Hamburg 1986, S. 71

5 »Neu! Professor Dr. Ernest Borneman antwortet auf Ihre intimsten Fragen«. *Neue Revue,* Nr. 6 vom 5.2.1983, S. 13

6 Vgl. z.B. *Die Urszene,* S. 393-397

7 Borneman, E.: »Emanzipation der Geschlechter. Ein Gespräch«, in: *Vorgänge,* Heft 15/1976, S. 53-59, hier S. 57f.; vgl. dazu ders.: *Studien zur Befreiung des Kindes,* Bd. III, Olten und Freiburg i. Br. 1976, S. 204. Gelungen ist ihm das schon mehrfach. So schreibt H.-M. Lohmann über seine *Urszene:* ». . . daß der Autor den Sinn dessen, was die Psychoanalyse unter Urszene versteht, geradezu auf den Kopf stellt« (*Psyche* 32, 537, 1978).

8 *Die Urszene,* S. 48, 24f.

9 Die »Sprechstunde« wird eröffnet in der Nr. 7 vom 12.2.1983. Vorgelegen haben mir die Jahrgänge 1983 und 1984 fast vollständig, aus den Jahren 1985 und 1986 einzelne Ausgaben. Beim Zitieren, z.B. 14/83, bedeutet die erste Zahl die Nr., die zweite das Erscheinungsjahr der *Neuen Revue.* Da eine »Sprechstunde« so unsäglich ist wie die andere, entfällt die Möglichkeit, »Ausrutscher« auszuwählen. — Borneman füllt der *Neuen Revue* nachweislich weitere Spalten. So beginnt das von ihm verfaßte »Lexikon ohne Tabus«, »das dem neuesten sexualwissenschaftlichen Forschungsstand entspricht«, in der Nr. 51 vom 17.12.1982. Darauf kann ich hier nicht eingehen.

10 Vgl. *Neue Revue* 19, 21, 24, 29, 38, 41, 44 und 46/83

11 Ebd., 25 und 39/83

12 So tritt Borneman einem auch persönlich zu nahe. Entweder vergiftet er eine mögliche Behandlung, oder er nennt Gunter Schmidt, mit dem ich seit 20 Jahren befreundet bin, öffentlich meinen »einstigen Freund« (vgl. *psychologie heute,* Sept. 1984, S. 75).

13 Ich möchte das hier kurz begründen: Methodisch sind Bornemans »Studien« durchweg undurchschaubar bis unhaltbar. Man fischt als Leser in trüben Quellen, die Belege sind unauffindbar, statt dessen werden ebenso desintegrierte wie opulente Bibliographien aus dem Zettelkasten serviert. Entweder schluckt man seine Behauptungen oder läßt es bleiben. Fachaussagen, die ich aus eigener Kenntnis beurteilen kann, sind oft so falsch oder verdreht wie die »Grunderkenntnisse der Sexualwissenschaft«, die er in seiner »Sprechstunde« präsentiert. In der Regel versucht Borneman, Thesen zu untermauern, die bereits so hanebüchen sind, daß man gar nicht weiterlesen mag. In seiner *Psychoanalyse des Geldes* (Frankfurt a.M. 1973) postuliert er »eine analytische Technik, die sich von der Analyse des Geldes zur Analyse des Nichtgeldes erhebt, eine Technik zur Umschulung des an der Gesellschaft Verzweifelten (. . .) Aus der Psychoanalyse des Kapitals muß eine Psychotechnik zur Verhinderung des Kapitalismus werden«

(S. 458). Das ist politischer und therapeutischer Unsinn. Mit seinem *Sex im Volks-mund* (Reinbek bei Hamburg 1974) will er die These belegen, »daß die Sprachlogik der sexuellen Unterwelt die einzige Therapie darstellt, die unserem senilen Hochdeutsch helfen kann, die Virilität des Mittelhochdeutschen wiederzufinden« (Bd. 1, S. 1 d. Einl., unpaginiert). Das ist androzentrischer Unsinn. Im *Patriarchat* (a.a.O., S. 530) behauptet er, Freud habe »eine psychologische Begründung der Notwendigkeit einer Diktatur des Proletariats« mitgeliefert, es nur nicht gemerkt. Das könnte man am ehesten wissenschaftliche Notzucht nennen.

Generell geht es ihm in diesem Werk um die Abschaffung des Patriarchats. Das sei »nur« dann möglich, wenn »der soziale und ökonomische Nachweis« erbracht werde (was er ankündigt, aber selbstredend nicht tut), »daß die Frau beim Ursprung unserer Kultur eine dem Manne zumindest ebenbürtige Rolle gespielt hat« (S. 12). Was vor Äonen (vielleicht) der Fall war, soll die Gleichstellung der Frau begründen. Beim Sprung vom Altpaläolithikum in den Imperialismus schüttelt Borneman alle Wirklichkeiten und Begriffe durcheinander, verficht einen politischen Naturalismus. Im »gesamten Corpus dieses Buches« will er nachgewiesen haben, »daß die menschliche Gesellschaft (. . .) ein ganz eindeutiges Ziel anvisieren muß: eine Wiederherstellung der klassenlosen Gesellschaft der Vorgeschichte auf höchster Ebene der elektronischen und atomaren Technik« (S. 530). Also: aus vorgeschichtlicher Vor-Steinzeit ins Jetzt und bitte irgendwie wieder zurück; naturales Kraut und atomar verseuchte Rüben in einen elektronischen Topf; guten Appetit! Wer dieses Werk einmal bis zum Ende liest, verzweifelt an unseren Lektoren und an einem Autor, der Marx und Freud in den Mund nimmt, um sie auszuspucken. Aber es hört mit dem reaktionären Aberwitz gar nicht auf. Denn die wieder vorgeschichtlich klassenlose Atomgesellschaft muß »von der Geschlechtlichkeit als solcher« (S. 21) befreit werden. Dazu war Borneman schon vor zehn Jahren jedes Mittel recht: »Wir werden Menschen mit Kiemen statt Lungen entwickeln, und wir werden Menschen entwickeln, deren Organismus nicht mehr von der Schwerkraft abhängig ist. Der Schritt von hier zur Abschaffung der Menstruation ist nicht groß, und die Erforschung einer Alternative zum Austragen des Kindes im Mutterleib sollte kaum überwältigende Schwierigkeiten bereiten« (S. 534). Aus Gründen der Emanzipation und Klassenlosigkeit ist es demnach unumgänglich, »den menschlichen Samen außerhalb des Mutterleibes aufzuziehen« oder vielleicht »durch Umbildung der Gattung eine ungeschlechtliche Fortpflanzung« (S. 531) zu erzielen. Auf jeden Fall muß alles autochthon Weibliche, Brüste, Menstruation, Schwangerschaft, beseitigt werden, sagt der Frauenfreund und fragt sich als Superfeminist verzweifelt, warum sein *Patriarchat* nicht »von den Konservativen angegriffen« wurde, um so heftiger aber »von den ›autonomen‹ Frauen« (*Die Urszene,* a.a.O., S. 126f.). Solche Rätsel sind leicht zu lösen. Jede Leserin, jeder Leser spürt, ob ein Menschenfreund spricht oder ein Menschenzüchter.

14 *Die Urszene,* S. 125
15 Borneman, E.: *Studien zur Befreiung des Kindes,* Bd. II, Olten und Freiburg i. Br. 1974, S. 43
16 *Die Urszene,* S. 163f.

Sind Zungenküsse gefährlich?

1 Adachi, A. et al.: *J. Virol.* 61, 209-213, 1987
2 Groopman, J. E. et al.: *Science* 226, 447-449, 1984
3 Ho, D. D. et al.: *N. Engl. J. Med.* 313, 1606, 1985; Levy, J. A. et al.: *Ann. Intern. Med.* 103, 694-699, 1985
4 Archibald, D. W. et al.: *Blood* 67, 831-834, 1986
5 Coffin, J. et al.: *Science,* 232, 697, 1986
6 Fultz, P. N.: *Lancet II,* 1215, 1986
7 Nachtrag Mitte 1989: Das HIV-1 konnte auch nicht in Speichel »angezüchtet« werden. Nach wie vor ist keine Übertragung durch Mund-zu-Mund-Beatmung, durch das Küssen Aids-Kranker oder durch das gemeinsame Benutzen von Zahnbürsten bekannt. Ein Fall angeblicher Übertragung durch Küssen (von einem heterosexuellen Mann auf seine Ehefrau), der durch die Medien geisterte, ist inzwischen von den Wissenschaftlern, die ihn veröffentlicht hatten, widerrufen worden; vergraben in einer Fußnote, wie sich denken läßt. Die Aids-Ärztin Eilke Brigitte Helm bleibt aber immer noch dabei, daß Zungenküsse gefährlich sind (vgl. den Bericht der *Neuen Zürcher Zeitung* vom 19./20. Februar 1989, Fernausgabe Nr. 41, S. 31). Ihr Mitstreiter Wolfgang Stille hat inzwischen zu Protokoll gegeben: »Obwohl das Virus auch in Körperflüssigkeiten wie Tränen und Speichel nachgewiesen werden konnte, sind Übertragungen der Infektion durch Kontakte mit diesen flüssigkeiten nicht bekannt und somit bisher epidemiologisch nicht signifikant« (Müller, R. und W. Stille: *Aids in der Krankenpflege. Ein Curriculum.* Stuttgart: Schwer 1989, S. 19): ein halber Rückzug, der von den Fakten erzwungen wurde, Zungenküsse aber noch immer nicht als ungefährlich bezeichnet.

Über die Vergesellschaftung der Krankheit Aids

1 Die epidemiologischen Aussagen sind im einzelnen belegt in meinem Vorwort zu dem Buch *Aids als Risiko* (siehe Anm. 9).
2 Vgl. *Der Spiegel,* Nr. 45 vom 5. November 1984, S. 104-105
3 Theoretische Vignetten, die in den Vortrag eingeflochten wurden, sind ausgeführt in meinem Aufsatz »Was heißt kritische Sexualwissenschaft?«, *Zeitschrift für Sexualforschung* 1, 1-29, 1988
4 *Der Spiegel,* Nr. 39 vom 23. September 1985, S. 3
5 Barré-Sinoussi, F. et al.: *Science* 220, 868-870, 1983
6 *Der Spiegel,* Nr. 18 vom 27. April 1987, S. 249-254
7 Vgl. Helm, E. B. u.a. (Hrsg.): *Aids II.* München u.a.: Zuckschwerdt 1986. Inzwischen hat Stille die von uns kritisierte »Stadieneinteilung«, beginnend mit »1a«, vor der Aids-Enquête-Kommission des Deutschen Bundestages in aller Form, d.h. schriftlich, zurückgenommen (vgl. *Aids: Fakten und Konsequenzen.* Zwischenbericht der Enquete-Kommission des 11. Deutschen Bundestages »Gefahren von Aids und wirksame Wege zu ihrer Eindämmung«. Bonn: Deutscher Bundestag 1988, S. 82), um anschließend die Frankfurter Klassifikation wieder

zu propagieren. So schreibt er beispielsweise 1989: »Unter Stadium 1a werden die klinisch gesunden – d.h. frei von Symptomen eines Immundefektes – antikörpernegativen Personen zusammengefaßt, die ein relevantes Infektionsrisiko haben« (Müller, R. und W. Stille: *Aids in der Krankenpflege. Ein Curriculum.* Stuttgart: Schwer 1989, S. 29). Ebenso äußerte sich im August 1989 seine Mitstreiterin Eilke B. Helm (vgl. Exner-Freisfeld, H. und E. B. Helm: »Anwendung des Schwerbehindertengesetzes für HIV-Infizierte und Aids-Kranke.« *Deutsches Ärzteblatt* 86, 1485-1488, 1989). Wir brauchen also weiterhin viel Geduld. Eines Tages aber werden vielleicht auch die Frankfurter Infektiologen aus human-medizinischen Gründen zwischen HIV-Infektion einerseits und der Krankheit Aids andererseits differenzieren und vollkommen gesunde »Personen« nicht mehr als ein »Krankheitsstadium« bezeichnen. Dienen Lebensweisen und Risikosituationen dazu, Krankheiten zu definieren, können wir gleich, wie seinerzeit das Sozialistische Patientenkollektiv Heidelberg, die ganze Gesellschaft als Krankheit mißverstehen. Diese Konsequenz mögen sich Helm und Stille als nächstes vorlegen.

8   Süssmuth, R.: *Aids. Wege aus der Angst.* Hamburg: Hoffmann & Campe 1987
9   Rühmann, F.: »Wege aus dem Zwang? Zur Aids-Politik der Bundesregierung«. In: V. Sigusch (Hrsg.): *Aids als Risiko.* Hamburg: Konkret Literatur Verlag 1987
10 *Der Spiegel,* Nr. 39 vom 23. September 1985, S. 85

Jugendliche und Aids

1   Einzelnachweise in V. Sigusch (Hrsg.): *Aids als Risiko.* Hamburg 1987
2   CDC: *Morbidity and Mortality Weekly Report* 36, 801-804, 1987
3   CNN vom 5.2.1988; vgl. dazu Sigusch, a.a.O., S. 15
4   *Aids-Forschung* 3, 112, 1988
5   Stoneburger, R. L. et al.: *N. Engl. J. Med.* 315, 1355, 1986; Winn, R. E. et al.: III. Int. Conf. on Aids, Washington 1987, Abstr. Vol., p. 57
6   Padian, N. et al.: *J. Am. Med. Ass.* 258, 788-790, 1987
7   Adachi, A. et al.: *J. Virol.* 61, 209-213, 1987
8   Sigusch, V.: *Sexualmedizin* 17, 28-29, 1988
9   Vgl. z.B. Friedland, G. H. und R. S. Klein: *N. Engl. J. Med.* 317, 1125-1135, 1987
10 Nachtrag Mitte 1989: Inzwischen sind wir etwas besser informiert. Von 28 Jugendlichen im Alter von 13 bis 19 Jahren (das sind 1% aller Erkrankten), die *kumulativ* bis Ende März 1989 in der Bundesrepublik und West-Berlin an Aids erkrankt sind und vom Bundesgesundheitsamt erfaßt wurden, hat sich *keiner* durch heterosexuelle Sexualkontakte angesteckt. Alle 28 Jugendlichen sind Jungen. Das heißt selbstverständlich nicht, daß sich Jugendliche nicht auf diese Weise infizieren könnten. In den USA waren laut persönlicher Mitteilung der Centers for Disease Control (CDC) an Gunter Schmidt bis Ende 1988 insgesamt 335 Aids-Kranke im Alter von 13 bis 19 Jahren (das sind 0,4% aller Erkrankten) gemeldet; mehr als vier Fünftel davon sind Jungen. Die meisten Jugendlichen (38%) waren durch ärztliche Behandlungen (Blut- und Blutproduktapplikationen) infiziert worden. Es folgen homosexuelle Kontakte und das intravenöse Spritzen von Drogen. Durch heterosexuelle Kontakte sollen sich 19 Jugendliche (6%) ange-

steckt haben. Betroffen sind vor allem Mädchen und Schwarze. Allein 13 dieser 19 Jugendlichen sind schwarze Mädchen. In allen anderen Gruppen kam es bisher extrem selten zu einer Übertragung durch heterosexuelle Sexualkontakte. Jugendliche sind also nicht *als solche* eine »besonders gefährdete Gruppe«, wie es überall heißt. Sie sind vielmehr, wie Angehörige anderer Gruppen auch, dann gefährdet, wenn sie sich Risikosituationen aussetzen oder diesen ausgesetzt werden (vgl. dazu Schmidt, G. et al.: *Zeitschrift für Sexualforschung* 2, 42-54, 1989; Klusmann, D. et al.: *Hamburger Ärzteblatt* 43, 278-282, 1989).

Verwilderung der medizinischen Sitten

1   *Morbidity and Mortality Weekly Report,* Vol. 36, No. 12, 1987
2   Vgl. z.B. den Artikel »Meinrad Koch. Der Aufklärer« von Susanne Mayer in *Die Zeit,* Nr. 4 vom 20. Januar 1989, in dem es über Professor Koch, den obersten Aids-Beamten der Bundesrepublik (nicht zu verwechseln mit dem verflossenen Berater Gauweilers, einem Landarzt namens Michael Koch) heißt: »Auch hat er seine Ansichten über die Homosexualität gründlich revidiert, ›abenteuerliche Vorstellungen‹, gesteht er — ›wie die meisten dieser Phantasien gespeist vom Sexualneid‹. Er sei deswegen zu ›irrsinnigen Hochrechnungen‹ über die Zahl der Infizierten gekommen. Der Sexualforscher Volkmar Sigusch habe die ihm damals in der *Frankfurter Rundschau* um die Ohren geschlagen.«
3   Frösner, G.: *Aids-Forschung* 2, 320f., 1987
4   Frösner, G.: *Aids-Forschung* 2, 468, 1987
5   Vgl. z.B. Kirschner, W.: *Zur Epidemiologie von Aids.* Bundeszentrale für gesundheitliche Aufklärung, Köln 1987; Guinan, M. E. and A. Hardy: *J. Am. Med. Ass.* 257, 2039-2042, 1987
6   Vgl. auch Koch, Meinrad: »Kein massiver Einbruch der Infektion in die Normalbevölkerung.« Interview. *Weltgesundheit, Magazin der WHO,* Heft 4, S. 20-24, April 1988
7   Burke, D. S. et al.: *N. Engl. J. Med.* 317, 131-136, 1987
8   Quinn, T. C. et al.: *N. Engl. J. Med.* 318, 197-203, 1988
9   *Morbidity and Mortality Weekly Report* 35, 757-765, 1986; *Aids-Forschung* 2, 228, 1987
10 Habermehl, K.-O. et al.: *Deutsches Ärzteblatt* 85, 839-843, 1988
11 Castro, K. G. et al.: *J. Am. Med. Ass.* 259, 1338-1342, 1988

Perversion als Kunstwerk

1   Michele Falzone Barbarò, Marina Miraglia und Italo Mussa: *Le Fotografie di von Gloeden.* Milano: Longanesi 1980
2   Ekkehard Hieronimus: *Wilhelm von Gloeden. Photographie als Beschwörung.* Aachen: Rimbaud 1982 (über die Rimbaud Presse können die in Italien erschienenen Gloeden-Bücher bezogen werden)
3   Ulrich Pohlmann: *Wilhelm von Gloeden — Sehnsucht nach Arkadien.* Berlin (West): Nishen 1987

4 Roland Barthes: *Wilhelm von Gloeden – interventi di Joseph Beuys, Michelangelo Pistoletto, Andy Warhol.* Napoli: Amelio Editore 1978
5 Andy Warhol: »The ›Pope of Pop Art‹ interprets the ›Baron of Kitsch‹.« *Adelina* (New York) 14 (1), 64-68, 1980
6 Vgl. z.B. Bruce Bernard (ed.): *Photodiscovery 1840-1940.* New York: Harry N. Abrams 1980
7 *Wilhelm von Gloeden. Akte in Arkadien.* Herausgegeben und mit einem Nachwort versehen von Hans-Joachim Schickedanz. Dortmund: Harenberg Kommunikation 1987
8 Vgl. z.B. die Photographien Gloedens in Arthur Stanley Riggs: »Inexhaustible Italy.« *The National Geographic Magazine* (Washington) 30 (4), 273-368, 1916
9 Stuttgart: Enke 1901
10 Vgl. Pohlmann, a.a.O., S. 36
11 Ekkehard Hieronimus: »Wilhelm von Gloeden (1856-1931).« In: *Katalog »Wilhelm von Gloeden«* der Kunsthalle Basel 1979; alle Zitate S. 9
12 Barthes, a.a.O., S. 7; vgl. den Nachdruck in Roland Barthes: *L'obvie et l'obtus. Essais critiques III.* Paris: Editions du Seuil 1982, dort S. 179
13 Vgl. Gert Schiff: »Die Sonne von Taormina.« In: *Katalog »Wilhelm von Gloeden«* der Kunsthalle Basel 1979, S. 1 15
14 Wilhelm von Gloeden laut Sitzungsbericht der Hauptversammlung der Freien Photographischen Vereinigung zu Berlin vom 21. Oktober 1898, *Photographische Rundschau* 13, 2-3, 1899
15 Joseph Beuys in Barthes, a.a.O., S. 26-29

Zwanzig Jahre Sexualmedizin und Sexualberatung

1 Sigusch, V.: »Medizin und Sexualität. Sieben Thesen zur kritischen Reflexion ihres Verhältnisses.« *Med. Welt* 21, 2159-2170, 1970
2 Meyenburg, B.: »Sexualmedizinische Kenntnisse von Medizinstudenten«. *Sexualmed.* 3, 10-13, 1974
3 Pacharzina, K.: »Sexualmedizin der Allgemeinpraxis«. *Sexualmed.* 4, 485-490 und 535-542, 1975
4 Sigusch, V. (Hrsg.): *Therapie sexueller Störungen,* Stuttgart und New York: Thieme 1975 (2. Aufl. 1980)
5 Masters, W. H. und V. E. Johnson: *Impotenz und Anorgasmie,* Frankfurt am Main: Goverts Krüger Stahlberg 1973
6 Arentewicz, G. und G. Schmidt (Hrsg.): *Sexuell gestörte Beziehungen,* Berlin (West) u.a.: Springer 1980 (2. Aufl. 1986)
7 Balint, M.: *Der Arzt, sein Patient und die Krankheit,* 3. Aufl. Stuttgart: Klett 1965
8 Dogs, C. P.: *Die sexualmedizinischen Kenntnisse der Medizinstudenten,* Med. Diss., Univ. d. Saarlandes 1986
9 Kuhnhenn, C. et al.: »Analyse über den Bedarf an sexualmedizinischer Versorgung in Berlin«. In: Magnus-Hirschfeld-Gesellschaft (Hrsg.), *Für ein neues Berliner Institut für Sexualwissenschaft.* Berlin (West): Ed. Sigma Bohn 1987
10 Schorsch, E.: »Die Medikalisierung der Sexualität«. *Z. Sexualforsch. 1,* 95-112, 1988

Literatur

Die in den »Anmerkungen« belegten Veröffentlichungen werden nicht noch einmal aufgeführt.

ARENTEWICZ, G./G. SCHMIDT (HRSG.): Sexuell gestörte Beziehungen. Konzept und Technik der Paartherapie. Berlin (West) u.a.: Springer 1980 (2., neubearb. Aufl. 1986)

BLOCH, I.: Das Sexualleben unserer Zeit in seinen Beziehungen zur modernen Kultur. Berlin: Marcus 1907

DANNECKER, M.: Vorwort. Jahrbuch für sexuelle Zwischenstufen. Herausgegeben im Namen des wissenschaftlich-humanitären Comitées von M. Hirschfeld. Auswahl aus den Jahrgängen 1899-1923. Neu ediert von W. J. Schmidt. Bd. 1. Frankfurt a.M. und Paris: Qumran 1983

–/R. REICHE: Der gewöhnliche Homosexuelle. Eine soziologische Untersuchung über männliche Homosexuelle in der Bundesrepublik. Frankfurt a.M.: S. Fischer 1974

–/G. SCHMIDT/E. SCHORSCH/V. SIGUSCH: Stellungnahme der Deutschen Gesellschaft für Sexualforschung zu den Forschungen des Endokrinologen Prof. Dr. Günter Dörner zum Thema Homosexualität vom Januar 1981. Abgedruckt u.a. in Sexualmedizin 10, 110-111, 1981; Psychologie heute 8 (6), 38-42, 1981

EICHER, W./M. SPOLJAR/J.-D. MURKEN/K. RICHTER/S. STENGEL-RUTKOWSKI/H. CLEVE/F. MARTIN: Transsexualität und Intersexualität. Das H-Y Antigen. Sexualmedizin 9, 12-15, 1980

–/Transsexualismus. Möglichkeiten und Grenzen der Geschlechtsumwandlung. Stuttgart: G. Fischer 1984

FRIEDLAENDER, B.: Denkschrift für die Freunde und Fondzeichner des Wissenschaftlich-Humanitären Komitees im Namen der Sezession des Wissenschaftlich-Humanitären Komitees (1907). In: Ders.: Die Liebe Platons im Lichte der modernen Biologie. Gesammelte kleinere Schriften. Treptow bei Berlin: Zack 1909

HAUER, K.: Vom Unzüchtigen im Sittlichen. Essays zu Kultur und Erotik. Herausgegeben von G. Kimmerle. Tübingen: Edition Diskord 1987

HIRSCHFELD, M.: Die objektive Diagnose der Homosexualität. Jahrbuch für sexuelle Zwischenstufen 1, 4-35, 1899

— Warum hassen uns die Völker? Eine kriegspsychologische Betrachtung. Bonn: A. Marcus & E. Webers Verlag 1914

— Geschlechtskunde, auf Grund dreißigjähriger Forschung und Erfahrung bearbeitet. III. Bd.: Einblicke und Ausblicke. Stuttgart: Püttmann 1930

— Die Weltreise eines Sexualforschers. Brugg/Schweiz: Bözberg 1933a

— Zur Sterilisation. Die Wahrheit 12 (17), 16, 1933b

KENTLER, H. (HRSG.): Sexualwesen Mensch. Texte zur Erforschung der Sexualität. Hamburg: Hoffmann und Campe 1984

KHAN, M./MASUD R.: Alienation in Perversions. London: Hogarth 1979 (deutsche Ausg.: Entfremdung bei Perversionen. Frankfurt a.M.: Suhrkamp 1983)

SCHMIDT, G.: Helfer und Verfolger. Die Rolle von Wissenschaft und Medizin in der Homosexuellenfrage. Mitteilungen der Magnus-Hirschfeld-Gesellschaft, Nr. 3, Juli 1984, S. 21-32

SCHORSCH, E.: Sexualstraftäter. Stuttgart: Enke 1971

— Die sanierte Unzucht. In: Sigusch, V. und H. L. Gremliza (Hrsg.): Sexualität Konkret 1985. Hamburg: Gremliza Verlags GmbH 1985

—/N. BECKER: Angst, Lust, Zerstörung. Sadismus als soziales und kriminelles Handeln. Zur Psychodynamik sexueller Tötungen. Reinbek: Rowohlt 1977

—/G. GALEDARY/A. HAAG/M. HAUCH/H. LOHSE: Perversion als Straftat. Dynamik und Psychotherapie. Berlin (West) u.a.: Springer 1985

SIGUSCH, V. (HRSG.): Therapie sexueller Störungen. 2., neubearb. u. erweiterte Aufl. Stuttgart und New York: Thieme 1980

— (Hrsg.): Aids als Risiko. Über den gesellschaftlichen Umgang mit einer Krankheit. Hamburg: Konkret Literatur Verlag 1987

—/H. L. GREMLIZA (HRSG.): Operation Aids. Hamburg: Gremliza Verlags GmbH 1986

WAGNER, N.: Geist und Geschlecht. Karl Kraus und die Erotik der Wiener Moderne. Frankfurt a.M.: Suhrkamp 1982

Nachweise

»Ruchlose Sorge« ist als Leitartikel unter dem Titel »Ein Geschundener: Alexander Ebbinghaus« erschienen in *Sexualmedizin* 13, 576-577, 1984, Verlag Medical Tribune GmbH Wiesbaden. Für den Neuabdruck um eine Nachbemerkung ergänzt.

»Großer Zapfenstreich« ist erschienen in *Sexualität Konkret 1984,* Gremliza Verlags GmbH Hamburg.

»Politik des Transsexualismus« geht zurück auf Rezensionen, die in der *Neuen Juristischen Wochenschrift* 37, 1394-1395, 1984 und in *Sexualmedizin* 13, 680, 1984 erschienen sind.

»Von der Liebe« ist als Leitartikel erschienen in *Sexualmedizin* 13, 260-263, 1984.

»Sanierte Unzucht« ist bisher nicht veröffentlicht worden.

»Der Therapismus und die Not des Lebens« ist unter dem Titel »Leiblose, Dulder, Zaghafte, Ausdrucksgehemmte, Flüchter« erschienen in *Literatur Konkret 1982/83,* Neuer Konkret Verlag Hamburg.

»Magnus Hirschfeld und die Hirschfeld-Renaissance« ist unter dem redaktionellen Titel »»Man muß Hitlers Experimente abwarten«« erschienen in *Der Spiegel,* 39. Jg., Nr. 20 vom 13. Mai 1985, S. 244-250, Spiegel-Verlag Rudolf Augstein GmbH & Co. KG Hamburg. Für den Neuabdruck mit Anmerkungen versehen.

»Eberhard Schorsch und die kochende Volksseele« ist unter dem Titel »Rectus in curia: Eberhard Schorsch« erschienen in *Sexualmedizin* 14, 674-677, 1985.

»Augenblicke eines Sexualforschers« ist erschienen in *Sexualität Konkret 1985.*

»Relative Sackgasse« ist unter dem redaktionellen Titel »Sex auf Leben und Tod?« erschienen im *Stern,* 38. Jg., Heft Nr. 47 vom 14. November 1985, S. 195-198, Gruner + Jahr AG & Co. Hamburg. Für den Neuabdruck gekürzt.

»Elitäre Distanz?« ist unter dem Titel »Distanz zu Aids« als Leitartikel erschienen in *Sexualmedizin* 14, 538-539, 1985. Für den Neuabdruck gekürzt.

»Operation Aids« ist 1986 als Editorial erschienen in *Operation Aids,* herausgegeben von V. Sigusch und H. L. Gremliza, Gremliza Verlags GmbH Hamburg.

»Liebe Kolleginnen und Kollegen!« ist als Leitartikel erschienen in *Sexualmedizin* 15, 475, 1986.

»Grenzen der Prävention« ist unter dem redaktionellen Titel »»Es war immer ein Wagnis, Ekstase zu suchen‹« 1987 in dem von K. Lempke herausgegebenen »Stern«-Buch »Aids« im Verlag Gruner + Jahr AG & Co. Hamburg erschienen und zuvor gekürzt im *Stern*, 40. Jg., Heft Nr. 12 vom 12. März 1987, S. 251 C-251 G, veröffentlicht worden.

»Die bayerische Aids-Politik ächten!« geht auf Thesen vom Juli 1987 zurück, die, mit einer Einleitung und Anmerkungen versehen, in *Recht & Psychiatrie* 7, 89-93, 1989, Psychiatrie-Verlag GmbH Bonn, veröffentlicht worden sind.

»Der Ratschläger oder Sexologie als Phrase« ist erschienen im *pro familia magazin* 15, 12-16, 1987, Gerd J. Holtzmeyer Verlag Braunschweig. Für den Neuabdruck um die Anmerkung Nr. 13 ergänzt.

»Eine psychoanalytische Entfremdung« ist als Vignette erschienen in meinem Aufsatz »Momente der Transferation« für die Margarete Mitscherlich-Festschrift *Befreiung zum Widerstand,* herausgegeben 1987 von K. Brede u.a., Fischer Taschenbuch Verlag GmbH Frankfurt am Main.

»Ein pädagogischer Wärmestrom« ist unter dem Titel »Zwei eins das andere kuste« als Rezension erschienen in *Sexualmedizin* 13, 369, 1984.

»Liberalisierung oder Revolution?« ist unter dem redaktionellen Titel »Warum ist Sexualität subversiv, Herr Professor Sigusch?« erschienen im *Frankfurter Allgemeine Magazin,* Heft 325 vom 23. Mai 1986, S. 86-87, Frankfurter Allgemeine Zeitung GmbH. Für den Neuabdruck korrigiert.

»Sind Zungenküsse gefährlich?« ist erschienen in *Sexualmedizin* 17, 28-29, 1988. Für den Neuabdruck um die Anmerkung Nr. 8 ergänzt.

»Über die Vergesellschaftung der Krankheit Aids« ist erschienen in *Aids, Ergebnisse des Kongresses für Klinische Psychologie und Psychotherapie Berlin 1988,* herausgegeben von V. Sigusch und St. Fliegel, DGVT Tübingen. Für den Neuabdruck korrigiert und gekürzt.

»Momente der Restauration« ist unter dem redaktionellen Titel »Mit Aids zurück in die fünfziger Jahre« erschienen in *die tageszeitung,* 11. Jg., Nr. 2447 vom 2. März 1988, S. 10, taz Verlags-und Vertriebs GmbH Berlin.

»Jugendliche und Aids« ist unter dem redaktionellen Titel »Aids-Angst? Jugendliche sind kaum gefährdet!« erschienen in *Sexualmedizin* 17, 167 und 172, 1988. Für den Neuabdruck um die Anmerkung Nr. 10 ergänzt.

»Verwilderung der medizinischen Sitten« ist auszugsweise erschienen in *Sexualmedizin* 17, 402-410, 1988.

»Der anti-erotische Komplex« ist erschienen in *Psychologie heute,* 15. Jg., Heft 7, Juli 1988, S. 28-35, Julius Beltz GmbH & Co. KG Weinheim.

»Kann und soll uns der Staat über Aids aufklären?« ist ein Vortrag, gehalten auf der 16. Wissenschaftlichen Tagung der Deutschen Gesellschaft für Sexualforschung vom 6. bis 8. Oktober 1988 in Berlin (West). Eine wesentlich erweiterte Fassung erschien in »Psyche« 43, 673-697, 1989.

»Bisexuell, homosexuell, heterosexuell« ist unter dem redaktionellen Titel »Das Selbstverständliche und das Ängstigende, Anmerkungen zu den Aufgaben einer kritischen Sexualwissenschaft« erschienen in *Süddeutsche Zeitung*, 45. Jg., Feuilleton-Beilage, Nr. 59 vom 11./12. März 1989, S. I, Süddeutscher Verlag GmbH München. Eine wesentlich erweiterte Fassung erschien in »Zeitschrift für Sexualforschung« 2, 55-74, 1989.

»Geist und Geschlecht« ist als Rezension erschienen in *Zeitschrift für Sexualforschung* 2, 191-192, 1989, Ferdinand Enke Verlag Stuttgart.

»Perversion als Kunstwerk« ist erschienen in *Literatur Konkret 1989/90*, Gremliza Verlags GmbH Hamburg.

»Zwanzig Jahre Sexualmedizin und Sexualberatung« ist ein Vortrag, gehalten auf dem 23. Kongreß der Deutschen Gesellschaft für Allgemeinmedizin vom 23. bis 25. Juni 1989 in Göttingen.

Wir danken den Verlagen für die freundlicherweise erteilten Abdruckgenehmigungen.